중등 필독 신문 3

중등 필독 신문 3

이현옥·이현주 지음

체인지업
CHANGEUP

프롤로그

'텍스트'의 미래, 여러분이 '넥스트'입니다

국어를 잘하면 대학이 달라진다. 아니, 세상이 넓어진다. 텍스트를 읽고, 이해하고, 공감 능력을 키우는 게 국어다. 그래서 국어를 잘하는 사람이 소통도 잘한다. 국어를 잘하려면 많은 배경지식을 가지는 것이 중요한데, 이런 배경지식과 공감 능력의 핵심이 바로 독서에 있다. 국어의 넓은 영역 가운데 가장 중심이 되는 독서, 어떻게 하면 잘할 수 있을까? 책을 잘 읽는다고 반드시 국어를 잘하는 것은 아니다. 하지만 국어를 잘하는 거의 모든 사람은 책을 좋아하고, 제대로 읽는다. 아이들이 어릴 때부터 독서에 매달리는 까닭이다. 그렇다고 다독과 속독이 능사는 아닌데, 책을 빠르게 읽으면 그만큼 놓치는 부분도 늘어나기 마련이다. 한 권을 읽더라도, 한 줄을 읽더라도 제대로 읽는 게 중요하다. 다른 사람의 말을 경청하며 주의 깊게 텍스트를 읽는 '인풋'의 과정이 늘어나면, 쓰고 말하는 '아웃풋' 또한 자연스러울 수밖에 없다.

Structure 글의 구조를 파악하라

Idea 글의 주제를 찾아라

Grow 나만의 사고를 확장하라

Notion 개념을 정리하라

Ask 질문하고 대답하라

Link 다른 지식과 연결하라

제대로 읽고 생각하고 쓰려면 글의 시그널signal을 찾아야 한다. 이는 여러분의 정독을 돕고, 텍스트의 의미를 머릿속에 차곡차곡 쌓아줄 것이다. 이 학습에는 3단계의 과정이 필요하다. 우선 하나의 정보가 두뇌에서 '인식'되어야 하며, 정보를 전두엽에서 받아들이는 순간 학습이 시작된다. 그 지식을 자신이 가지고 있던 기존 지식과 연결하며 사고를 '확장'한다. 그때 비로소 자기만의 지식으로 습득된다. 마지막으로 재구성된 새로운 지식을 자신만의 언어로 '표현'해야 한다. 이 세 가지 학습의 과정을 세분화한 것이 바로 '시그널 정독법'이며, 이 방법을 토대로 독서를 해나간다면 국어의 길이

비로소 열릴 것이다. 각각의 과정이 치밀하게 연결되고 이루어질 때, 글은 우리 안에서 살아가는 '쓸모 있는 지식'으로 거듭난다. 한 단계씩 차근차근 따라 하다 보면 어느 순간 공부와 독서의 맛을 제대로 느낄 수 있을 것이다.

《중등 필독 신문》 시리즈가 어느덧 3권에 이르렀다. 교육 분야로 시작해 신문 읽기의 맛을 들였던 1권, 수능과 내신을 다뤘던 2권… 정말 숨 가쁘게 달려왔다. 재미있는 토픽과 함께 '읽기'에 재미를 붙였을 청소년들에게 마지막 선물을 주고 싶다. 완결편답게 흥미뿐 아니라 교육적 측면에도 다채롭게 기능했으면 하는 바람이다. 정확하게 읽고, 핵심을 파악하고, 생각을 확장한 후 자신의 언어로 표현해내길 바란다. 교육은 꾸준히 변화해야 한다. '암기'의 교육을 넘어 '이해'의 교육에 도달했다면 이제는, 그다음 차례다.

2025년, 여름
이현옥·이현주 드림

목차

Chapter.4   금융   **N**otion 개념을 정리하라

Chapter.5   시사   **A**sk 질문하고 대답하라

Chapter.6 미디어 Link 다른 지식과 연결하라

Chapter 1
Structure 글의 구조를 파악하라
의료

AI를 활용한 의료기술 시대 온다

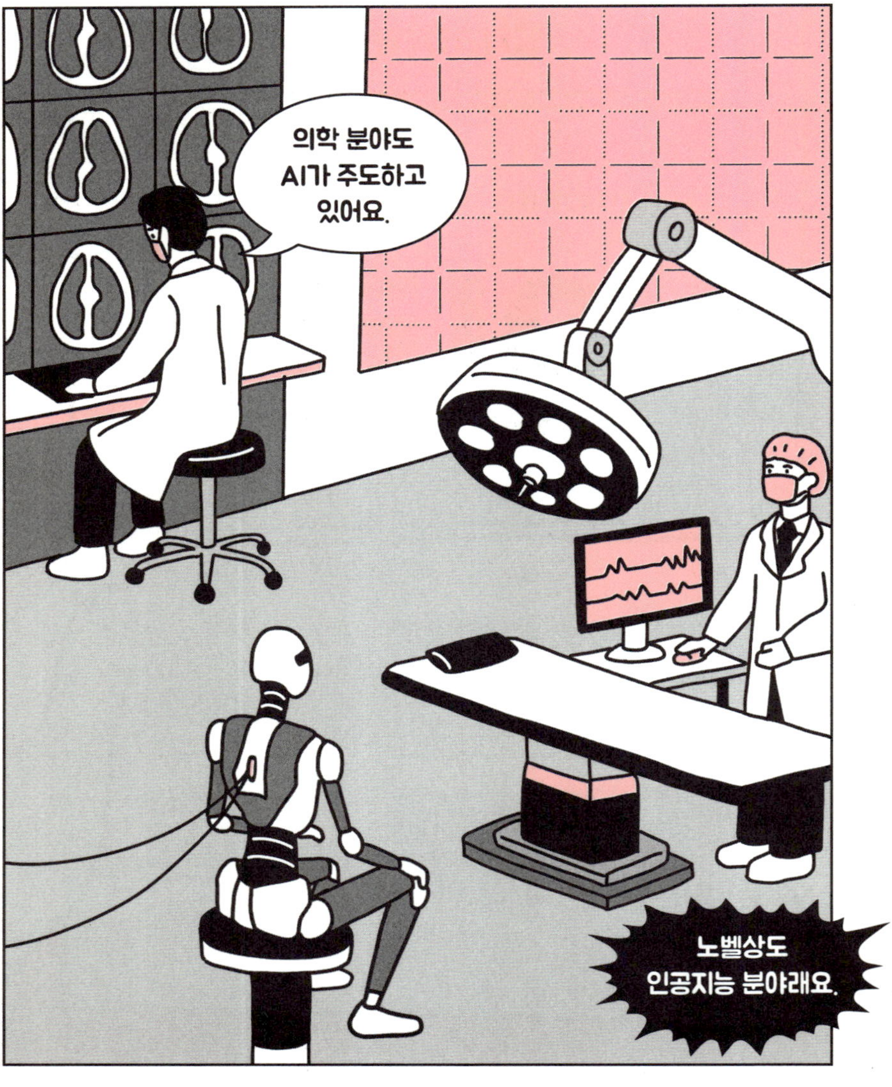

2024년 노벨 화학상 수상자는 단백질 구조와 기능을 예측하는 AI를 개발한 세 명의 과학자였다. 이들은 단백질의 복잡한 입체 구조를 알아내 생체 내 상호작용을 분석하는 연구를 진행했다. 기존의 과학자들은 X선이나 전자현미경으로 직접 단백질 구조를 해독했지만, 이들은 AI를 활용했다. 인공지능 프로그램인 '알파폴드AlphaFold'는 2억 개 이상의 단백질 구조 예측 결과를 공개하며 90%의 정확도를 자랑했다. 이러한 연구는 신약 개발로 이어지며, 단백질 이상으로 생기는 알츠하이머 치매나 파킨슨병 같은 난치성 질환의 원인과 치료법 등을 찾을 수 있다. 노벨 위원회는 "단백질 구조를 예측하고 우리만의 단백질을 설계하는 것은 인류에게 큰 혜택을 제공한다"라고 말하며 이들의 수상 배경을 밝혔다.

노벨 물리학상 역시 인공지능 관련 과학자들에게 돌아갔다. 순수과학의 정점이라 불리는 물리학 분야가 첨단기술 개발의 성과를 인정받기 시작한 것이다. 수상자들은 인공신경망을 이용한 머신러닝 원리를 발견했으며, 화학상과 물리학상 수상자 모두 인공지능을 활용한 의과학 분야를 연구한 점이 괄목할 만했다. 인공지능을 활용한 신약 개발과 질병 진단, 치료, 의료기기 개발에까지 인공지능이 활용되는 시대가 도래했다고도 볼 수 있다. 인공지능은 신약 개발에 드는 시간과 비용을 빠르게 줄일 것이며, 디지털 헬스케어와 인공지능 기술이 결합하면 첨단 스마트 병원, 전자약 개발, 새로운 방식의 진단도 가능할 것으로 보인다. 인공지능과 빅데이터를 활용한 의료서비스는 진단의 정확성과 수술, 치료의 효과를 높이며 다양한 기술의 치료법으로 질병 개선에 큰 도움을 줄 것이다.

기대가 큰 만큼 우려의 목소리도 높다. 새로운 기술이 항상 좋은 결과와 방향을 제시하지는 않기 때문이다. 먼저, 의료 AI는 오류 발생 가능성을 배제할 수 없다. 고품질 엑스레이로만 학습한 AI는 낙후된 장비로 촬영한 사진 판독에 어려움을 겪을 수 있고, 성인 결핵 데이터로만 학습한 경우 어린이 결핵 진단의 정확성이 떨어질 수 있다. 또 인종과 성별에 따른 엑스레이 판독의 오류 역시 무시할 수 없으며, 특히 발생 빈도가 낮은 희귀 질환의 진단 능력은 치명적일 것으로 예상된다. 어떠한 경로로 병을 진단하는지 설명할 수 없기에 진단의 신뢰성이 흔들리고, 시스템에 오류가 발생하면 단기간에 많은 사람의 생명을 위협할 수도 있다. 편향된 데이터로 학습할 가능성도 있기에, 의사결정의 오류가 발생하면 책임 소재도 불분명해진다.

그럼에도 혁신적인 의료 AI를 활용하지 않을 수 없기에, 디지털 헬스케어 산업 확장을 위한 사회적 합의가 요구된다. 먼저 인공지능의 개발과 학습에 필요한 보건의료 데이터를 안전하고 효율적으로 전달해야 하며, 연구자가 편리하게 활용할 수 있도록 데이터를 제공하되 개인정보 유출 등의 안전성 역시 확보해야 한다. 현장 활용 등 실질적인 연구 지원으로 임상에서의 실수를 줄이는 것도 중요하다. 의료인의 역할이 어떻게 변화할 것인지, 인공지능과 어떤 방식의 협의가 이루어져야 하는가에 대해서도 논의할 필요가 있다.

새로운 기술을 막무가내로 거부할 수는 없다. 신기술 활용 방안에 대한 이모저모를 꾸준히 논의하고 합의점을 찾아 나가야 할 것이다.

글쓴이의 목적을 먼저 이해해야 핵심 메시지를 파악할 수 있다. 글을 쓰는 목적은 크게 정보나 지식을 전달하는 '설명형'과 행동 변화를 기대하는 '설득형'으로 나눌 수 있다. 글은 대상이나 상황을 표현하고 이야기를 전달하는 데 큰 의미를 두며, 객관적 사실이나 데이터 제공, 개인의 감정과 생각을 드러내기도 한다. 윗글에서는 의료 AI의 발전을 소개하고 있다. 신기술의 잠재적 영향력과 더불어 의료 AI 도입의 장단점을 보여주며, 말미에는 사회적 합의의 필요성 또한 시사한다. 시대의 흐름에 따라 인공지능을 활용한 의료기술을 거스를 수는 없기에, 사회적 합의에 따라 유용하게 활용하자고 말하는 것이다.

제목이 있는 글이라면 글의 목적은 대부분 제목에서 드러난다. 글의 주제와 목적을 함축적으로 제목에 담아내기 때문이다. 윗글의 제목인 "AI를 활용한 의료기술 시대 온다"로만 미루어 봐도 인공지능을 활용한 의료기술, 시대의 흐름에 따른 직종의 변화, 거기서 발상하는 여러 문제점 등을 다루었다고 짐작할 수 있다.

제목에서 힌트를 얻지 못했거나 제목이 없는 경우에는 서론을 주목해서 봐도 좋다. 대부분의 글은 서론에서 그 배경과 의도가 드러나기 마련이다. 가령 윗글의 서두에서는 인공지능 기술이 의료 분야에 어떤 영향을 주고 있는지 2024년 노벨상 수상자들을 예시로 들어 설명한다. 순수과학 분야에서 공로를 인정받는 분야가 '의료'일 만큼 인공지능이 의료기술에 미치는 영향이 크다는 것을 알 수 있다.

반복되는 핵심 문구나 키워드 등을 찾아내도 글의 목적을 알아내는 데 도움이 된다. 결론이 어떻게 끝맺음이 되는지 살펴봐도 좋다. 글의 전체적인 구조와 논리를 알아보고 저자의 입장과 태도를 살펴보면 글쓴이가 글을 통해 말하려는 핵심을 짚어낼 수 있다.

모든 글은 목적에 맞게 쓰인다. 글을 읽으며 목적을 파악하는 것이 그래서 중요하다. 윗글을 다시 읽으며 핵심 문구와 키워드를 찾은 후, 글이 쓰인 목적과 주요 메시지를 파악해 보자.

 ## 시그널 탐색력 UP!

1. 이 글의 핵심 키워드는 무엇인가?

2. 이 글을 통해 글쓴이가 전하고자 하는 메시지는 무엇인가?

3. AI를 통한 의료기술 발달의 문제점과 해결 방안을 살펴보자.

02 팝콘 브레인을 아세요?

현대인에게 스마트폰은 일상을 함께 보내는 친구 같은 존재다. 현재 우리나라의 스마트폰 보급률은 80% 이상이며, 잠들기 전까지 하루 평균 4시간 이상 스마트폰을 사용하고 있다. 10대 청소년은 하루에 인터넷을 얼마나 사용할까? 2022년 10대 청소년 인터넷 이용시간 조사 결과 초등학생과 중고생의 인터넷 이용시간이 모바일과 PC를 합해 약 8시간으로 분석됐다. 2022년 기준 청소년 평일 평균 수면시간이 7.2시간이었는데, 이는 잠을 자는 시간보다 더 오랫동안 인터넷을 사용하고 있음을 알려준다. 인터넷 사용시간 중에서도 특히 스마트폰의 사용 빈도가 가장 높았다.

문제는 스마트폰 사용이 건강에 미치는 부정적인 영향에 있다. 스마트폰 화면에서 나오는 청색광에 오래 노출되면 신체 리듬이 깨질 수 있다. 우리의 몸은 망막으로 들어오는 빛의 양으로 낮과 밤을 인식하는데, 잠을 자야 하는 시간에 인식되는 밝은 빛은 숙면을 방해한다. 수면을 유도하는 호르몬의 분비를 막아 잠들지 못하게 만드는 것이다. 스마트폰은 대개 가까이에서 보기에 근시를 유발하기도 하고, 눈 깜빡임을 제한해 안구 건조증을 유발하기도 한다. 특히 불을 끄고 어두운 곳에서 스마트폰을 보면 눈의 피로도가 급격히 증가하며, 스마트폰을 눈높이보다 아래에 두고 장시간 내려다보면 거북목 증후군이 생기기도 한다. 이는 목과 등 근육에 매우 좋지 않다. 스마트폰을 오래 들고 있으면 손목에도 무리가 간다. 손가락이 저리고 통증이 생기며 감각이 저하되거나 저리는 느낌도 든다. 이게 심해지면 손목 근육이 경직되고 손의 감각과 운동기능을 담당하는 신경에 압력이 전달되어 손목 터널 증후군이 발생한다.

정신적인 영향도 적지 않다. 하루에 스마트폰을 4시간 이상 사용하는 청소년이 다른 청소년에 비해 스트레스, 자살, 약물 사용 등의 행동 문제를 겪을 위험이 더 큰 것으로 나타났다. 한양대 교수팀은 청소년 5만 명을 대상으로 스마트폰 사용 시간과 청소년 건강 사이의 연관성을 조사했고, 스마트폰을 오래 사용하면 다른 사람의 감정을 읽는 공감 능력이 현저히 떨어진다는 사실을 밝혀냈다. 강한 자극이 넘쳐나는 첨단 디지털 기기의 화면 속 현상에만 반응할 뿐, 다른 사람의 감정이나 느리게 변화하는 진짜 현실에는 무감각해지게 된다는 것이다. 이를 '팝콘 브레인'이라고 부른다. 첨단 디지털 기기에 몰두하면서 현실 적응에 둔감한 반응을 보이는 뇌 구조로 점차 변화되는 것이다. 이렇게 되면 생각 중추를 담당하는 회백질의 크기가 줄어들 수 있다.

디지털 기기를 사용하면 빠른 피드백으로 즉각적인 만족감을 얻을 수 있는데, 특히 스마트폰은 게임을 하면서 동시에 SNS 메시지를 확인하는 등 여러 활동을 한꺼번에 수행할 수 있기에 여기서 오는 다중자극은 우리의 뇌를 과도하게 자극한다. 디지털 기기에 대한 의존도가 커지면 감정의 상호작용이 줄어들면서 감정조절이 어려워지고, 대인관계가 소홀해져 고립감을 느끼기도 한다.

스마트폰은 분명 편리하지만, 우리의 신체와 정신 건강에 좋지 않은 영향을 미치는 것이 사실이다. 일정 기간 디지털 기기를 사용하지 않거나, 사용을 최소화하고 대체할 수 있는 활동을 하는 디지털 디톡스가 절실하다. 이는 자연과의 교감을 늘리거나 사람들과의 상호작용에 더 관심을 기울여야 하는 까닭이기도 하다. 편리함을 주지만 건강에 좋지 않은 영향을 주는 스마트폰 사용, 이제는 잠시 숨을 돌리고 점검해 봐야 할 때다.

어떻게 읽고, 어떻게 쓰고, 어떻게 생각할까?

글은 그 목적에 따라 서로 다른 구조를 지닌다. 설명문은 정보전달이 주목적이며, 서론, 본론, 결론의 구조를 통해 사실적이고 객관적인 내용을 다룬다. 논설문은 특정 주제에 관한 생각과 의견을 체계적으로 밝혀 쓴 글이며, 논리적 전개와 근거를 제시한다. 설명문처럼 3단계의 구조를 지니지만, 경우에 따라 4단계나 5단계로 확장하기도 한다. 서사문은 사건이나 이야기를 시간의 흐름에 따라 서술한 글이며 소설, 동화 등이 이에 해당한다. 보통 기승전결이나 발단, 전개, 위기, 절정, 결말의 구조를 이룬다. 인물과 사건의 전개가 중요하며, 감정이나 분위기 묘사를 중심으로 글을 전개해 나간다.

구조 파악은 글쓴이의 의도와 핵심 메시지를 정확하게 이해하는 데 많은 도움을 준다. 중요한 정보를 빠르게 인식하고 식별할 수 있으며, 불필요한 세부 내용에 빼앗기는 시간을 줄일 수도 있다. 그뿐만 아니라 주된 아이디어를 요약하고 정리해 학습의 효율성을 높인다. 구조를 분석하면서 저자의 논리와 주장의 타당성을 평가할 수 있으며, 이를 통해 비판적으로 생각할 수도 있다. 다양한 글의 구조를 파악하다 보면 글쓰기 실력도 자연스레 향상된다. 글의 얼개 등 체계적 글쓰기의 기초를 전반적으로 돕기 때문이다.

윗글은 서론을 통해 스마트폰의 보급률과 사용현황, 청소년의 인터넷 및 스마트폰 사용 시간에 대해 서술하고 있다. 스마트폰 사용량에 대한 문제를 제기한 후 본론에서는 실제 영향력에 대해 정리한다. 스마트폰이 신체 건강과 정신 건강, 뇌 구조와 인지 기능에 미치는 영향과 사회적 영향 또한 살피고 있다. 윗글을 통해 어느 것 하나 긍정적인 영향이 없음을 알 수 있다. 글쓴이는 스마트폰의 부정적인 영향력을 드러낸 다음 결론을 통해 디지털 디톡스의 필요성에 대해 강조한다.

글의 구조에 따른 내용을 살펴보면 글의 목적이 드러난다. 과도한 스마트폰 사용이 우리에게 어떤 영향을 미치는지, 스마트폰 사용의 부적절한 습관과 예시는 무엇인지, 디지털 디톡스가 현시점에서 왜 필요한지 확인할 수 있다. 이렇듯 구조를 하나하나 파악하다 보면 이 글이 어떤 목적에 의해 쓰였는지 알 수 있고, 또한 글쓴이의 명확한 의도도 알아낼 수 있다.

 ## 시그널 탐색력 UP!

1. 윗글을 다시 읽고, 글의 구조를 분석한 후 주요 내용을 정리해보자.
2. 글의 구조 중 어느 부분을 바꾸고 싶은지, 그 이유를 들어 설명해보자.
3. 글의 구조 파악에 대한 나만의 생각을 자유롭게 정리해보자.

03 청소년 비만, 건강 해친다

교육부와 질병관리청은 〈2022년 학생 건강검사 및 청소년 건강 행태조사〉 결과를 발표했다. 초중고 학생의 과체중 비만 비율은 2년째 30%를 유지하고 있으며, 야외활동은 줄고 불규칙한 수면 패턴이 이어졌다. 더불어 미디어 시청시간이 대폭 증가했고 채소 등 비만 예방 식습관은 줄었다. 움직이지 않고 살이 찌는 음식을 많이 섭취하면서 비만율이 늘어날 수밖에 없었다는 분석이다. 특히 탄산음료, 패스트푸드를 주로 먹는 청소년 비율이 12년 새 두 배 가까이 늘었다. 2007년에는 청소년의 18.2%가 건강한 한식 패턴, 18.9%가 빵과 우유를 주로 먹는 서양식 패턴이었고, 14.2%만이 패스트푸드 패턴의 식사를 했다. 그러나 2018년 청소년의 패스트푸드 패턴 비율이 28.7%까지 늘어났다. 주 3회 이상 패스트푸드를 먹는 비율도 27.3%나 되었으며, 주 3회 이상 탄산음료를 먹는 비율도 63.6%로 크게 늘었다.

배달음식 문화가 보편화되면서 고칼로리 음식 섭취도 늘었다. 그럼에도 주 7일 중 5일 이상 아침 식사를 거르는 비율은 오히려 높아졌다. 고칼로리 음식 섭취가 늘어나고, 앉아 있는 시간이 많아지면 비만율이 증가할 수밖에 없다. 청소년기 비만은 단순히 체중 증가의 문제만을 초래하는 것이 아니라 성인기의 당뇨병과 고지혈증, 고혈압, 심뇌혈관 질환의 위험까지 증가시킨다. 비만이지만 다양한 영양소를 고루 섭취하지 않아 문제가 생기기도 한다. 열량은 높지만 영양가가 낮은 패스트푸드나 인스턴트 식품을 많이 섭취하게 되면 특정 영양소의 결핍으로 이어질 수 있다.

정크 푸드에는 영양분이 골고루 함유되어 있지 않다. 특히, 칼슘이 거의 없는데 아이들의 절반 이상이 칼슘 결핍 상태라고 봐도 무방하다. 과일과 채소도 충분히 섭취하지 못해 비타민도 부족하다. 반면 나트륨은 과다 섭취의 기준을 언제나 웃돈다. 이러한 영향 불균형은 기초 체력을 무너뜨리고, 살만 계속 찌우는 악순환을 되풀이하게 만든다. 비만은 정서적 문제를 불러일으키기도 하는데, 자존감을 떨어뜨려 우울증 등을 야기할 수도 있다. 스트레스를 받으면 몸에서 코르티솔이라는 호르몬이 분비되며 이는 식욕을 증가시키고 지방을 축적시킨다. 우울증 등 정신 건강에 이상이 있는 경우 폭식을 통해 스트레스를 풀기도 하는데, 자존감이 낮아지면 스스로를 돌보는 데 소홀해지며 이는 비만을 악화시킨다.

청소년 비만 문제 해결을 위해서는 먼저 식습관을 바로잡아야 한다. 집에서는 되도록 영양가 있는 음식을 골고루 섭취하고 패스트푸드나 고칼로리 간식을 줄여야 한다. 신선한 과일과 채소, 단백질이 풍부한 식품 위주로 섭취하고 가공식품이나 설탕이 많이 들어간 음식은 피하는 것이 좋다. 학교에서도 건강한 급식을 제공하고, 영양 교육을 통해 자발적으로 건강한 식습관에 관심을 가질 수 있도록 협력하는 것이 바람직하다. 신체활동도 늘려야 하는데, 청소년들은 매일 60분 이상의 신체활동이 필요하다. 학교에서는 체육 수업을 구체적으로 보장하고, 가정에서는 다양한 개인 운동을 할 수 있는 환경이 조성되어야 한다. 지역사회에서 청소년들이 활동할 수 있는 스포츠 클럽을 만들어줄 필요도 있다. 비만의 위험성을 알리는 교육도 중요하다. 정기적인 건강검진을 통해 맞춤형 비만 관리 프로그램을 제공해 지역사회의 건강증진 활동을 활성화하는 것도 좋다.

청소년 비만 문제는 짧은 시간에 해결하기 어려우며, 장기적이고 지속적인 노력이 필요하다. 청소년들이 건강하게 성장할 수 있도록 모두가 도와야 할 것이다.

글을 쓴 목적에 따라 글의 종류가 달라지며 글의 전개 방식 또한 바뀐다. 설명문은 일반적으로 글의 핵심을 담고 있는 중심 문단과 뒷받침 문단으로 나뉘는데, 중심 문단은 글의 핵심 내용을 담고 있으며, 다른 문단이 이를 뒷받침한다. 뒷받침 문단은 논리적 전개의 바탕을 형성하는 도입부로서 글의 방향을 제시한다. 중심 내용을 말하기에 앞서 제시되는 전제 문단은 중심 내용의 근거나 이유를 설명하고, 부연 문단은 주지 문단의 내용을 더 쉽게 이해할 수 있도록 안내하는 문단으로 빠진 내용을 보충하기도 한다. 상술 문단은 중심 문단의 내용을 구체화하거나 상세화하여 내용을 더 자세히 설명한다.

논설문은 서론에서 독자의 관심을 끌고, 글의 주제를 소개한다. 논의할 주제나 쟁점을 명확하게 제시하며, 본론에서 글쓴이의 핵심 주장을 드러낸다. 주장을 뒷받침하는 근거와 예시를 보여주고 예상되는 반대 의견에 반박한다. 주장을 강화하기 위해서 추가 정보나 분석으로 틀을 짜기도 한다. 결론 부분에서는 본론에서 제시한 주요 논점을 정리하며, 제시된 내용을 바탕으로 앞으로의 전망이나 제안 등을 논할 수도 있다. 서사문의 발단에서는 인물 및 배경 소개, 사건의 실마리 제시, 이후에 전개될 이야기의 기초를 보여준다.

전개에서는 사건이 본격적으로 시작되면서 갈등이 발생하고, 발단에서 제시된 인물의 관계가 구체화되기도 한다. 위기에서 이 갈등은 점차 심화되고, 절정에서는 최고조에 이른다. 주인공의 운명이 결정되는 중요한 순간이 이어지다 결말에 이르러 갈등이 해소된다. 여기서 주인공의 운명이 대부분 결정되고, 이야기의 전체적인 의미가 드러난다. 이때 문단의 관계를 파악하기 위해서는 각 문단의 중심 문장을 찾아 관계를 파악해야 한다. 비슷한 내용이 나열되거나 대등한 표현이 있는지, 갑자기 분위기가 달라지는 역접이 일어나는지, 원인과 결과가 매끄럽게 다루어지고 있는지 분석하면 된다. 접속어나 지시어를 통해서 논리적 흐름을 파악하는 것도 좋다. 윗글은 청소년 비만의 현황과 원인 분석으로 시작하는데, 그로 인한 문제점과 해결책을 단계적으로 제시하고 있다. 글을 통해 청소년 비만 관리의 필요성을 강조하고 있는 것이다.

 ## 시그널 탐색력 UP!

1. 각 문단의 중심 내용을 정리해보자.
2. 글의 중심 문단과 뒷받침 문단을 각각 나누어 정리해보자.
3. 현황 제시−원인 분석−문제점 설명−해결책 제시−결론에 맞게 자신의 글을 완성해보자.

04 장기기증, 미리 신청하세요

"장기기증을 통해 다른 생명을 살렸어요. 의로운 선택이었다고 생각해요."

2020년 12월, 하나뿐인 아들의 장기기증을 결정한 직후 부모가 한 말이다. 아들은 집에서 뇌졸중으로 쓰러져 병원으로 이송되었지만, 곧 뇌사 판정을 받았다. 그 후 7명에게 새로운 생명을 선물하고 세상을 떠났다. 2023년 8만 3천여 명에 이어 2024년 상반기에도 3만 7천여 명이 장기기증 희망자로 등록하는 등 그 수가 꾸준히 증가하고 있으나, 실제 기증으로 이어지는 경우는 드물다. 2024년 상반기에 실제 기증이 이루어진 건수가 226건임을 미루어 보면 수치를 대강 어림잡을 수 있을 것이다. 그렇다면, 생명을 살리는 장기기증은 어떻게 이루어질까?

다른 사람의 망가진 장기 회복을 위해 아무런 대가 없이 자신의 장기 일부나 혹은 전부를 기증하는 것을 '장기기증'이라 한다. 장기기증은 크게 몇 가지로 나뉜다. 먼저, 기증자가 생존한 상태에서 장기를 기증하는 방법이 있다. 골수, 신장, 간, 췌장, 폐 일부를 기증할 수 있으며 대부분 가족 간의 기증이 많다. 뇌사 시 장기기증도 있다. 사망 판정을 받지는 않았지만 소생할 가능성이 없는 뇌사자의 기증이다. 폐, 간, 신장, 심장, 췌장 등 모두 9개의 장기를 기증할 수 있다. 사망 후 24시간 이내에 즉각적인 이식을 하는 경우도 있다. 뼈, 근막, 근골, 혈관, 심장 등을 가공 처리하여 전달하는 방식이다. 이때 한 사람의 기증으로 다수가 수혜를 받을 수 있다.

사후 기증의 경우 기증자가 완전 사망한 이후에 기증하므로 정서적 부담감이 적지만, 이식 가능한 장기는 매우 제한적이다. 또한 본인이 신청했다고 해도 가족이 반대하면 진행하지 못할 수도 있다. 생후 6개월부터 80세까지 건강했던 사람으로 간염, 에이즈, 패혈증 등 각종 전염성 질환이 없어야 하며 각막의 경우 근시, 원시, 난시, 색맹과는 관계없이 기증할 수 있다. 기증은 반드시 사후에만 가능하며 사후 12시간 이내에 각막을 적출해야 한다. 장기기증은 '사랑의장기기증운동본부' 같은 기관에서 등록이 가능하다. 국립장기조직혈액관리원에서 정보를 통합 관리하며, 시신 기증은 사후 의학교육과 연구에 사용하도록 시신 전부를 기증하는 방식이다. 각 대학의 의과대학에서 개별적으로 관리하는데, 기증 희망자는 기증하고자 하는 대학병원이나 의과대학에 문의해 절차를 따르면 된다.

우리나라는 뇌사 기증 비율이 100만 명당 9명꼴이며 미국(38명), 스페인(37명), 영국(18명)에 비해 낮은 편이다. 장기기증에 대한 인식은 개선되고 있지만, 앞서 말했듯 실제 기증까지 이어지는 경우는 드문 것이 사실이다. 외국에는 '순환정지 후 장기기증'이라는 제도가 있다. 심정지 환자에 대해 본인의 사전 동의에 따라 심폐소생술을 시행하지 않으며, 5분간 기다린 후 전신의 혈액순환이 멈췄을 때 장기를 적출한다. 우리나라가 뇌사자 장기만 기증받는 것과는 차이가 있다. 유교 문화의 영향 때문에 우리나라에서는 쉽게 허락되지 않는다.

이러한 인식을 개선하고 장기기증을 늘리기 위해서는 희망하는 사람만 등록하는 제도도 바뀌어야 한다. 전 국민을 대상으로 장기이식 희망 여부를 묻는다면 더 많은 기증 희망자가 생길 것이다. 시민으로서의 보편적 의무로 규정하는 것이다. 장기기증의 의로움과 가치에 대해 알고는 있지만, 여전히 기증 문화에 대한 공감대 형성과 기증자에 대한 사회적 처우는 개선되지 않고 있다. 이 또한 우리가 고쳐 나가야 할 문제가 아닐까?

장기기증은 우리에게 다소 낯선 주제다. 우선 주변에 장기기증을 신청한 사람이 드물고, 장기이식에 관한 직접적인 경험은 더더욱 없기 때문이다. 이런 주제를 좀 더 친밀하게 이해하기 위해서는 자신의 배경지식과 연결해볼 필요가 있다. 장기기증이나 장기이식의 경험 없이 명확한 예시를 들 수는 없겠지만 기본적인 개념 이해, 가족 등 지인들에 의한 간접경험을 바탕으로 관련 주제를 더 깊이 이해할 수는 있다. 배경지식이 있다면 잘못된 정보나 오해를 줄일 수 있으며, 사실에 근거한 판단으로 장기이식에 대한 잘못된 인식을 개선하고 여러 형태의 착오를 줄일 수 있다.

'tvN'에서 방영된 《슬기로운 의사생활 시즌2》에는 장기기증 관련 에피소드가 나온다. 심장이식을 기다리는 어린 환자들의 이야기, 뇌사 추정 환자의 가족이 장기기증을 결심하는 장면 등이 나온다. 우리는 이러한 드라마를 통해 낯설기만 했던 장기기증의 과정을 이해하고 장기기증에 대해 심도 있게 생각해 볼 계기를 마련할 수도 있다. 그 덕인지, 드라마 방영 이후 실제 장기기증 희망자가 크게 늘었다고 한다. 배움의 형태는 다양하며 '인풋'과 '아웃풋'이 반드시 일치하지는 않는다. 배경지식이 글을 읽는 데 중요한 까닭이다.

배경지식이 풍부할수록 새로운 정보를 더 쉽게 이해하고 받아들일 수 있으며, 글을 읽는 속도 또한 빨라진다. 익숙한 주제인 만큼 정보를 처리하는 시간도 단축된다. 글의 맥락 파악과 숨겨진 의미 추론에도 큰 역할을 한다. 글을 비판적으로 분석하고 다양한 관점을 고려할 수 있게 도우며, 글의 감정이나 주제를 더 깊이 느끼고 공감하게 해준다. 해당 드라마를

본 사람이 윗글을 읽으면 장기기증의 필요성에 대해 훨씬 수월하게 동의하는 것처럼 말이다. 이러한 연결은 독자의 기억력을 보호하고, 정보가 필요한 순간마다 꺼내 쓸 수 있게 한다.

독서와 배경지식은 서로에게 좋은 영향을 준다. 새로운 글을 읽을 때는 당황하지 말고, 자신이 기존에 알던 지식을 차근차근 떠올려보자. 훨씬 더 쉽게 글을 읽을 수 있을 것이다. 배경지식을 쌓는 것은 그 자체로도 큰 의미를 지니지만, 특히 독서 능력을 배가시킨다는 것을 기억하자. 더불어 배경지식을 늘릴 수 있는 가장 좋은 방법이 또한 독서임을 잊지 말자.

 ## 시그널 탐색력 UP!

1. 장기기증에 대해 알고 있던 나의 배경지식을 정리해보자.

2. 배경지식이 있을 때와 없을 때의 두드러지는 차이점은 무엇인가?

3. 배경지식을 늘리기 위한 방법에는 어떤 것들이 있을까?

05 한방과 양방의 첨예한 대립

한의사도 의료기기인 '뇌파계'를 사용해 파킨슨병과 치매를 진단할 수 있다는 판결이 나왔다. 2012년 한의사 A씨는 서초구의 모 한의원에서 파킨슨병과 치매 진단에 뇌파계를 사용해 면허정지 3개월 처분을 받았다. 그는 면허정지를 취소해달라는 행정소송을 제기했으며, '뇌파계 사용을 의료법상 면허된 것 이외의 불법 의료 행위로 간주하는가?'에 대한 재판부의 판단에 관심이 쏠렸다. 1심에서는 뇌파계가 한방 의료에 포함된다고 보기 어렵다는 판결이 나왔고, 2심에서는 용도와 원리가 한의학적 원리와 접목된 의료기기는 허용할 필요성이 있다는 판결이 나왔다. 보건복지부는 결과에 불복해 상고했지만, 대법원은 7년간의 심리 끝에 2심 법원의 결론이 타당하다고 판결했다.

대법원은 한방 의료행위의 의미가 한의사의 입장에서 명확하고 엄격하게 해석되어야 한다는 '죄형법정주의'의 관점에 주목했다. 진단용 의료기기가 한의학적 의료행위 원리와 명백히 관련 없는 경우가 아니면 형사 처벌 대상에서 제외된다고 판단했다. 오랜 기간 갈등을 겪어온 한의사와 의사 간의 갈등이 이 판결로 일단락되는 모양새였다. 그러나 2024년 한의사가 피부미용센터를 개설해 시장진출을 도모하면서 갈등은 다시 촉발되었다. 의사협회가 이 사실에 대해 보건소에 수십 건의 민원을 제기한 것이다. 한의사 관계자는 레이저 및 피부 외과술은 한의대에서 교육 중이며 한방 피부 전문의가 존재하는 만큼 한의사의 진료영역에 해당한다고 주장했다. 레이저 수술기를 이용한 레이저 침술은 현재 한방 건강보험 보장항목으로 한의사가 시행해 왔다는 것이다. 의사협회는 즉시 반발하고 나섰다. 면허 범위를 벗어난 한의사들의 의료행위가 우려된다는 것이다. 의사협회는 한의사들이 현대 의료기기 사용에 대해 교육받거나 임상을 접한 능력이 입증된 바 없다며 이에 반대한다. 환자의 안전과 건강보험 재정의 건전성을 위해 한의사의 현대 의료기기 사용에 급여를 적용해서는 안 된다는 입장이었다.

첩약에 건강보험 급여를 적용하는 시범 사업에서도 갈등은 지속되고 있다. 복지부가 첩약 급여화 시범 사업을 시행하면서 두 분야의 갈등이 생겼다. 안면 신경마비와 뇌혈관질환 후유증, 월경통, 알레르기비염, 기능성 소화불량, 요추 추간판 탈출증 등 6개 분야의 첩약에 건강보험을 적용하는 시범 사업이다. 의사협회는 한방 첩약이 안전성과 유효성이 검증되지 않았다고 주장했다. 과학적인 근거를 갖춰 국민건강에 기여해야 할 복지부에서 오히려 재정을 늘려 투입하는 것이 문제라며 비판했다. 한의사협회는 입장이 달랐다. 시범 사업을 통해 더 많은 국민의 건강 증진에 기여할 수 있다는 것이다. 시범사업에 쓰이는 첩약은 한의 표준 임상 진료 지침에 따른 것이고, 의학적 타당성과 유효성이 입증되었다면 한약재 역시 제조 및 품질관리 기준을 인증한 시설에서 제조한다고 반박했다.

의료 공백이 이어지면서 2년 공부를 더 하면 의사면허를 받게 해달라는 한의사들의 제안에 의사협회는 다시 한번 발끈했다. 지방 필수의료를 메우기 위한 한의사들의 주장에 의사협회는 "45학점을 이수하면 의사면허를 준다는 것은 의과 교육과정을 제대로 이해하지 못한 것"이라며 꼬집었다. 한의대에서 의대의 교육 커리큘럼을 흉내 내고는 있지만, 그 양과 질은 현저히 떨어진다는 주장이다. 의대 교육과정조차 시간이 부족해 휴학을 하거나 방학을 활용해 학습에 매진하는 학생들이 많은 현시점에서 이런 보수교육은 말도 안 된다는 것이다. 그러나 한의과대학에서 이미 의과대학 교육과정의 75%를 배웠다는 한의사들은 의견을 굽힐 생각이 없어 보인다. 한의사들은 한의사 추가 교육 후 의사전환은 의협이 먼저 제안했다며, 의사협회의 주장을 받아쳤다.

한의사협회와 의사협회의 갈등은 앞으로도 지속될 전망이다. 서로의 학문과 치료법에 대한 이해와 존중이 부족한 탓이다. 이 갈등을 해결하기 위해서는 상호 존중을 바탕으로 환자 중심의 대화와 협회 차원의 다양한 노력이 필요할 것이다.

어떻게 읽고, 어떻게 쓰고, 어떻게 생각할까?

글을 읽을 때는 '사실'과 '의견'의 차이를 이해하는 것이 중요하다. '사실'은 실제로 일어났거나 보고 듣고 경험한 것이다. 객관적인 요소로, 대체로 입증이 가능하다. 모든 사람이 동의할 수 있으며 '그렇다'와 '아니다'로 구분할 수 있다. 주로 설명과 묘사의 형태로 표현된다. '의견'은 사실로부터 얻어지는 자신의 생각, 느낌, 판단, 견해 등을 말한다. 주관적인 요소를 포함하며, 개인적인 생각이므로 '그렇다'와 '아니다'를 판단하기 어렵다. 어떤 사람에게는 맞지만 또 어떤 사람에게는 맞지 않을 수 있다. 글을 읽으면서 사실과 의견을 구분해야 하는 까닭이다.

사실은 객관적이고 검증이 가능하지만, 의견은 주관적이고 검증하기 어렵다. 이 둘을 구분해야 글의 핵심 정보를 파악할 수 있다. 사실과 의견을 구분하면 주장의 타당성을 평가할 수 있고 편견을 없앨 수 있으며, 비판적 사고력에 도움이 된다. 윗글은 한의사와 의사 간의 지속적인 갈등에 대해 다루고 있다. 주요 사실로는 대법원이 한의사에 뇌파계 사용을 허용하는 판결을 내렸다는 것, 한의사의 피부미용 시장진출로 새로운 갈등이 시작되었다는 것, 첩약 건강보험 급여화 시범 사업을 둘러싼 갈등이 있었다는 것, 한의사들이 2년 추가 교육 후 의사면허 취득을 제안했고 의사협회가 반발했다는 것 등이 있다.

의견은 한의사 측 의견과 의사 측 의견으로 나눠 구분할 수 있다. 한의사 측에서는 레이저 및 피부 외과술은 한방 진료영역에 해당한다고 말한다. 첩약 급여화 시범 사업이 국민건강 증진에 기여하며, 한의대에서는 이미 의대 교육과정의 75%를 다뤘다고 한다. 의사 측에서는 한의사들의 현대 의료기기 사용 능력이 입증되지 않았으며, 첩약의 안전성과 유효성이 검증되지 않았다는 의견을 제시한다. 2년 추가 교육으로 의사면허를 주는 것은 의대 교육과정을 제대로 이해하지 못했다는 주장이다.

윗글에서 사실과 의견을 구분해보면 각 집단의 편견과 이해관계를 더 정확하게 이해할 수 있다. 또한 논쟁의 핵심이 무엇인지 알고, 무엇이 더 합리적인 결정인지 생각할 수 있다. 실제로 합의가 가능한 부분과 의견 차이가 생기는 지점을 정확하게 알 수 있어 갈등 해결의 실마리를 찾는 데도 도움이 된다.

글을 읽고 자신만의 편향된 생각으로 판단하기보다는 이처럼 사실과 의견을 구분해 사실에 기반한 이성적인 판단을 내리는 것이 바람직하다.

 ## 시그널 탐색력 UP!

1. 이 글에서 사실과 의견을 구분해보자.
2. 의견 중에서 가장 신뢰할 만한 의견과 그 이유는 무엇인가?
3. 사실과 의견을 구분할 때의 이점은 무엇인가?

 의료인력 수급 대책을 말하다

06

　2025년 의사 국가시험 실기 합격률은 76.7%로 90% 중반을 유지하던 예년보다 현저히 낮아졌다. 이는 최근 5년 내 실기 합격률 중 최저치다. 의료계에서는 합격률이 낮은 이유를 응시자의 달라진 구성 비율로 꼽았다. 의대 증원으로 인해 의대생의 휴학이 늘어나면서 응시자 가운데 국가시험을 여러 번 치르고도 불합격한 N수생, 해외 의대 졸업생, 군위탁생의 비율이 높아졌다. 총 347명의 응시자 중 전년도 국가시험 불합격자 186명, 군위탁생 20명, 해외 의대 졸업생 62명으로 집계되었다. 매년 3,000여 명씩 배출되던 의사가 10% 남짓 되는 300명 미만으로 배출되면 의료인력 수급에 문제가 생길 수밖에 없다.

　2025년 전문의 시험에 수료 예정 전공의 수는 576명이다. 작년 전문의 자격시험 응시자의 20.7%밖에 안 되는 수치다. 수료 예정자 중 가정의학과는 96명, 내과는 91명, 정형외과는 61명, 정신건강의학과는 40명, 응급의학과는 33명이다. 전공의가 가장 적은 과목은 핵의학과 2명, 방사선종양학과 3명, 진단검사의학과 5명, 심장혈관 흉부외과 6명, 비뇨의학과 7명이다. 물론 이 비율은 실제 수료 기준 충족 여부에 따라 달라질 수 있다.

　의대 증원 갈등으로 인한 의사 수 감소뿐 아니라 다른 문제도 있다. 다름 아닌 의사들의 고령화 문제이다. 보건복지부에서 제시한 자료에 따르면 의료기관에 종사하는 산부인과 전문의 10명 중 3명이 60대 이상이며, 평균연령은 54.4세였다. 30대 이하 전문의는 전체의 11.6%에 불과했다. 여성 인구 1,000명당 산부인과 전문의 수는 전국적으로 평균 0.24명으로 1명도 채 되지 않았다.

　그러나 의료계에서는 우리나라 국민이 OECD 평균보다 2.5배 높은 수준으로 의료 서비스를 이용하고 있다고 주장한다. 즉, 의사가 충분하다는 얘기다. 의사 수를 늘리는 것보다 환자와 지역별 의사를 재분배하는 것이 더 중요하다고 말한다. OECD 건강 결과 지표를 보면 우리나라 평균 수명과 의료 접근성 모두 상당히 높은 편인데, 의사 수가 부족하면 이런 결과가 나올 수 없다는 주장이다. 서울이나 수도권으로 몰린 거점 병원을 지역으로 분산하고, 좋은 인력이 적절하게 배치되어야 한다는 것이다. 더불어 필수 의료와 비필수 의료, 수도권과 지역 간 불균형 해소 정책도 필요하다는 의견이다.

'필수 의료'란 즉각적인 조치가 없으면 생명을 위협하거나 심각한 정신 문제를 일으킬 수 있는 의료 서비스다. 뇌출혈이나 중증외상, 심근경색 같은 응급의료나 응급 수술이 이에 해당한다. 응급분간과 중환자 진료, 심뇌혈관 질환 치료도 필수 의료다. '비필수 의료'는 생명에 직접적인 위협이 없고 시간적 여유가 있는 치료를 말한다. 일반 건강검진과 미용 목적의 성형수술, 비응급 치과 치료와 일부 만성질환 관리가 이에 해당한다. 의료계는 필수 의료와 비필수 의료에 대한 합의가 필요하다고 주장한다. 필수 의료 개념의 모호성으로 인해 각 이해관계자가 자신들의 이익을 반영하려 들기 때문이다. 특정 진료과목이 아닌 의료행위별로 보상과 지원을 고려해야 한다는 의견도 있다.

이를 해결하기 위해서는 고령화 관련 분야와 수요가 많은 과에 젊은 의사를 유입할 유인책을 마련해야 한다. 젊은 의사들이 선호할 만한 근무조건 및 처우 개선, 지역 간 불균형 해소를 위한 지방 근무 의사 인센티브제를 시행하는 것도 좋다. 지역별 의료 인프라 개선과 정부의 지원도 빼놓을 수 없다. 특정 과로 쏠리는 현상을 완화하기 위해 수가제를 개선하고, '은퇴 의사' 활용 방안을 마련한다. 멘토링 시스템을 구축해 젊은 의사를 지원하고 돕는 것도 좋은 방법이다. 현장의 의견과 과학적 데이터를 바탕으로 정책을 수립할 필요도 있다. 국민의 생명과 연결된 정책인 만큼, 공익을 추구할 수 있는 방향으로 공정한 정책이 마련되어야 할 시점이다.

의대 정원 조정과 의료인력 수급 계획은 장기적으로, 그리고 구체적으로 마련되어야 한다. 의료 시스템 전반에 대한 종합적인 개선 방안을 마련해야 할 때가 온 것이다.

어떻게 읽고, 어떻게 쓰고, 어떻게 생각할까?

앞에서 말한 것처럼 '사실'과 '의견'을 구분하면 객관적인 정보를 파악할 수 있다. 이를 통해 정보를 더 깊이 있게 분석하고 평가할 수 있다. 의견과 사실을 구분하면 더 나은 판단을 내릴 수 있다. 토론과 협력이 가능해지고, 공통된 사실을 바탕으로 다양한 의견을 나눌 수 있다.

사실과 의견을 구분하기 위해서는 먼저 객관성을 확인해야 한다. 사실은 구체적인 수치, 통계, 날짜 등을 포함하는 경우가 많으며, 의견은 추상적이거나 일반화된 표현을 사용하는 경향이 있다. 또한 사실은 중립적이고 감정이 배제된 표현을 주로 사용하고, 의견은 감정적이거나 가치 판단을 포함하는 표현을 주로 사용한다. 사실은 신뢰할 수 있는 출처나 증거를 제시할 수 있어야 하며, 의견은 개인적 경험이나 믿음에 기반할 수 있다. 사실은 시간이 지나도 변하지 않는 경우가 않지만, 의견은 상황이나 시간에 따라 얼마든 변할 수 있다.

윗글에서 사실과 의견을 구분해보자. 2025년 의사 국가시험 실기 합격률은 76.7%이다. 90% 중반에 머물렀던 예년에 비해 크게 낮아졌다. 응시자

347명 중 전년도 국가시험 불합격자는 186명, 군위탁생은 20명, 해외 의대 졸업생은 62명이었고 이 수치는 '사실'이다. 또 필수 의료는 생명과 직결된 응급의료 서비스이고, 비필수 의료는 생명에 직접적 위협이 없는 의료 서비스라는 점도 사실이다. 그에 반해 이미 의사가 충분하다는 주장은 사실이 아닌 '의견'이다. 의사를 늘리는 것보다 지역별 의사를 재분배해야 한다는 주장도 의견에 해당한다. 우리나라 평균 수명과 의료 접근성이 높은 것은 의사 수가 충분하다는 것을 방증한다는 해석 또한 의료계의 의견이다. 서울이나 수도권에 몰린 거점 병원을 지역으로 분산해야 한다는 주장 역시 의견이다.

이렇듯 사실과 의견을 구분하면 글쓴이의 글이 타당한 근거에 기반하는지 판단할 수 있다. 2025년 의사 수와 전공의 수료 예정 의사 수가 적은 것은 사실이다. 그러나 의료계의 여러 문제에 관한 주장에는 자신만의 판단이 필요하다. 어느 한쪽의 의견을 무조건적으로 수용하거나 반대해서는 안 된다. 편향된 의견인지, 여러 분야의 의견을 고루 반영했는지 등을 생각해야 한다는 것이다.

글을 읽을 때는 이처럼 사실과 의견을 구분하며 비판적으로 분석하는 것이 좋다. 그래야 글쓴이의 의도를 맹목적으로 좇지 않고, 자신만의 시각으로 사안을 이해할 수 있기 때문이다.

🏫 시그널 탐색력 UP!

1. 이 글에서 사실과 의견을 더 찾아보자.

2. 복지부와 의료계가 대립하는 결정적인 이유는 무엇인가?

3. 글쓴이의 의견 외에 나만의 생각이 있다면 정리해보자.

07

숨소리로 수면 분석합니다

숨소리를 분석해 수면의 질을 측정하는 기술이 세계 최초로 개발되고 있다. 2020년 설립된 스타트업 '에이슬립'의 이야기다. 병원에서는 주로 수면의 질을 파악하고 수면장애를 판단하는 '수면다원검사'를 진행한다. 수면 중의 뇌파, 안구운동, 근육의 움직임, 호흡, 심전도를 검사해 판단하는 것이다. 이는 수면시간과 수면의 깊이, 수면장애 여부를 판단할 수 있으나 비용도 많이 들고 시간도 오래 걸린다.

에이슬립은 수면 검사의 수치가 숨소리와 관련이 있다는 점에 착안해 연구를 시작했다. 들숨-날숨-휴지기가 꿈을 꾸는 렘수면 단계에서는 불규칙해지고, 이를 통해 수면의 질을 측정하는 것이다. 숨소리로 수면의 질을 파악하는 것은 심장 박동의 규칙성으로 판단하던 기존의 방법보다 훨씬 많은 정보를 준다. 규칙성과 깊이에 따른 울림을 제공한다는 점에서 정확도가 높아지기 때문이다. 잠잘 때 스마트폰을 베개 옆에 두고 숨소리만 녹음하면 돼서 방법도 간단하다. 수면의 질을 파악하면 이를 개선할 수 있는 여타 기기의 개발도 가능해진다.

흔히 '잠이 보약'이라고 한다. 충분한 수면은 비만과 당뇨, 고혈압과 심장질환 예방, 면역력 강화에도 도움을 준다. 수면은 집중력과 기억력에 중요한 역할을 하며, 특히 충분한 수면은 새로운 정보를 처리하고 저장하는 데 필수적이다. 적절한 수면은 정신건강 유지에도 필요하다. 수면 중에는 뇌척수액이 뇌를 씻어내 노폐물을 제거하며, 호르몬 분비와 면역체계를 조절해 신체의 균형을 유지하는 데도 도움을 준다. 성인 기준 적정 수면시간은 7~8시간이며, 청소년이나 어린이는 그보다 조금 더 요구된다. 성장에 필요한 에너지가 대부분 수면을 통해 채워지기 때문이다.

하지만 현대인들은 깊게, 충분히 자지 못한다. 일과가 늦게 끝나다 보니

저녁 식사를 느지막이 하는 일이 많다. 취침 전에 음식을 섭취하면 소화기 활동으로 깊은 잠을 자기 어렵다. 불규칙한 수면시간도 문제다. 늦게 자고 늦게 일어나거나 자는 시간이 일정하지 않은 경우도 많다. 취침 전에 스마트폰이나 태블릿, 컴퓨터 사용으로 인해 블루라이트에 노출되면 숙면에 방해가 된다. 과도한 스트레스나 불안 역시 수면장애를 유발한다.

이러한 수면장애에 가장 취약한 것이 성장기 어린이와 청소년이다. 10대는 급격한 신체 성장이 일어나는 시기다. 수면 중 분비되는 성장호르몬은 키 성장과 근육발달을 촉진한다. 청소년기는 뇌가 지속적으로 발달하는 중요한 시기이기도 하다. 충분한 수면은 뇌 구조와 기능 발달에 필수적이며, 낮 동안 학습한 내용을 뇌의 기억 장소에 저장하는 데 도움을 준다. 집중력과 학습능력을 향상시키는 등 학업 성취도에도 큰 영향을 미친다. 감정조절 기능을 돕고, 스트레스와 불안을 감소시키기도 한다. 나아가 면역체계를 강화해 질병에 대한 저항력을 높인다.

10대에 잠이 이렇게 중요한 만큼 질 높은 수면을 위해 노력할 필요가 있다. 먼저, 규칙적인 수면 습관을 만들어야 한다. 매일 같은 시간에 자고 일어나는 습관을 들이면 체내 시계가 안정화되어 수면의 질이 향상된다. 방을 어둡게 하고 소음을 차단해 8시간 이상 충분히 잘 수 있는 환경을 확보한다. 너무 덥거나 너무 춥지 않도록 쾌적한 온도를 유지하는 것도 좋다. 취침 한두 시간 전부터는 스마트폰이나 태블릿, 컴퓨터 사용을 자제한다. 가벼운 스트레칭이나 반신욕, 독서를 통해 긴장을 푸는 것도 방법이다. 매일 30분 이상 규칙적으로 운동하되 늦은 시간에는 운동을 삼간다. 잠들고 나서 90분이 가장 깊은 수면이 이뤄지는 시간이기에, 이때 숙면에 방해가 될 만한 요소를 최소화한다.

졸릴 때는 참지 말고 바로 잠을 청하는 것이 좋다. 질 높은 숙면 습관은 삶의 여러 요소에 큰 영향을 미친다. 이러한 습관이 몸에 배도록 건강한 생활방식을 유지해야 할 것이다.

어떻게 읽고, 어떻게 쓰고, 어떻게 생각할까?

기사를 읽을 때 사실을 검증하지 않으면, 가짜 뉴스와 부정확한 정보에 놀아나게 된다. 다시 말해, 팩트 체크를 통해 부정확하거나 왜곡된 정보를 걸러내야 한다는 것이다. 독자들이 적극적으로 사실 검증에 참여할 때 전반적인 정보의 질을 높일 수 있다. 인공지능이 만들어내는 콘텐츠가 많아지면서 가짜 뉴스는 늘어만 간다. 목적을 가지고 만들어 낸 가짜 뉴스를 검증하는 습관은 전반적인 정보의 질을 높이는 데 도움이 된다.

사실을 검증하기 위해서는 정보의 원본 출처를 식별하고, 신뢰성을 평가해야 한다. 출처가 실제로 존재하는지 살펴보고, 인용한 사람의 직함이나 회사명이 정확한지 확인한다. 원본 여부를 확인하고 숫자와 통계가 정확한지 검토한다. 학술 검색을 통해 정보의 정확성을 한 번 더 확인하는 것도 좋은 방법이다. 링크가 제대로 작동하는지 확인하고 글쓴이의 약력과 전문성도 체크한다.

윗글에서는 스타트업 '에이슬립'의 숨소리 분석 기술에 관해 설명하고 있다. 이 새로운 기술과 관련한 회사의 주장은 사실이지만, 명확하게 효과가 있는 방법인지에 대해서는 파악하기 어렵다. 서울아산병원을 통해 수면다원검사가 뇌파, 안구 운동, 근육의 움직임, 호흡, 심전도를 검사하는 것은 사실임을 알 수 있었고 수면이 비만, 당뇨, 고혈압, 심장질환 예방과 면역력 강화, 집중력과 기억력 향상에 도움을 준다는 것도 사실임을 알수 있었다. 물론, 이는 일반적으로 알려진 사실이기도 하다. 10대 청소년에게 8시간 이상의 수면이 권장된다는 것과 규칙적인 수면 습관이 중요하다는 조언 역시 일반적으로 권장되는 사항이다. 더불어 잠든 직후 90분간가장 깊은 수면이 이뤄진다는 사실은 수면 전문가들이 여러 논문을 통해제시하고 있는 사실이다.

뉴스를 읽고 여러 가지 측면으로 사실 검증을 하게 되면 숨소리를 연구하는 회사에서 제공하는 자료만으로는 사실 여부를 확인하기 어렵고, 그에따른 검증 절차가 더 필요하다는 것을 알 수 있다. 기계의 효과나 정확성등에 대해서는 아직 알 수 없지만, 숨소리가 수면의 많은 정보를 드러내고 있다는 것 정도는 충분히 이해할 수 있다. 우리는 이를 통해 '사실'이라도 여러 번 확인하는 작업이 뒤따라야 한다는 것을 배울 수 있다. 사실검증이 없이는 비판적 사고를 할 수 없기 때문이다.

🏫 시그널 탐색력 UP!

1. '에이슬립'에 대한 사실 중 확인 가능한 내용을 더 찾아보자.

2. 위에서 제시한 사실 중 의심이 가는 부분에 대한 정보를 더 찾아보자.

3. 사실을 찾아 출처를 확인하기 전후의 생각이 어떻게 달라졌는가?

08 유전자를 바꿀 수 있다고?

유전자 가위라고 불리는 유전자 편집 기술은 현대 생명과학 분야의 혁신적 기술 중 하나다. 이 기술은 유전자를 수정하거나 추가 또는 삭제하여 질병이나 유전자 치료, 농업 생산물 향상 등에 사용한다. 가장 널리 사용되는 유전자 편집 기술에는 '크리스퍼 유전자 가위'가 있다. 크리스퍼는 박테리아의 면역체계에서 유래한 기술이다. 가이드 RNA와 Cas9 효소를 사용하여 특정 DNA 서열을 인식하고 절단한다. 20개의 염기서열로 이루어진 가이드 RNA를 통해 목표 DNA의 위치를 쉽게 변경할 수 있다. 이는 '겸상 적혈구 빈혈'과 '베타 지중해 빈혈' 치료에 사용된다. 면역세포의 유전자를 교정하여 암세포를 효과적으로 공격하는 방법 또한 연구 중이다. 2012년 처음 소개된 크리스퍼 기술은 염기교정과 프라임 교정을 통해 더 높은 정밀도와 효율성을 가진 유전자 편집을 가능하게 한다. 영국에서는 이미 크리스퍼를 활용한 작물 승인이 진행 중이다.

크리스퍼 기술은 윤리적 문제도 만든다. 이 기술이 유전질환 치료에 큰 잠재력을 가졌지만, 동시에 인간 능력 향상에도 사용될 수 있기 때문이다. 근육을 강화하거나 학습능력, 기억력 촉진에 사용될 가능성이 있다. 이렇게 되면 어디서부터가 치료이고, 어디서부터가 향상인지 구분하기 어려워진다. 이 기술을 사용하게 되면 경제적 능력에 따른 사회적 불평등을 심화시킬 수도 있다. 부유한 사람들이 자신의 능력 향상을 위해 이 기술을 남용하면 기존의 사회적 격차는 더 벌어질 것이다. '인간의 능력을 인위적으로 향상시키는 것이 과연 옳은가?'에 대한 의문도 생긴다. 인간의 정체성과 본질을 마음대로 바꾸는 데 따르는 철학적, 사회적 논의 역시 필요하다.

생식세포와 배아의 유전자 편집은 특히 심각한 윤리적 문제를 만든다. 현재 세대가 유전자 편집을 통해 미래 세대를 변화시킬 권한이 있는지, 그 합의점을 찾기 힘들다. 태어나지 않은 미래 세대는 자신의 유전자 변형에 동의하지 않을 수 있다. 이는 자율성 존중의 원칙을 위배하는 일이다. 유전자 편집을 통해 장기적으로 인류에게 발생할 여러 문제를 완전히 예측하는 것도 어려우며, 의도하지 않은 부작용으로 인해 여러 세대에 걸쳐 문제를 일으킬 수도 있다. 광범위하게 적용될 경우 인류 전체의 유전자 구성에 영향을 미칠 수 있기 때문이다. 이는 인류의 진화과정에 인위적으로 개입하는 것과 같기에 그 책임과 권한에 동의하기 힘들다.

안전성의 문제도 있다. 높은 정확성에도 불구하고 DNA 변형 가능성을 완전히 없애기는 힘들기에, 그로 인해 의도치 않은 질병이 발생할 수도 있다. 그 책임을 누구에게 물을 것인가 하는 문제도 있다. 생식세포나 배아의 유전자 편집은 유전질환 예방의 잠재적 이점이 있다. 그러나 그에 따르는 윤리적 위험이 매우 크기 때문에 신중하게 접근할 필요가 있다. 기술의 파급력을 생각할 때, 개인의 자유로운 선택보다는 공동체의 공헌을 위한 활용방식과 규제에 대한 공동체주의적 접근이 필요하다. 많은 국가가 크리스퍼를 포함한 유전자 편집 기술에 대한 규제를 고민하고 있으며, 2018년 7개국의 과학자가 18명이 생식세포의 유전자 변형을 자발적으로 금지하겠다는 성명을 발표하기도 했다.

크리스퍼를 비롯한 유전자 변형기술의 윤리적 사용을 위해서는 앞으로 많은 노력이 필요하다. 기술의 안전성과 정확성 향상을 위한 지속적인 연구와 윤리적 가이드라인, 법적 규제를 세워야 할 것이다. 국제위원회를 설립하고 국제적 합의를 찾아야 할 것이며, 사회에 미칠 영향에 대해 다양한 이해관계자들의 참여와 논의가 필요하다. 공개 토론과 포럼을 통해 기술의 잠재적 영향에 대해 논의하고 대중의 이해를 높이기 위한 교육 프로그램과 인식 제고 캠페인 역시 요구된다. 무엇보다 기술 접근이 특정 집단에 편중되지 않도록 각별한 노력을 기울여야 할 것이다.

어떻게 읽고, 어떻게 쓰고, 어떻게 생각할까?

글을 읽으며 글쓴이의 의견을 판단하는 것은 매우 중요하다. 뉴스에 보도되거나 책에 나와 있다고 해서 100% 진실을 말하는 것은 아니다. 따라서, 글의 내용을 그대로 수용하는 것은 위험한 행동이다. 객관적인 판단 기준으로 의견을 분별할 수 있어야 하며, 제시된 의견이 신뢰할 만한 근거에 기반하고 있는지 확인해야 한다. 그래야만 잘못된 정보를 걸러낼 수 있다. 주관적 해석이나 편견을 배제하고, 객관적인 시선을 유지하는 것이 무엇보다 중요한 까닭이다. 의견을 판단하고 검증할 때, 더 정확한 정보를 얻을 수 있음을 이제는 알고 있을 것이다. 이는 지식의 폭을 넓혀주고, 더 나은 의사결정을 하는 데 도움을 준다.

의견을 판단하는 기준은 객관성과 신뢰성에 있다. 객관적 사실과 증거에 기반하는지 따져본 후 의견의 출처와 근거가 신뢰할 만한지 확인한다. 의견에 대한 논리적 구조와 일관성을 검토하고, 주제와 상황이 얼마큼 관련이 있는지도 판단한다. 한쪽 의견으로 치우치지 않고 균형 잡힌 시각을 제시하는지도 살핀다. 의견 제시자와 해당 분야의 전문성을 고려해야 하며, 현재 상황에 적절한지도 평가한다. 특히 제시된 해결책이나 제안이 실제로 실행 가능한지도 따져봐야 한다. 의견은 어디까지나 윤리적 기준에 부합해야 하며, 다양한 관점과 의견을 고려한 후 종합적으로 판단해야 한다. 윗글에는 크리스퍼 기술의 잠재력과 응용, 윤리적 문제, 안전성 문제, 규제와 대응방안에 대한 다양한 의견이 담겨 있다. 이 의견들은 현재 과학계와 윤리학계에서 실제로 널리 논의되고 있는 내용이다. 크리스퍼 기술의 안전성 문제와 의도하지 않은 DNA 변형에 대한 우려는 과학계에서 중요하게 다루어지는 문제이며, 안전성 확보를 위해 '오프 타깃'(유효하지 않은 부분에 타격을 가하는 일) 효과를 최소화하는 방법을 찾고 있다.

전달 시스템을 최적화하고 세포 스트레스를 관리하는 것도 중요하다. 면밀한 안전성 검사를 통해 임상실험의 안전성을 검증하는데, 크리스퍼 기술의 안전성을 높이기 위해서는 여전히 많은 연구와 검증이 필요한 상황이다. 이 글에는 그에 대한 우려와 의견들이 편중되지 않게 잘 실려 있음을 알 수 있다.

이렇게 의견의 적절성을 판단하면 글의 신뢰성을 높일 수 있다. 믿을 수 있는 정보를 얻기 위해서는 의견 판단 연습이 필수다.

 ## 시그널 탐색력 UP!

1. 유전자 편집 기술에 대한 의견을 더 찾아보자.
2. 제시된 의견 중 하나를 골라 나의 생각을 덧붙여보자.
3. '의견 판단'의 장점에는 어떤 것들이 있을까?

09 입냄새 좀 없애주세요

입냄새 때문에 고민인 사람들이 많다. 대화할 때 상대방이 인상을 쓰거나 고개를 돌리는 것을 자신의 입냄새 때문이라고 여긴다. 이런 생각은 대화할 때 손으로 입을 가리고 조그맣게 말하는 습관을 만들기도 한다. 치과에 가서 검사를 해보면 실제로 입냄새가 심하지 않은 경우도 많다. 하지만 자신의 구취 걱정 때문에 대화의 자신감을 잃기도 한다. 물론, 실제 대화할 때 상대방이 힘들 정도로 구취가 심한 경우도 있긴 하다.

구취는 주관적 구취와 객관적 구취로 나뉜다. 치과에서 '할리미터'라는 장비로 객관적인 구취 측정이 가능하다. 할리미터는 입안의 박테리아가 단백질을 분해할 때 나오는 휘발성 황화합물의 양을 측정하는 장치이며, 침 분비량으로도 측정이 가능하다. 침의 양이 적을수록 구취가 심할 가능성도 있다. 당뇨병이 있으면 식초 냄새, 신장이 나쁘면 암모니아 냄새가 난다. 편도선에 음식이 끼었을 때도 구취가 난다. 양치가 올바르게 안 되거나 잇몸병이 있는 경우, 이 사이에 음식물이 끼어 있어도 그취가 날 수 있다. 구취가 가장 심할 때는 백태가 쌓이고 세균이 번식하는 새벽 이후다.

특별한 병이 있는 경우가 아니라면 치아 관리틀 통해 입냄새를 예방하거나 줄일 수 있다. 하루 두 번 이상, 최소 2분씩 칫솔질을 하고 모가 부드러운 칫솔을 사용하며 3~4개월마다 교체해 주는 것이 좋다. 치실로 치아 사이의 음식물을 없애 박테리아가 자라지 않도록 관리하는 것도 방법이다. 간혹 이에 음식물이 끼었을 때 이쑤시개를 사용하는 사람들이 있는데, 이쑤시개는 끝이 뾰족하고 단단해 잇몸을 자극하거나 상처를 낼 수 있다. 그래서 이물질이 끼었을 때는 되도록 이쑤시개보다는 치실을 사용하는 것이 좋다. 치실을 사용할 때는 먼저 40~50cm로 길게 자른 다음 가운뎃손가락으로 감은 후 엄지와 검지로 짧게 잡는다. 치아 사이에 치실을 톱질하듯이 밀어

넣고, 치아를 C자 모양으로 감싸듯이 둘러 잇몸 속으로 깊숙이 넣는다. 치실을 잡아당기면서 치아마다 위아래로 3번씩 닦아주면 된다. 치실은 최소 하루 한 번 이상 양치 전에 먼저 사용하는 것이 좋다.

치실 때문에 치아가 벌어지는 것은 걱정하지 않아도 된다. 벌어지는 느낌만 들 뿐, 실제로 벌어지지는 않는다. 잇몸 상태가 안 좋다면 치간 칫솔을 사용해 치아와 잇몸을 닦아내는 것도 좋다. 마지막으로 혓바닥의 하얀 부분을 긁어내 박테리아를 제거해준다. 물을 많이 마셔도 도움이 되며, 무설탕 껌을 씹거나 사탕을 먹어 입안을 마르지 않도록 하는 것도 방법이다. 입안이 자주 마른다면 치과에서 타액 분비량을 늘리는 치료를 받는 것이 바람직하다. 청소년기는 특히 충치에 매우 취약한 시기다. 이 시기에 치아 관리를 소홀히 하면 입냄새뿐만 아니라 치아가 손상될 수 있다. 청소년기에 형성된 구강 관리 습관은 평생 이어질 수 있는 만큼 올바른 칫솔질과 치실 사용을 습관화해야 한다. 여유가 된다면 정기적으로 치과를 방문하여 검진을 받는 것을 추천한다. 치아에 불소를 도포하면 치아 표면이 단단해져 충치가 예방되며, 실란트 시술은 어금니의 씹는 면에 홈을 메워 충치를 예방한다.

생활습관도 체크할 필요가 있다. 인스턴트 식품과 탄산음료의 무분별한 섭취를 줄이고, 영양가 있고 균형 잡힌 식단을 하는 것이 치아 건강에 매우 중요하다. 잦은 군것질과 야식은 충치와 잇몸질환의 원인이 될 수 있으며, 영구치가 나오면 필요한 예방 치료를 통해 치아를 관리하는 것이 좋다. 영구치가 처음 나오는 6세부터 사랑니가 나오는 18세까지의 치아 관리는 평생의 치아 건강을 좌우할 만큼 중요하다. 이때는 스스로 치아를 관리하는 것에 미숙하기에 보호자가 항상 관심을 갖고 지켜보는 것이 좋다. 그러나 무엇보다 중요한 것은 스스로 깨끗하게 이를 관리하면서, 바른 생활 습관을 유지하려는 본인의 노력일 것이다.

어떻게 읽고, 어떻게 쓰고, 어떻게 생각할까?

글을 읽을 때는 글에 나타난 내용 외에 더 많은 정보를 찾아보는 것이 좋다. 다양한 출처에서 사실을 확인하면 정보의 정확성을 높일 수 있으며, 잘못된 정보를 받아들일 가능성이 줄어든다. 여러 사실을 비교하고 분석하는 과정에서 비판적 사고능력이 발달하는 것은 어쩌면 당연한 이치다. 사실에 기반한 정보는 독자를 감정이나 편견으로부터 멀리 떨어뜨려 놓으며, 동시에 더 나은 결과를 만들어낸다. 다양한 관점을 이해하고 이를 통해 세상을 바라보는 더 넓은 시각을 가질 수도 있다. 때로는 기존 정보의 부족한 부분이나 맥락을 보완하기도 한다.

추가적인 정보 탐색을 위해서는 제시된 글의 맥락 파악이 필요하다. 맥락을 정확하게 꿰뚫고 있으면 어떤 정보가, 왜 필요한지에 대한 당위성을 가질 수 있다. 또한 주제를 세분화하고 관련된 키워드를 검색하면 더 구체적이고 유용한 정보를 얻을 수 있다. 기본적인 사실을 일차적으로 정리한 후, 이를 바탕으로 추가 자료를 찾아보면 수월하게 자료를 활용하게 된다. 더불어 학술논문이나 뉴스 기사, 블로그 등 다양한 형식의 자료를 활용하여 정보를 수집하고, 각기 다른 관점과 해석을 통한다면 좀 더 균형 잡힌 정보를 모으고 그에 따른 이해도를 넓힐 수 있다.

치아 관리에 관한 정보 중 추가할 수 있는 내용이 있다면 가령 '3.3.3 법칙'을 활용한 양치질을 예로 들 수 있다. 하루 3번 이상, 3분 이상, 식후 3분이내에 양치를 하는 것이다. 그리고 양치를 할 때는 혀에 낀 설태도 반드시 닦아내야 한다. 대화를 많이 하면 혀 운동이 되면서 침 분비량이 늘어나 자연스레 입안이 깨끗해지고, 이것이 소화작용을 도와 위장에서 발생하는 가스를 제어할 수도 있다. 음식을 꼭꼭 씹어 먹는 것과 같은 효과가 있다는 것이다. 입냄새가 아주 심한 경우, 6개월에 1회 정도 스케일링을 받아 치석을 제거하는 것이 바람직하다.

이처럼 주제에 관한 정보를 찾다 보면 글의 내용을 더 구체적으로 이해하게 된다.

🏫 시그널 탐색력 UP!

1. 치아 관리의 올바른 예시를 살펴보자.
2. 나의 치아 관리법을 정리하고, 보완점을 찾아보자.
3. 생활습관과 치아 건강의 상관관계를 설명해보자.

10 암 치료 분야 세계 3위 대한민국

삼성서울병원이 뉴스위크가 선정한 월드 베스트 전문병원 3위에 이름을 올렸다. 지난해 5위에서 두 계단 올라선 기록이다. 1위는 MD앤더슨 암센터, 2위는 미국 메모리얼 슬로언 케터링 암센터로 선정됐는데, 이 두 병원은 암을 전문으로 치료하는 병원이다. 종합병원인 삼성서울병원이 3위에 오른 것은 실로 놀라운 성과가 아닐 수 없다. 세계 최고 종합병원으로 꼽히는 미국 메이요 클리닉을 넘어섰다는 것만으로도 전 세계를 놀라게 할 만했다. 삼성서울병원은 호흡기 질환에서도 1년 연속 1위를 차지했다. 소화기 분야는 6위, 비뇨의학 분야는 9위로 3개 영역에서 세계 10위권 내에 진입했다. 내분비, 신경과, 정형외과, 순환기 분야도 세계 100위 안에 모두 들었다. 2025년도 월드 베스트 스마트병원에서도 4년 연속 국내 1위를 차지하며 치료뿐만 아니라 모든 영역에서 압도적으로 우수하다는 것을 인정받았다.

환자 중심, 중증 고난도, 첨단 지능형 병원을 추구하는 삼성서울병원은 지난 1994년 개원해 국내 최고 수준의 디지털 의료 혁신을 선도하고 있다. 2008년에는 아시아 최대 규모의 암병원을 개원하는 등 꾸준히 최첨단 암 치료법을 선보이며 수술과 방사선 치료, 항암 등 각 영역에서 세계적 수준의 성과를 내면서 치료의 우수성을 인증받고 있다. 유럽 최고의 암병원인 프랑스 귀스타브 루시 병원과 MOU(양해 각서)를 체결했으며, 명문 암 치료기관인 독일 샤리테 병원과도 협업을 맺고 최신 의료기술 및 연구 협력을 위해 노력하고 있다. 이는 삼성서울병원이 5대 주요 암인 위암, 대장암, 폐암, 유방암, 간암 등에서 국내 및 미국 평균보다 높은 '5년 생존율'을 기록했기 때문이다. 국내 신규 암 환자의 약 12%를 치료하며 난치성 원격 전이암인 췌장암과 폐암 등에서도 높은 생존율을 달성했다. 양성자 치료기 등 첨단의료기술을 도입했으며, 암 정밀 치료센터도 운영한다. 더불어 환자 중심의 진료 프로세스를 만들고, 지속적인 연구를 해나가고 있다.

우리나라의 의료기술은 이렇게 세계적인 수준에 도달했다. 삼성서울병원 뿐만 아니라 서울 아산병원 역시 5개 분야에서 국내 1위를 차지했다. 9개 분야는 세계 50위권에 들었으며, 서울대학교병원도 8개 분야에서 세계 50위 권에 들었다. 서울성모병원도 내분비학 분야에서 세계 10위의 의학기술을 보여주고 있다. 한국의 의료기술이 이렇게 꾸준히 발전하는 이유는 레이저, 광음향 의료 기술 등 지속적인 첨단기술의 도입에 있다. 인공지능과 AR(증강현실), VR(가상현실), 로봇 수술을 통해 최신기술을 의료시스템과 연결했으며, 세계 최고 수준의 한국 반도체 기술이 의료 레이저 등 의료기기 개발에 기여하고 있다. 더불어 이는 고성능 의료 레이저 개발에 따른 비용을 눈에 띄게 절감해주었다.

레이저 기술을 활용한 광음향 영상기기 활용도 주목할 만하다. 의료기기 규제 혁신 및 산업육성 정책을 통해 산업발전을 촉진하고, 첨단 의료기기 신속 허가제 등을 통해 시장의 접근성도 높였다. 정부의 의료기기 산업 글로벌화 정책에 의해 국가 경쟁력도 한층 강해졌다. 의료기기 연구 개발에 적극적으로 참여한 병원들도 여기에 한몫했다. 서울대학교병원의 '혁신의료기술연구소'에서 이를 주도하고 있으며, 2025년까지 세계 10위권의 연구 중심병원 달성을 목표로 두고 있다.

병원 내 임상시험 활성화 등을 통해 의료현장의 요구를 반영한 기술개발도 이뤄지고 있다. 인공지능으로 환자의 상태를 실시간 모니터하고, 자동진단 및 개인 맞춤형 치료가 가능하도록 연구하고 있다. 인공지능과 의료기기의 융합, 의료 데이터 관리 자동화는 업무 효율성과 진단 정확성을 향상시킬 것이다.

글을 읽고 나면 '아하, 그렇구나!' 하며 내용을 의심하지 않고 모두 사실로 받아들이는 친구들이 많다. 글의 내용에 대한 사실 여부와 그 사실에 따른 자신의 생각을 헤아려볼 겨를도 없이 말이다. 자신만의 의견을 가지는 것은 단순히 정보를 받아들이는 것을 넘어 정보를 분석하고 비판적으로 평가하는 데 큰 도움이 된다. 다양한 관점에서 문제를 바라볼 수 있음은 물론 더 나은 해결책과 폭넓은 시각도 제공한다. 기존의 정보에 대한 의견을 바탕으로 자신만의 관점을 가지게 되면 창의성이 향상되며, 서로 다른 생각들을 연결해 새롭고 혁신적인 아이디어를 만들어낼 수도 있다.

자신만의 의견을 갖기 위해서는 우선 다양한 경험이 필요하다. 새로운 환경과 문화를 접하며 시야를 넓히고, 직접적인 경험을 하기 힘든 상황이라면 독서와 공부를 통해 간접적인 경험을 쌓아도 좋다. 다양한 분야의 책을 읽으며 지식을 확장하고, 온라인 강의 등을 통해 관심 분야의 전문성을 다지는 것도 도움이 된다. 브레인스토밍을 통해 아이디어를 자유롭게 떠올려봐도 좋고, 마인드맵으로 생각을 확장해봐도 좋다. 정보를 무조건적으로 수용했다면, 이제는 의문을 가지고 문제를 바라봐야 할 때다. 사람들과 의견을 나누며 피드백을 주고받고, 자신의 생각을 명확히 표현하는 연습을 해야 하는 까닭이다. 실제로 시도해보고 실패를 경험하면서 새로운 관점을 익힐 수 있다.

우리나라 의료계의 수준이 세계적으로 어떠한지 살펴보기 전에, 가장 먼저 의료계의 여러 문제점들에 대한 자신만의 생각을 가져보자. 우리나라는 민간 중심의 병원이 절대적으로 많다. OECD 공공병원 평균 비율은 자그마치 52.2%로, 5.4%인 우리나라를 한참이나 앞선다. 이렇게 되면 시장 중심의 의료체계가 다져지고, 의료의 공공성이 약화한다. 날이 갈수록 벌어지는 지역 간 의료격차와 필수 분야의 의료진 부족도 이에 한몫한다. 고령화가 가속화되는 시점에서 제대로 된 의료체계가 마련되지 않았다는 아쉬움도 있다. 약자를 위한 의료 시스템 개선은 예나 지금이나 필요 불가결이다.

이같이 의료계의 여러 문제점을 찾다 보면, 생각하지 못했던 또 다른 시각이 생겨난다. 다른 각도로 문제를 바라볼 때 비로소 균형 잡힌 사고를 할 수 있게 된다. 모든 사안을 비판적으로 바라볼 필요는 없으나, 새로운 대안을 제시하는 데 이만한 방법이 없다.

 ## 시그널 탐색력 UP!

1. 우리나라 의료계에 대한 나만의 의견을 말해보자.

2. 문제 해결 방안을 조사한 후 발표해보자.

3. 나만의 의견 제시를 통해 얻을 수 있는 것은 무엇인가?

Chapter 2

우리나라와
일본의 경기가
곧 시작될 거야.
세기의 라이벌이
또 만나게 되었군.
HAY

　2024년 4월, 올림픽 본선 진출을 앞두고 한국 축구와 일본 축구가 맞붙었다. 10회 연속 올림픽 본선 진출을 위해 시합에 임하는 우리나라 선수들의 마음가짐은 남달랐다. 한일전에 대한 부담은 늘 있었지만, 이번 경기는 어느 때보다 더욱 중요했다. 일본을 꺾고 조 1위를 차지해야 카타르와 대결하는 부담을 줄일 수 있기 때문이다. 황선홍 감독은 인터뷰를 통해 한일전에 대한 부담이 분명 있지만 최선을 다해 승리하겠다고 포부를 밝혔다. 김응용 야구 대표팀 감독은 “모든 팀에 다 이겨도 일본에 지면 전패다. 다른 나라에 다 져도 일본에 이기면 전승이다”라고 말할 정도였다. 축구선수 박지성 또한 “한일전은 이겨야 한다. 저 역시도 반드시 이겨야 하는 경기라고 생각한다”고 밝힌 바 있다. 월드컵이나 올림픽 같은 세계 무대에서 16강이나 메달을 확보했더라도 한일전이 열리면 그 관심은 급증한다.

　한국뿐 아니라 일본도 마찬가지다. 축구나 야구와 같은 인기 종목에서 한일전의 평균 시청률은 30%에 육박하며 일본 언론 또한 한국을 ‘숙명의 라이벌’, ‘인연의 대결’ 등으로 표현한다. 우리나라에서는 흔히 한일전이라고 표현하지만, 일본에서는 닛칸센(일한전)이라고 부르는 등 호칭에서부터 신경전이 대단하다. 가장 열기가 뜨거운 것은 단연 축구 경기다. 역대 한일전 축구 전적은 한국이 일본을 앞서는데, 2025년 7월 기준 82전 42승 23무 17패다. 일본은 선수들 개개인의 피지컬에서는 뒤지지만 스피드 위주의 섬세한 ‘패스 축구’를 구사하고, 한국은 우세한 피지컬을 바탕으로 허슬 플레이와 ‘롱볼 축구’를 구사한다. 일본은 축구에 2.3배나 더 많은 예산을 들이는 등 공을 들이고 있다.

　2020년 이후로는 일본이 한국에 비해 전력이 우수하다는 평가를 받기 시작했으나 스타플레이어를 중심으로 한 한국이 우세한 면이 있어 두 나라의 승부는 여전히 예측하기 어려운 것이 사실이다. 한일전에 대한 부담과 관심은 축구에만 국한되는 것은 아니다. 축구에서 유독 한일전이 많은 것은 사실이지만, 대부분의 종목에서 한국과 일본이 대결하는 순간 선수들의 부담은 높아진다. 야구에서도 한일전의 열기는 뜨겁다. 일본이 세계 레벨에서도 뒤지지 않는 수준 높은 야구를 하고 있음에도 불구하고 그러한 것이다. 야구의 역사와 인프라, 관심도에서도 한국은 일본을 따라가기 힘들지만, 한일전만큼은 지고 싶지 않다는 게 스포츠 팬들의 마음이다. 비인기 종목이라고 해도 한일전이 벌어지면 사람들의 관심이 높아질 정도다.

사람들은 왜 한일전에 열광하는 걸까? 서울에서 도쿄까지의 일직선 거리는 약 1,150km로 가장 가까운 지점에서는 육안으로도 서로를 확인할 수 있을 만큼 지리적으로 가깝다. 이러한 지리적 접근성은 역사적으로 작은 교류나 상호작용의 기반이 되었다. 서로의 문화나 경제, 정치적 변화에 민감하게 반응할 수밖에 없으며 축구, 야구 등 가장 인기 있는 스포츠 종목이 비슷하다. 두 나라는 인종적으로 가까운 배경을 공유한다. 이러한 유사성은 문화적 이해와 교류를 용이하게 만드는 요인이 되며, 서로를 가깝게 느끼면서도 차이점을 찾게 되는 구조를 만든다. 특히 일제 강점기를 통해 한국인들은 일본에 대한 악감정을 가질 수밖에 없었는데, 과거사 문제와 독도 영유권 분쟁 등은 여전히 양국에서 민감하게 다뤄지고 있다. 이러한 역사적 감정이 스포츠 경기에서 더욱 강하게 표출되는 것이다. 그래서 한일전은 단순한 스포츠 경기를 넘어 국가적 자존심이 걸린 대결로 여겨졌다. 승리하면 나라의 영웅이 되고, 패배하면 역적 취급을 받는 극단적인 반응이 어느 정도는 이해가 간다는 의견도 있다.

그러나 2020년 이후로 한일 양국의 협력이 필요하게 되면서 이런 분위기는 조금씩 누그러들고 있다. 젊은 세대들은 과거의 역사적 갈등보다 현재의 문화 교류에 더 많은 관심을 갖게 되었고, 협력을 통해 실리를 추구하는 경향을 보인다. 그럼에도 독도 문제나 후쿠시마 오염수 방류 등은 여전히 해소되지 않은 채 남아 있다.

 ## 어떻게 읽고, 어떻게 쓰고, 어떻게 생각할까?

글을 읽을 때는 의미를 생각하며 덩어리로 끊어 읽는 것이 좋다. 의미 단위로 끊어 읽으면 문장구조를 더 쉽게 파악하고 이해할 수 있으며, 각 의미 덩어리가 전달하는 핵심 정보에 집중할 수 있다. 작은 단위로 끊어 읽을수록 내용을 더 오래 기억할 수 있다는 장점도 지닌다.

이를 위해서는 먼저 문장의 구조를 파악하는 것이 중요하다. 주어, 동사, 목적어 등의 주요 요소 순으로 끊어 읽은 후 한 문장의 내용이 이해되었으면 다음 문장과 연결해서 의미를 파악하면 된다. 이렇게 문장과 문장이 만나 문단을 이룬다. 비슷한 내용을 담은 문장끼리 모아둔 것이 문단이며, 때에 따라 의미에 맞게 문단으로 끊어 읽어도 좋다.

윗글은 총 다섯 문단으로 나뉘어 있다. 첫 문단, 첫 번째 문장에는 올림픽 본선 진출을 앞두고 한국과 일본이 축구 경기를 했다는 정보가 나오고 이어지는 문장에서는 해당 경기의 중요성에 대해 갈한다. 한일전 가운데서도 특히 이번 경기가 더 중요한 이유를 여기서 알 수 있다. 일본을 이겨야 부담스러운 경기를 피할 수 있고, 팀을 이끄는 감독은 무거운 부담감을 가지고 경기에 임한다고 밝혔다. 위 내용을 하나하나 정확히 파악했으면 문단 전체의 의미를 되짚어보면 된다. 이해되지 않는 부분이 없도록

하고, 그래도 모르는 내용이 있으면 더 나아가지 말고 의미를 먼저 찾아야 한다. 잠시 멈추는 과정이 없다면 눈으로만 읽을 뿐 머릿속에 남는 것이 없게 된다. 글자를 읽었다고 다 읽은 것이 아니다. 이해되지 않는 글은 읽으나 마나다.

이제 각 문단을 의미 단위로 정리해보자. 1문단은 2024년 4월 올림픽 본선 진출을 앞둔 한일 축구 경기의 중요성과 선수들의 각오에 관한 내용이다. 김응용 감독과 박지성 선수의 한일전 인터뷰와 한일전의 특별한 의미에 대해서도 다루고 있다. 2문단은 한국과 일본 양국에서 한일전에 대한 높은 관심도와 미디어의 반응, 3문단은 양 국가의 역사적 전적과 양국 축구 스타일의 차이점을 다룬다. 이어지는 문단에서는 한일전에 열광하는 이유를 지리적 특성 등으로 풀어낸다.

내용을 세분화해 의미를 정리하면, 글의 맥락과 글쓴이의 의도를 좀 더 명확히 알 수 있다. '정독'의 의미를 다시 한번 생각해봐야 할 때이다.

🏫 시그널 탐색력 UP!

1. 각 문단의 핵심 내용을 한 줄로 요약해보자.
2. 이해를 돕기 위해 할 수 있는 것은 무엇인가?
3. 정독의 필요성에 대해 아는 만큼 정리해보자.

02 인공지능과 스포츠 혁신

2024년, 잉글랜드 프리미어리그에서는 반자동 오프사이드 기술을 도입하며 비디오 판독과 인공지능이 어려운 심판 판정에 힘을 보탤 것이라는 기대를 모았다. 20대가 넘는 컴퓨터 비전 카메라를 경기장 곳곳에 설치하고 데이터를 서버로 전송, AI를 활용해 판독 결과를 디지털 트윈으로 만든다. 이후 3D 애니메이션으로 심판실과 방송실로 전송하여 판독하게 되는데, 인간의 주관적 판단을 넘어선 공정한 판정을 기대하지 않을 수 없다.

인공지능의 도입으로 세상의 많은 것들이 달라지고 있다. 하루가 다르게 변화하는 세상에서 인공지능은 어떻게 스포츠를 변화시킬까? 미국의 인공지능 뉴스 플랫폼인 '마크테크포스트'는 인공지능이 스포츠 산업에 미칠 변화를 정리해 제시했다. 먼저, 데이터에 기반한 학습 모델을 이용해 필요한 기준의 스포츠 인재를 발굴해낼 수 있다. 이렇게 찾아낸 선수를 분석하여 장단점을 알아내고, 훈련 방향을 결정하는 데 도움을 얻는다. 선수 개개인의 식단과 훈련 프로그램 개발에도 사용된다. 웨이트 트레이닝 프로그램을 개발해 선수의 기량을 높이고, 생체 데이터를 수집해 선수들의 부상 위험도를 낮출 수 있다. 심판을 보조하고 경기 결과를 예측하여 전략을 세우는 것도 가능하다.

가상현실과 증강현실을 훈련에 활용하기도 한다. 실제 경기상황을 시뮬레이션해 전략을 수립하고 기술을 향상시키는 것이다. 맞춤형 스포츠 장비를 선수의 신체 특성에 맞게 제작하고, 더 가볍고 효과적인 보호구를 제작할 수도 있다. 반복적인 동작을 수행하거나 공 던지기 등의 보조역할에는 로봇이 제격이다. 더 가볍고 견고한 스포츠 장비나 의류 역시 개발할 수 있는데, 체온 조절이나 땀 배출에 도움을 주는 기능성 의류를 통해 최고의 기량을 발휘할 수 있게 돕는다.

인공지능은 선수뿐만 아니라 관중에게도 도움이 된다. 관중의 기호에 따라 경기 시간 조정, 편의시설 등을 배치할 수 있으며, 경기장 좌석을 재배치하거나 레스토랑과 매표소의 위치를 정할 수도 있다. 관중이 언제, 얼마나 입장할지 예측하고 판매할 물건이나 음식의 양을 결정할 수 있기에 매우 실용적이다. 영상과 이미지, 데이터를 통해 경기를 면밀하게 모니터할 수 있으며, VR과 AR 기술을 통해 더욱 몰입감 있게 경기를 관람할 수도 있다. 개인화된 콘텐츠와 실시간으로 제공되는 통계정보는 팬들의 만족도를 높이는 데 한몫한다.

모든 기술이 그렇듯 인공지능이 스포츠 혁신에 반드시 도움이 되는 건 아니다. 첨단기술에는 막대한 초기 투자비용이 발생하며, 지속적인 유지보수와 업그레이드 비용이 필요하다. 이로 인해 재정적 여유가 있는 대형구단이나 부유한 국가만 혜택을 받을 수 있다. 불평등이 심화하고 재정 여부에 따라 선수의 질이 달라지는 결과를 초래할 수도 있다. 이는 경기 결과에 직접적인 영향을 미칠 수 있다. 코치와 선수들이 자신의 판단보다 인공지능의 분석에 과도하게 의존할 수 있으므로, 창의적인 전략 수립에도 방해가 된다. 직관적인 판단을 통해 스스로 결정할 수 있는 것조차 피하게 만들 수 있다는 것이다. 만약 인공지능 시스템에 오류가 생긴다면 문제는 더욱 심각해진다. 예측 불가한 상황에서 인공지능의 대처 능력을 완전히 신뢰할 수는 없기 때문이다.

선수들의 생체 데이터 등 개인정보가 수집되고 활용되면서 생기는 문제도 있다. 정보가 유출되거나 악용될 시 프라이버시에 심각한 문제가 생길 수도 있다. 데이터 해킹으로 전략이 유출될 경우 이를 막을 수 없다는 어려움도 있다. 인공지능은 현대 스포츠 산업에 큰 변화를 가져오고 있지만, 그렇다고 기계만을 믿을 수는 없는 노릇이다. 인간은 예측 불가능한 상황에서 창의적인 플레이를 할 수 있다. 승부욕과 투지, 팀워크 등 극한의 상황에서 발생하는 인간의 정신력은 인공지능이 따라 할 수 없는 인간 고유의 것이다. 인공지능 기술이 스포츠 혁신을 가져온다 해도 그 안에서 중심이 되어야 하는 것은 인간이 가진 고유한 '잠재력'임을 잊지 말아야겠다.

 ## 어떻게 읽고, 어떻게 쓰고, 어떻게 생각할까?

문장이 모여 문단을 구성하고, 문단이 모여 전체적인 글이 완성된다. 문단의 중심 내용은 글이 전하고자 하는 핵심 메시지를 담고 있으며, 글을 읽을 때 문단의 중심 문장을 찾지 못하면 이해하기 어렵다. 중심 문장은 해당 문단의 주요 아이디어나 주제를 담고 있고, 핵심 내용을 빠르게 파악할 수 있게 돕는다. 각 문단의 중심 문장을 연결하면 전체 글의 논리적 구조와 흐름을 이해할 수 있다. 불필요한 세부 사항에 시간을 낭비하지 않게 도와주고 중요한 정보에 집중할 수 있게 한다. 중심 문장을 파악하고 뒷받침하는 근거들을 찾아보면서 비판적 사고력을 향상할 수 있게 된다.

중심 문장은 주로 문단의 앞부분에 위치하며, 때로는 강조 등을 위해 문단의 마지막에 넣기도 한다. 제목은 글의 주제를 함축적으로 표현하므로, 제목에서도 중심 문장을 찾을 수 있다. 윗글의 제목은 〈인공지능과 스포츠 혁신〉이며, 이 두 관계를 주요하게 다룬다는 것을 알고 중심 문장을 찾아본다. 문단에서 반복적으로 나타나는 핵심 단어를 찾으면 해당 단어를 포함한 문장이 중심 문장일 가능성이 크다. 중심 문장은 문단 전체의 내용을 가장 잘 요약하고 있으며, 문단의 통일성을 유지함과 동시에 다른 문장들과 논리적으로 연결되어 있다.

윗글에서도 글의 방향성을 제시하는 것은 1문단이다. 1문단과 제목을 함께 고려하면 글이 어떤 방향으로 전개될지 짐작할 수 있다. 이어지는 2문단의 중심 문장은 "하루가 다르게 변화하는 세상에서, 인공지능은 어떻게 스포츠를 변화시킬까?"이다. 여기서는 인공지능과 스포츠의 변화를 연결해서 살펴보는 것이 바람직하다. 2문단 두 번째 문장인 "미국의 인공지능 뉴스 플랫폼인 '마크테크포스트'는 인공지능이 스포츠 산업에 미칠 변화를 정리해 제시했다." 역시 놓쳐서는 안 되는 중요한 문장이다. 마크테크포스트에서 제공한 변화들을 살펴보며 다양한 인사이트를 얻을 수 있다. 3문단에서도 인공지능이 선수들의 훈련에 미치는 영향과 혁신기술에 의한 경기력 향상, 발전 가능성 등을 주의 깊게 살펴봐야 한다. 이처럼 중심 문장을 찾고 글을 읽으면 문단의 내용을 조금 더 쉽게 이해할 수 있다. 중심 문장에 맞춰 문장을 이해하면 글을 보다 논리적으로 판단할 수 있다.

 ## 시그널 탐색력 UP!

1. 각 문단의 중심 문장을 찾아보자.
2. 중심 문장을 찾는 과정에서 얻을 수 있는 것들을 무엇인가?
3. 중심 문장을 찾는 자신만의 노하우를 제시해보자.

이기기 위해 반칙을
쓰는 건 좀 아니잖아?
어떠한 경우라도
페어플레이를
해야 해.

2024 파리 올림픽에서 포착된 스포츠맨십 명장면이 이슈에 올랐다. 1위로 뽑힌 장면은 기계체조 여자 마루운동 시상식이었다. 금메달을 획득한 브라질의 '레베카 안드라드'가 시상대에 오르자 은데달과 동메달을 딴 선수들인 무릎을 꿇고 양손을 뻗어 존경심을 표했다. 체조 전설로 알려진 '시몬바일스'가 금메달을 딴 선수를 진심으로 축하하는 모습은 화제를 모으기에 충분했다. 한국 선수들과 북한 선수들이 함께 시상대에 올라 사진을 찍는 장면도 흥미로웠다. 탁구 혼합복식에서 금메달을 딴 중국과 은메달을 딴 북한, 동메달을 딴 대한민국 선수들이 함께 이른바 셀피selfie를 찍었다. 시상대 셀카를 스마트폰으로 찍을 수 있게 해주자 '셀피 외교'라고 불리는 장면이 연출된 것이다. 선수들의 훈훈한 모습을 보며 남북한 긴장 고조와 관계 없이 오직 스포츠맨십에 대한 찬사가 이어졌다.

스포츠맨십은 경기 중과 경기 후, 상대방에게 보여주는 예의와 매너를 의미한다. 이는 공정한 경기와 상대에 대한 존중, 승패를 겸허히 받아들이는 태도 등을 포함한다. 스포츠맨십은 공정성과 절제력, 용기와 끈기로 구성된다. 긍정적인 태도로 경기에 임하고, 승리를 위해 최선을 다할 때 스포츠맨십은 빛을 발한다. 공정한 경쟁을 중시하고 규칙을 준수하며, 정정당당하게 경기를 치러야 하는 것이다. 이는 경기 내용이나 결과를 넘어 선수와 관중에게 스포츠에 대한 긍정적인 인식을 심어준다.

이러한 스포츠맨십을 바탕으로 만들어진 것이 바로 '올림픽 정신'이다. 올림픽은 모든 선수와 관계자 간의 우정과 존중을 강조한다. 다양한 문화와 배경을 가진 사람들이 모여 경쟁하는 국제적인 행사에서 이런 모습은 특히 중요하다. 모든 선수가 동일한 규칙과 조건에서 경기를 치르도록 하는데, 이는 스포츠의 본질인 경쟁의 공정성을 지키기 위함이다. 선수들은 자신의 능력을 최대한 발휘하고 한계를 뛰어넘으며, 실패에도 굴하지 않는 도전 정신을 함양해야 한다. 신체적 건강뿐 아니라 정신적 건강도 중요시한다. 스포츠가 삶의 질을 향상시키고, 전 세계 국가들이 화합하며 관계를 증진할 수 있다고 믿는다. 나아가 환경보호와 지속 가능한 발전에 대해 논의하는 기회의 장이 마련될 수도 있다.

그러나 스포츠맨십과 올림픽 정신은 같은 듯하면서도 조금 다르다. 스포츠맨십이 개인이나 팀의 행동에 초점을 맞춘다면 올림픽은 국제적 화합과 평화까지 아우르기 때문이다. 즉, 스포츠맨십은 주로 경기 내에서의 행동과 태도에 중점을 두고, 올림픽 정신은 세계 평화와 문화교류 증진에 중점을 둔다고 볼 수 있다. 스포츠맨십을 개인의 영역에서 국가 간의 관계로까지 확대한 것이 올림픽 정신인 것이다. 스포츠맨십과 올림픽 정신을 추구하는 경기는 더 특별하다. 규칙을 철저히 준수하고 부정행위를 하지 않으며, 심판의 판정에 따른다. 경기 전후 악수나 인사를 통해 상호 존중을 표현하고, 승패와 관계없이 끝까지 최선을 다하는 것도 스포츠맨십의 일부다. 승리했을 때 과도하게 자랑하지 않고, 패배했을 때 분노심을 절제하는 자세도 미덕이라면 미덕이다. 경기 중에 감정을 조절하지 못하면 스포츠맨다운 모습을 보여주기 어렵다. 개인의 성공보다는 팀의 성공을 위해 노력하고, 팀원들을 격려하고 지지해야 한다. 인종과 국적, 종교와 관계없이 모든 선수를 동등하게 대하고, 상대방이 불합리한 상황에 놓였을 때 도움을 주는 페어플레이 정신을 보여줘야 한다.

스포츠 정신은 우리의 일상에도 적용할 수 있다. 친구들과의 운동이나 동호회 활동에서도 이러한 태도를 지닐 수 있다. 자신의 기록 향상에 집중하되, 상대방의 성취도 기꺼이 축하해주는 자세가 필요하다. 규칙을 준수하고 안전하게 경기에 임하는 것이 중요한데, 이러한 태도는 스포츠를 즐길 때뿐만 아니라 일상에서도 우리에게 좋은 영향력을 미칠 수 있다. 인내와 겸손을 바탕으로 자신의 능력을 기르고 팀워크와 협력을 중시하는 것이 올바른 스포츠맨십이라 할 수 있다. 이러한 스포츠 정신이 우리에게 미치는 좋은 영향 덕에, 선수가 아닌 일반인들도 스포츠를 통해 감동을 느끼게 되는 것이다.

어떻게 읽고, 어떻게 쓰고, 어떻게 생각할까?

문장과 문장, 문단과 문단을 이어주는 말이 바로 '접속사'다. 문장은 대개 자연스럽게 접속사로 연결된다. 접속사를 통해 의미를 확장하고 문장구조를 세워나가기 때문이다. 앞뒤 문장의 논리적 관계를 나타내고 특정 관계를 강조하거나 명확히 하는 데도 쓰인다. 그래서 글의 내용을 이해하고 주제를 파악할 때는 접속사를 찾아보는 과정이 필요하다.

한국어에는 다양한 접속사가 있다. 더구나, 또, 하물며 등 비슷한 내용을 나열하는 접속사와 앞 문장의 결과를 나타내는 그러니, 따라서, 그래서, 그러므로 등의 접속사가 있다. 앞 문장과 반대되는 내용이나 예상 밖의 내용을 이을 때는 그러나, 하지만, 그런데 등이 사용된다. 여러 가지 중에서 하나를 선택할 때는 또는, 혹은 등이 쓰인다. 원인과 결과를 나타낼 때 사용하는 접속사에는 왜냐하면, 때문에 등이 있다. 추가적인 정보를 덧붙일 때는 게다가 등을, 조건을 제시할 때는 만약, 만일 등을 사용한다. 두 상황을 대조할 때는 반면에, 한편 등을 이용해 내용을 연결해준다. 이렇게 접속사가 어떤 상황에서, 어떻게 쓰이는지 알면 글의 내용을 쉽게 이해할 수 있다. 예컨대 "나는 빵을 좋아한다. 그래서 빵을 자주 산다."라는 문장에서는 '그래서'를 통해 빵을 자주 사는 이유를 파악할 수 있다. 이렇듯 접속사가 쓰이는 목적을 정확히 알면 글의 구조 파악에 많은 도움이 된다.

윗글에서도 하지만, 그런, 또한, 그래서, 그뿐만 아니라, 그리고, 때문에 등의 접속사를 사용하며 스포츠맨십과 올림픽 정신의 여러 특징을 설명하고 있다. 올림픽 정신의 다양한 측면을 설명할 때는 '그뿐만 아니라'와 '또한' 등이 사용되었고, 둘의 차이를 설명할 때는 '그러나'와 '하지만'을 넣었다. 이렇게 접속사만으로도 내용 분석이 얼마든 가능하다. 도입부에서는 2024 파리 올림픽의 스포츠맨십 사례를, 본론에서는 스포츠맨십의 정의와 특징, 올림픽 정신의 의미와 둘의 차이점을 비교한다.

두 정신을 실천하는 방법, 일상생활의 적용 사례와 그 중요성에 대해서도 강조한다. 이와 같은 흐름으로 미루어 볼 때, 윗글은 스포츠와 관련된 두 가지 정신에 대해 알려주고 '이 정신을 일상에 적용하자'라는 메시지를 피력하고 있음을 알 수 있다.

이렇듯 글을 읽을 때는 접속사를 통해 글의 흐름을 이해하는 것이 중요하다. 어떤 글이든 접속사를 활용해 글의 흐름을 만들어간다는 점을 기억하고, 접속사를 주의 깊게 읽어보자. 글의 내용을 더 명확하게 이해할 수 있을 것이다.

시그널 탐색력 UP!

1. 윗글에서 사용된 접속사 중 가장 중요한 접속사와 그 이유를 설명해보자.
2. 논리적인 글을 쓸 때 가장 많이 사용하는 접속사는 무엇이라고 생각하는가?
3. 문장과 문장 사이에 접속사가 없다면 어떤 일이 벌어질지 생각해보자.

하느님이 보우하사 우리나라만 세다

올림픽이 개최되는 해마다 이슈가 되는 밈meme이 있다. 애국가 가사를 활용해 한국 양궁의 수준을 알리는 글도 그중 하나다. "하느님이 보우(bow, 활) 하사(下賜) 우리나라만 세"는 하느님께서 우리나라에 친히 활을 내려주셨으니 우리나라만 강하다는 뜻으로 해석할 수 있다. 그렇다면, 이 밈은 사실일까?

우리나라 양궁은 그야말로 세계 최강이다. 2024 파리 올림픽에서 한국 여자양궁 대표팀은 올림픽 단체전 10연패라는 전무후무한 대기록을 달성했다. 매 올림픽에서 금메달을 따 왔지만, 이번 파리 올림픽에서는 5개 종목을 모두 금빛으로 장식하며 전 종목 석권이라는 신화를 이뤄낸 것이다. 최선을 다해 준비하고 공정하게 경쟁하지만, 좋은 성적을 장담할 수 없는 게 스포츠의 세계다. 선수들의 치열한 내부경쟁과 혹독한 훈련 등 세계 정상의 자리를 지키는 것이 결코 쉬운 일이 아니다. 대체 우리나라 양궁이 세계 정상 자리를 이렇게 오랫동안 유지할 수 있는 비결은 무엇일까?

한국 양궁은 체계적인 시스템을 갖추고 있다. 초등학교부터 중고등학교, 실업팀까지 연계해 선수를 키운다. 보통 초등학교 4학년부터 활을 잡기 시작하는데, 외국 선수들이 대부분 16세 이후에 양궁을 시작하는 것에 비하면 훨씬 빠르다. 어릴 때부터 기본기를 충실히 다지는 데 초점을 맞추며, 사춘기 이전부터 훈련을 시작해 양궁에 필요한 기본골격과 자세를 형성한다. 전문코치를 통해 교육받으며 소년체전과 전국체전 등 다양한 국내대회를 통해 실전 경험을 쌓아나간다. 초중고를 거쳐 대학교와 실업팀까지 연계된 선수 육성 프로그램이 있어 양궁을 직업으로 삼는 선수들도 많다. 이러한 연계 시스템은 실력 향상을 이끌어내는 원동력이 된다.

초등학교에서는 기본기 습득과 자세 교정, 중학교에서는 기술 향상과 시합 경험, 고등학교에서는 전문적인 기술 훈련과 체력 강화를 중요시한다. 대학교나 실업팀에서는 고도로 전문화된 훈련과 국제대회 경험을 쌓는다. 이렇게 약 15년간의 체계적인 훈련과정을 거치는 것이다. 연령대별로 적합한 훈련방식을 적용해 기본기부터 고급 기술까지 단계적으로 발전시키는 훈련 프로세스도 기량 유지에 한몫한다. 실전과 유사한 환경에서 훈련하기도 하지만 담력을 기르기 위해 야구장, 축구장 등 다양한 스포츠 시설을 훈련에 활용한다. 때로는 폭우나 강풍 등 악천후 속에서 훈련하며, 돌발 상황에서의 대처 능력을 키우기도 한다. 소음, 바람, 언어 등 실제 대회에서 마주할 수 있는 다양한 요소들을 훈련에 포함시키는 것이다. 국제 대회장과 유사한 환경을 만들어 선수들이 사전에 적응할 수 있도록 돕고, 관중의 함성이나 주변 소음을 재현하여 집중력 강화 훈련을 한다. 실제 경기처럼 시간제한을 두어 시간에 대한 압박에 적응할 수 있도록 하고 시각적, 청각적 방해요소에 대한 내성도 기른다.

스포츠 경기에서는 정신력 또한 빼놓을 수 없기에, 인간이 가장 큰 공포를 느끼는 11m 높이의 수영장 다이빙대에서 뛰어내리는 훈련도 한다. 선수들은 이 훈련을 통해 극도의 긴장 상황에서도 평정심을 유지하는 능력을 키운다. 순간적인 공포를 극복하고 결단력을 높이기 위해 정기적으로 번지점프 훈련도 한다. 명상과 호흡 조절을 통해 안정감을 유지하는 훈련도 있다.

협회와 협회장의 적극성과 높은 관심은 이미 유명하다. 현대자동차그룹은 대한양궁협회에 안정적인 재정지원을 제공하고, 선수들이 훈련에만 집중할 수 있도록 돕는다. 협회장이 직접 주요 국제 대회에 참석해 선수들을 격려하고 지원하며, 과학적 훈련을 위한 첨단기술의 도입과 장비 교체 하나까지도 아끼지 않는다. 더불어 국제양궁연맹과의 긴밀한 협력관계를 유지하며, 국제대회 유치 및 운영에 적극적으로 참여한다. 선수들의 집중력 향상과 스트레스 관리에 신경을 쓰며, 빅데이터와 인공지능을 활용한 훈련분석 시스템을 도입해 맞춤형 훈련 프로그램 개발에도 힘쓰고 있다.

대한민국의 양궁은 이렇듯 지속적인 혁신과 발전을 추구하며, 국제대회에서 매년 우수한 성적을 거두고 있다.

 ## 어떻게 읽고, 어떻게 쓰고, 어떻게 생각할까?

글의 모든 내용을 똑같이 중요하게 생각할 수는 없다. 글은 핵심내용인 글의 뼈대와 그것을 뒷받침하는 세부내용으로 나뉘기 때문이다. 이러한 글의 구조를 정확하게 파악해야 전체적인 흐름과 논리를 제대로 짚어낼 수 있다. 핵심내용에 집중하면 효과적인 요약이 가능해지는데, 이는 학습과 정보습득에 있어 매우 중요한 스킬이라고 볼 수 있다. 핵심내용은 주로 저자가 말하고자 하는 글의 목적을 반영한다. 핵심내용과 세부내용을 나누는 연습을 자주 하면 필요한 정보를 빠르게 찾고 처리할 수 있으며, 더불어 독해의 효율성을 높이는 데도 도움이 된다.

핵심과 세부내용을 구분하기 위해서는 서론, 본론, 결론의 구조를 이해해야 하고, 각각의 구간이 어떤 역할을 하는지 알아야 한다. 서론에서는 글의 주제와 목적을 명확히 제시하며 독자의 관심을 유도한다. 주제와 관련된 배경정보를 알려주고 논의의 필요성을 설명한다. 본론에서는 핵심주장을 논리적으로 전개하며 적절한 논거를 제시한다. 주장을 뒷받침하는 증거와 예시를 제공하고 반대 의견에 반박하기도 한다. 결론에서는 요약 및 정리를 통해 핵심주장을 재확인한다.

구간을 나누어 핵심내용을 찾아 정리하고, 각 문단의 중심문장을 찾아내 연결하면 요약이 수월해진다. 이때는 지나치게 반복되거나 사소한 내용을 제외하고, 핵심주장과 데이터를 선택하는 것이 좋다. 단, 반복적으로 등장하는 단어나 개념이 글이 핵심이 될 가능성도 있기에, 이를 완전히 배제해서는 안 된다.

윗글의 서론에서는 한국 양궁의 뛰어난 성과를 소개한다. 우리나라 양궁이 세계 최강이 될 수 있었던 비결에 의문을 품으며 글을 시작한다. 본론에서는 그 비결에 대해 구체적으로 논하는데, 체계적인 선수 육성 시스템실전과 유사한 훈련 환경, 정신력 강화 훈련, 협회의 적극적인 지원을 그 비결로 정리하고 있다. 결론에서는 한국 양궁의 지속적인 혁신과 발전을 위해 체계적인 시스템과 훈련, 지원이 유지되어야 함을 정리하여 설명하고 있다.

우리는 이 글을 통해 한국 양국의 세계적 성과를 이룬 요인이 '체계적인 선수 육성'과 '훈련 프로그램', '협회의 전폭적인 지원'이었음을 알 수 있었고, 또한 이를 핵심내용으로 정리할 수 있다. 이렇게 핵심내용과 세부내용으로 나누어 글을 읽으면 전체적인 구조가 드러나 글의 내용을 이해하는 데 큰 도움이 된다.

 ## 시그널 탐색력 UP!

1. 내가 생각하는 윗글의 핵심내용은 무엇인가?
2. 제시한 핵심내용을 뒷받침하는 세부내용을 정리해보자.
3. 핵심내용과 세부내용을 구분하면 어떤 이점이 있는지 생각해보자.

05 김연아는 홀로 성장했다

"그녀는 조지 거슈윈의 피아노협주곡 바장조에 생명을 불어넣었다. 악보 위 음표처럼 은반을 미끄러져 움직이며…"《AP 뉴스》가 전한 김연아 선수의 경기 모습이었다. 인류 역사상 빙상 위에서 이토록 사람이 아름다웠던 적이 없다며, 전 세계의 많은 언론이 김연아 선수를 극찬했다.

김연아는 대한민국의 피겨 스케이팅 선수다. 피겨 스케이팅 불모지였던 우리나라에 첫 올림픽 금메달을 안겨줬으며 2020년 동계올림픽 여자 싱글 부문 금메달, 2014년 동계올림픽 여자 싱글 부문 은메달, 2009년과 2013년에는 세계 선수권 챔피언에 올랐다. 동계올림픽과 세계 선수권, 4대륙 선수권, 그랑프리 파이널의 그랜드슬램을 사상 최초로 달성한 선수이기도 하다.

김연아는 6살에 처음 피겨 스케이팅을 시작했다. 그의 재능을 알아본 코치의 권유로 본격적인 선수 생활에 들어갔고, 국내대회에서는 일찍이 두각을 나타냈다. 12살이 되던 해에는 우리나라 피겨 스케이팅 역사상 최연소로 트리플 점프 5종(러츠, 플립, 토룹, 룹, 살코)을 완성했다. 안타깝게도 김연아는 국내 최초로 주니어 세계선수권 대회에서 우승했지만, 그때까지도 제대로 된 후원을 받지 못했다. 김연아 이전의 한국 피겨 스케이팅은 선수 수가 100명이 채 되지 않을 정도로 무척 열악했다. 그래서 늘 좋지 못한 훈련환경 속에서 대회에 참가해야 했고, 부상을 견뎌 가거 경기에 나섰다. 국내에는 제대로 된 빙상연습장이 없었고, 그의 수준에 맞는 전문 코치진을 찾기도 어려웠다.

이대로는 안 되겠다고 판단한 김연아 선수의 가족은 사비를 들어 개인 코치를 구했다. 캐나다의 스케이팅 컬링클럽에서 브라이언 오서 코치와 훈련하며 비로소 제대로 된 훈련을 시작할 수 있었다. 이렇다 할 지원이 없었기에 해외 전지훈련에 드는 막대한 비용은 가족이 고두 부담했다. 해외에서 훈련할 때는 어머니가 함께하며 그의 정신적 후원까지 담당했다. 2007년이 되고 나서야 훈련비용을 지원받을 수 있었는데, 만약 김연아나 그의 가족이 중도에 포기했다면 우리는 김연아 같은 세계적인 선수를 결코 만나지 못했을 것이다.

물론, 김연아의 성공 이후에도 피겨 스케이팅의 선수 육성은 여전히 어려움을 겪고 있다. 39개의 빙상장 가운데 피겨 전용 시설은 따로 없으며, 쇼트트랙이나 아이스하키 등과 빙상장을 공유하고 있다. 그러다 보니 피겨에 적합한 부드러운 빙질에서 연습하기 어렵다. 아이스하키 기준의 딱딱한 빙질은 선수들의 부상 위험을 높일 수밖에 없다. 게다가 새벽이나 늦은 밤에 훈련해야 하기에 올빼미족으로 불리기도 한다. 국내의 환경이 이러하다 보니 해외 전지훈련은 불가피하다. 경제적 부담이 만만치 않은 것이다. 소위 '김연아 키즈' 열풍으로 피겨 인구는 늘었지만, 훈련환경 등에는 여전히 많은 개선이 필요하다.

제2의 김연아를 만나기 위해서는 그에 따른 적절한 지원이 필요하다. 체계적인 선수 훈련 프로그램을 구축하고 유소년 발굴 및 육성 프로그램을 도입해야 한다. 해외 전지훈련 비용을 지원해 선수들이 경제적 어려움 없이 훈련에 집중할 수 있는 환경을 조성하는 것도 중요하다. 국내에서 더 많은 대화와 경험을 쌓는 기회를 마련해야 한다. 높은 수준의 코치와 안무가, 트레이너 등을 육성하고 지원할 필요도 있다. 정부와 체육계, 기업 그리고 국민의 협력을 통해 피겨 스케이팅의 인프라를 구축하고 더 많은 유망주를 키워 가야 할 것이다.

선수들은 열악한 훈련환경에 대해 직접 언론에 공개하고 문제를 제기해야 한다. 선수협회를 통해 정부나 관련 기관에 더 강력하게 개선을 요구해도 좋다. 국민 또한 국내대회나 국제대회에 지속적인 관심을 가지고 관련 콘텐츠를 소비하며 공유해야 한다. 피겨 스케이팅에 대한 사회적 관심을 유지할 때, 비로소 좋은 선수를 길러낼 환경이 조성될 것이다. 김연아는 가족과 본인의 희생을 통해 스스로 성장하고 발전했다. 그러나 앞으로는 재능을 가진 선수들이 외롭지 않게 자신의 역량을 발산할 수 있도록 많은 기회를 제공해야 한다.

김연아는 말했다. 중요한 것은 성공하느냐 실패하느냐가 아니라 실패했을 때 다시 일어서는 거라고. 할 수 있다는 믿음을 갖고 한 번 더 도전해보는 것, 그것이 가장 중요하다고. 김연아는 힘든 상황에서도 끊임없이 도전하며 우리에게 큰 울림을 주었다. 그의 경기는 끝났지만, 그가 보여준 삶의 태도는 오래도록 큰 가르침이 되어줄 것이다.

# 어떻게 읽고, 어떻게 쓰고, 어떻게 생각할까?

수업 시간에 한 번쯤 '마인드맵'을 활용해본 적이 있을 것이다. 마인드맵은 복잡한 생각이나 아이디어를 시각적으로 정리하는 방법이다. 중심 주제에서 시작해 관련된 아이디어와 개념을 방사형으로 확장하여 표현한다. 중심 주제를 가운데 적고 관련된 핵심 주제를 통해 생각을 발전시켜나간다. 이후 각각의 주요한 가지에서 더 세부적인 아이디어나 정보를 추가한다. 일반적으로는 키워드나 짧은 문장을 사용해 간결하게 표현하는데, 시각적으로 돋보이게 하기 위해서는 색상이나 도형, 이미지를 사용해도 좋다. 아이디어끼리 선으로 연결해 관계를 명확히 드러내면 전체적인 구조를 이해하는 데 도움이 된다.

마인드맵은 정보를 계층적으로 배열해 복잡한 내용을 보기 쉽게 정리한다. 중심 아이디어에서 관련 아이디어가 뻗어 나가기 때문에 정보 간의 관계를 명확히 파악할 수 있다. 이를 통해 학습 속도가 빨라지고 커뮤니케이션과 브레인스토밍이 효과적으로 이루어진다. 마인드맵 소프트웨어를 사용할 때는 약 23%의 생산성 향상을 경험할 수 있다고 하며, 사고를 촉진해 새로운 아이디어를 떠올리는 데도 유용하다. 생각의 흐름을 끊임없이 이어갈 수 있어 창의적인 문제 해결이 가능하며 색상과 이미지, 모양 등을 활용해 정보를 시각적으로 표현하기에 적절하다. 복잡한 문제 앞에서 마인드맵을 활용하면 각 요소의 해결책을 수월하게 찾을 수 있다. 또한 문제를 중심으로 주요 주제를 요약하고, 세부 주제로 확장해 문제를 효과적으로 분석할 수 있다.

김연아의 성공과 한국 피겨 스케이팅의 현황도 마인드맵으로 정리할 수 있다. 가령 '김연아'라는 주제가 정해지면 그의 '성과'와 '경력', '어려움을 극복하는 과정'으로 구분할 수 있고, 한국 피겨 스케이팅의 현황으로까지 분류하여 생각할 수 있다. 문제점과 개선이 필요한 사항이 정리되면 거기서 다시 국민의 역할이 나뉜다. 이어서 관심과 지원, 인식 개선에 대한 내용으로 뻗어 나갈 수 있다. 김연아의 메시지를 통해 한국 피겨의 문제점과 나아갈 방향에 대해서도 생각해 볼 수 있다.

이렇듯 연결되는 생각을 분류하고 시각적으로 표현하면서 글을 한 번에 파악할 수 있다. 이것이 마인드맵이 지닌 장점이며, 우리는 이를 통해 생각 확장의 경험을 해야 할 것이다.

1. 김연아를 주제로 마인드맵을 만들어보자.

2. 추가하고 싶은 하나의 주제를 '가지'로 만들어 생각을 확장해보자.

3. 마인드맵으로 글을 정리하는 까닭과 이점에 대해 생각해보자.

삐끼삐끼 댄스가
요즘 세계적으로 인기래.
역시, K-컬처의
위상이란!

한국의 삐끼삐끼 춤이 전 세계를 사로잡았다. 뉴욕타임스는 "이 춤이 전 세계 팬들을 매료시키고, 온라인에서 엄청난 화제를 불러일으켰다"고 평가했다. 삐끼삐끼 춤은 프로야구팀인 '기아'의 응원 댄스인데, 중독성이 있어 틱톡에서 수백만 조회 수를 기록하고 있다. 투수가 상대 타자를 아웃시킬 때 치어리더가 추는 짤막한 춤으로, 엄지손가락을 들고 아래위로 흔드는 동작이라 따라 하기도 쉽다. 무심한 표정으로 춤을 추기 때문에 더 매력적이다. 화장을 고치다가 무심하게 춤을 추는 치어리더 영상이 화제가 되면서 전 세계인들에게 인기를 얻었다. 팝스타 올리비아 로드리고나 미 프로풋볼 댈러스 카우보이스의 치어리어들까지 삐끼삐끼 춤에 도전하는 영상을 올렸다. 치어리더의 원고장인 미국 치어리더들조차 한국 치어리더를 흉내 내고 있는 것을 보면, 전 세계의 관심이 어느 정도인지 실감할 수 있다.

한국의 야구 응원 문화는 2000년대 초반부터 시작되었다. 출범 당시만 해도 표준적인 응원방법이 없었다. 관중들이 주체가 되어 손뼉을 치고 즉흥적인 노래를 부르는 게 고작이었다. 1990년대에 치어리더를 비롯한 공식적인 응원단이 생기면서 구호에 맞춰 치어리딩을 하는 등 응원의 형태가 조금씩 바뀐 것이다. 응원가도 구단별, 선수별로 다르다. 응원가는 한국 응원 문화의 핵심요소다. 공격 시에만 응원하기 때문에 타자들만 개인 응원가가 존재한다. 보통은 타자들이 타석에 들어설 때 응원가를 부르는데, 유명한 팝송이나 가요를 개사하여 관중들이 따라 부르기 쉽게 만든다. 10개의 프로구단이 있고, 구단마다 특색이 담긴 다양한 응원법이 존재한다. 응원가를 미리 배울 수 있는 앱이 있을 정도다.

롯데 자이언츠는 부산광역시를 기반으로 응원 문화가 형성되었다. 야구에 대한 팬들의 열정이 남다르며, 신문지와 주황색 비닐봉지를 응원 도구로 활용한다. 신문지는 반으로 접어 갈가리 찢은 다음 응원 도구로 만들고, 비닐봉지는 바람을 넣어 묶은 뒤 머리에 쓴다. 여성들은 봉지를 미키마우스 귀처럼 만들어 쓰기도 한다. 비닐봉지는 처음에 쓰레기 처리를 위해 사용했던 것이 도구로 변하면서 롯데만의 응원문화가 되었다. 아이들에게 파울볼과 홈런볼을 양보하라는 '아 주라'와 상대팀이 견제구를 던졌을 때 야유 대신 사용하는 구호는 이미 유명하다.

한화 이글스는 팬봇을 활용한다. 야구장에서 팀을 응원하고 싶지만 직접 가지 못하는 팬들을 위해 팬소셜 치어링 캠페인의 일환으로 활용하는 '응원 로봇'이다. 언제 어디서든 웹이나 모바일을 통해 응원 메시지를 올리면 실시간으로 팬봇에 전송되어 전광판에 뜬다. 팬봇은 세계 최초로 한화에 도입되었으며 현장의 응원 열기를 높이는 데 한몫한다. 경기 중 이벤트를 신청한 팬들의 사진이 팬봇 얼굴에 반영돼 팬들의 열기를 더하기도 한다.

두산 베어스는 원정 응원 팬이 많으며, 한국의 야구 구단 중 가장 많은 여성 팬을 보유한 팀이기도 하다. 유일하게 남녀 파트로 나뉜 응원가를 부른다. KIA 타이거즈와 LG 트윈스는 팀의 성적이 부진하더라도 개의치 않고 응원을 하기로 유명하다. 키움 히어로즈의 팬은 소수 정예로 구성되어 있으며, 응원 문화가 가장 차분한 편이다. 이러한 각색의 응원 문화는 세계인들의 이목을 끌기에 충분하다. 외국인 선수나 관중에게 깊은 인상을 주는 것도 어쩌면 당연한 일이다.

치어리더들의 열정적 응원과 함께하는 팬들의 모습도 다채롭다. 할리우드 배우 라이언 레이놀즈는 한국 팬들의 응원가와 함성을 잊을 수 없다며 놀라움을 드러냈다. 휴 잭맨은 5천여 명의 야구팬이 응원가를 부르는 모습을 보며 엄청난 에너지를 받았다고 전했으며, MLB 해설진과 감독들은 이러한 열정적인 응원 문화가 우리에게도 필요하다며 반기는 모습을 보였다. 한국의 독특한 야구 응원 문화는 스포츠를 넘어 문화적 현상으로 주목받고 있다. 젊은 팬들을 끌어당기는 모습이 성숙한 응원문화로 이어지며 한류 열풍에 이바지하길 기대해본다.

어떻게 읽고, 어떻게 쓰고, 어떻게 생각할까?

글을 깊이 있게 이해하는 데 있어 정독은 필수다. 글의 모든 내용이 이해될 때까지 천천히 읽고, 생각하고, 멈추고, 다시 읽어야 한다. 한 번만 읽게 되면 글의 전체적인 흐름이나 주요 내용만을 다악하게 되므로 가능하다면 두 번 이상 읽는 것이 좋다. 처음에는 전체적인 내용 파악을 위해 속도를 내어 읽고, 핵심 아이디어나 중요한 정보 등을 파악한다. 이후 다음 차례에서 세부 내용과 숨겨진 의미를 더 깊이 있게 이해할 수 있다.

한 번 읽으면 내용의 4%가 머릿속에 남고, 두 번 읽으면 40%가 남는다고 한다. 두 번째 읽을 때는 알고 있는 내용이라 더 편하게 읽을 수 있고, 여유가 생겨 생각을 덧붙이거나 자신의 상황과 내용을 연관 지을 수도 있다. 처음에 놓쳤던 정보들이나 세부 사항이 꼼꼼하게 파악되며 내용을 정리하는 데도 수월하다. 이는 글의 분석을 도우며 내용을 더 오래, 더 많이 기억하는 데도 효과가 있다.

두 번째 읽을 때는 그림이나 도표, 그래프 등의 시각자료를 더 주의 깊게 살펴보아야 한다. 핵심을 노트에 정리하고 자신만의 생각을 덧붙이는 것도 '두 번 읽기'의 효과를 높이는 전략이다. 핵심 내용과 근거를 찾아 정리하거나 중요한 문장을 추려봐도 좋다. 읽으면서 생기는 의문점을 정리하고 이에 대한 답을 생각해보는 과정도 중요하다. 새롭게 배운 개념들을 이전에 알고 있던 내용과 연결하면서 효과적인 독서를 해나갈 수 있다.

윗글을 한번 읽을 때는 삐끼삐끼 춤이 유행이라는 사실을 알게 되며, 이 춤이 KIA 타이거즈의 응원 댄스라는 점과 특징, 유명 인사들이 이 춤에 동참하고 있다는 사실을 이해한다. '두 번 읽기'를 하며 삐끼삐끼 춤의 상세한 정보와 한국 야구 응원 문화의 역사와 발전 등에 대해 알게 된다. 각 구단의 독특한 응원 문화, 해외 반응, 문화적 영향력에 대해 알 수 있다. 이는 삐끼삐끼 춤이 단순한 '유행'을 넘어 한국 야구 응원 문화의 판도를 바꾸는 현상임을 이해하는 기회가 된다. 이와 더불어 응원 문화의 발전 과정, 문화적 의미까지 이해할 수 있다.

두 번 읽기를 통해 이 같은 현상을 자신의 생활과 연결해 경험을 확장시킬 수도 있다. 한국의 야구 응원 문화에 대해 더 깊이 이해하고, 거기서 파생되는 다양한 정보들을 섭렵하게 되는 것이다.

 ## 시그널 탐색력 UP!

1. 글을 한 번 읽고 글의 내용을 정리해보자.
2. 글을 두 번 읽고 글의 내용을 정리해보자.
3. 정리한 두 내용의 차이점에 대해 생각해보자.

대한민국 축구, 한국을 넘어 세계를 호령하다

잉글랜드 프로축구 리그에서 활약하고 있는 황희찬이 팀 내 최고 연봉으로 2028년 6월까지 계약을 연장했다. 황희찬은 차범근, 박주영, 손흥민, 권창훈, 황의조에 이어 유럽 5대 리그에서 한 시즌 10골 이상을 기록한 6번째 선수다. 그뿐만 아니라 유럽 리그에서 손흥민에 이어 두 자릿수 득점을 기록한 2번째 아시아 선수이기도 하다.

'황소'라는 별명처럼 그는 다양한 전략과 기술을 갖추고 있으며, 야성미 넘치는 근육질 체형과 용모 덕분에 서구권 팬이 많다고 한다. 빠른 스피드와 저돌적인 드리블로 상대 수비진을 흔들어놓는 그의 모습은 탄성을 자아낸다. 주로 쓰는 발은 오른발이지만 왼발도 수준급으로 사용하기에 위치 유동성과 템포 조절에 유리하고, 양측에서 자유롭게 뛸 수 있어 전술적으로도 유리하다. 탁월한 위치 선정 능력으로 세컨드 볼을 잘 받아내며, 공간 침투력도 대단하다. 2018 자카르타 아시안 게임 8강전에서 중요한 페널티 킥을 자진해서 차겠다고 나서는 등 어려운 상황에서 도전하는 강한 정신력과 학습 욕구는 그를 세계적인 선수로 만들었다.

젊은 한국 선수들이 유럽 등 빅리그에서 활발하게 활동하는 경우를 이제는 심심치 않게 만날 수 있는데, 차범근에서 시작된 해외파 선수들의 활약은 박지성과 이영표, 손흥민으로까지 이어졌다. 프리미어 리그에서는 빠른 스피드와 양발 슈팅으로 최고의 윙어가 된 손흥민이, 분데스리가에서는 강력한 수비력과 빌드업 능력을 갖춘 김민재가 맹활약 중이다. 정우영은 정교한 패스와 중거리 슈팅을 통해 경기 흐름을 잘 읽어내는 미드필더로 평가받으며, 이강인은 파리 생제르맹에서 창의적인 패스와 드리블을 앞세우며 인상 깊은 플레이를 펼치고 있다.

이러한 선수들의 활약은 후배 선수들에게도 자연스레 영향을 미친다. 전문 코치진의 확대와 질적 향상, 현대적인 훈련 시설이 확충되고 있으며, 체계적인 영양 관리 및 의료지원을 통해 더 높은 수준의 기술과 체력을 확보하고 있다. 이는 해외 진출 시 경쟁력을 갖추도록 돕는다. 한국 선수들의 국제적 위상이 높아지고, 선수들의 가치 또한 상승하는 추세다. 한국 축구의 경기력이 전반적으로 향상되면 이를 통해 다시 해외 진출 가능성을 높이는 선순환이 만들어질 것이다.

축구 선수들의 해외 진출은 후배들뿐만 아니라 10대 청소년들에게도 영향을 준다. 성공한 해외파 선수들은 청소년들에게 꿈과 목표를 제시하며, 세계 무대에 대한 관심과 이해를 넓힌다. 축구뿐 아니라 더 넓은 시각으로 현상을 바라보고, 자아를 확장하는 데도 도움을 준다. 물론, 해외 리그를 지나치게 동경하면 국내 리그의 중요성을 놓칠 수 있다는 우려도 있다. 성공 사례에만 현혹되어 준비가 덜 된 상태에서 꿈만 키우는 청소년이 생길 수 있다. 모든 선수가 해외에서 성공할 수 있는 것은 아니다. 그들이 흘린 피와 땀을 등한시하고 결과에만 초점을 둔다면, 아무런 노력도 없이 비현실적인 환상만 품게 될 수도 있다.

해외파 선수들의 성공을 통해 10대는 다양한 문화와 환경에 적응하기 위해 글로벌 소통능력이 필요하다는 것을 알게 된다. 문화적 유연성과 다양성 존중의 필요성을 깨닫고, 국제적 소통능력을 기르기 위해 노력할 것이다. 전문성을 위해서는 강한 의지와 집중력, 철저한 자기관리와 자기계발이 필요하다는 것도 알게 될 것이다. 불확실한 미래에 맞서고, 노력과 실패를 두려워하지 않는 운동인으로서의 자세도 익힐 수 있다. 다양한 상황에서 팀원들과 부딪히며 문제를 해결하고 조율할 수 있는 리더십과 공동체 의식도 필수다.

해외에서 활약하는 우리나라 선수들의 모습은 화려하다. 그래서 그 자리에 서기까지의 피나는 노력에 대해서는 알아채지 못하는 경우가 많다. 노력하지 않고 얻을 수 있는 것은 없다. 그들의 화려한 성과 뒤에는 남들보다 몇 배, 몇십 배 노력한 땀방울이 있다. 그 땀방울이 모여 세계로 뻗어 나가는 길을 터주었음을 잊지 말아야겠다.

어떻게 읽고, 어떻게 쓰고, 어떻게 생각할까?

각 문단의 핵심문장을 찾는 건 이제 어느 정도 익숙해졌을 거라 판단된다. 핵심문장은 글의 전체 내용을 효과적으로 파악할 수 있게 도우며, 주요 아이디어나 주장이 핵심문장 속에 담겨 있다. 핵심문장을 찾으면 글의 전반적인 내용을 빠르게 이해할 수 있고, 정보를 효율적으로 처리할 수 있다. 중요한 정보를 골라내고, 불필요한 정보는 빠르게 걸러낼 수 있다는 것이다. 핵심문장을 중심으로 글을 정리하면 더 오래, 더 정확하게 기억할 수 있다. 핵심문장을 찾는 과정에서 글의 구조와 논리를 분석하게 되는데, 이때 비판적 사고능력이 길러진다. 특히 시험이나 과제 준비 시에 많은 도움이 된다. 학습의 효율성을 높여주고 글쓰기를 통해 핵심을 전달하는 능력을 기를 수도 있다. 이는 단순히 글을 읽는 것을 넘어 전반적인 학습능력과 사고력에 지대한 영향을 미친다.

핵심문장을 찾기 위해서는 첫 문장에 주목하는 것이 좋다. 문단의 첫 문장에 주요 내용을 담는 경우가 많기 때문이다. 접속사 뒤에 중요한 내용이 나오는 경우도 많으므로 '그런데', '하지만' 등의 접속사를 살피는 것도 방법이다. 반복되는 단어나 문장도 눈여겨볼 필요가 있다. 각 문장의 핵심단어를 연결하면 전체 내용을 파악하기 수월해진다. 글을 읽을 때는 저자의 의도를 생각하고, 어려운 문장은 일상적인 표현으로 바꿔 이해해야 쉽게 읽어낼 수 있다. 한 문단의 핵심이 다음 문단과 어떻게 연결되는지 살펴보는 것도 중요한데, 평소에 이런 연습을 많이 해야 문해력을 기를 수 있다.

윗글의 첫 번째 문단은 황희찬 선수의 활약상을 설명하고 있다. 첫 번째 문장에서 '잉글랜드 프로축구 리그에서 활약하는 황희찬이 팀 내 최고 연봉을 받으며 2028년 6월까지 계약을 연장했다'는 핵심내용을 담고 있다. 두 번째 문단에서는 황희찬 선수의 장기와 특기에 관해 설명한다. '황소'라는 별명처럼 그가 다양한 전략과 기술을 갖추고 있다고 설명한다.

이처럼 문단마다 핵심을 담은 '핵심문장'이 있다. 그것을 찾고, 이해하는 과정에서 문단과 문단의 관계를 알게 된다. 핵심문장을 하나의 문단으로 이으면 글에서 하고 싶은 말이 무엇인지, 무엇을 표현하고자 하는지 등을 명확하게 파악할 수 있다.

문단을 나눠 글을 읽고 각 문단의 핵심이 무엇인지 정리하는 습관을 기르자. 문해력과 이해력의 비약을 경험하게 될 것이다.

시그널 탐색력 UP!

1. 핵심문장을 찾는 세 가지 방법을 제시해보자.

2. 각 문단의 핵심문장을 찾아 정리해보자.

3. 각각의 핵심문장을 연결하면 어떤 문단이 완성되는지 확인해보자.

08

천국과 지옥을 경험하다

일론 머스크 테슬라 최고 경영자로부터 극찬을 받은 한국 선수가 있다. 바로 2024년 파리 올림픽 사격 은메달리스트 김예지다. 파리 올림픽 사격 10m 공기권총 결승전 직후 각종 SNS 플랫폼은 김예지 선수의 경기 모습으로 도배가 되었다. 국제사격연맹 바쿠 사격 월드컵 25m 권총 결선 당시 세계 신기록을 세운 뒤 무심하게 총을 내려놓는 모습에 관심이 쏠렸는데, 일론 머스크는 "따로 연기할 필요가 없다. 액션 영화에 이 선수를 캐스팅하자"며 그의 카리스마 넘치는 활약을 극찬했다. 이런 머스크의 언급 때문일까? 김예지는 국내 최초로 테슬라 코리아의 앰배서더로 선정되었다. 그뿐만 아니라 일론 머스크의 말대로 영화 《아시아》의 스핀오프(번외작) 드라마인 《크러쉬》에서 세계적인 배우들과 호흡을 맞추게 되었다. 인도의 대형 인플루언서 '아누쉬카 센'과 함께 킬러 듀오로 선정된 김예지는 글로벌 숏폼 시리즈의 혁신과 새로운 장을 함께할 것이라는 기대를 모으고 있다.

이러한 김예지 선수가 승승장구하기만 한 것은 아니다. 사격경기는 소총과 권총, 이동표적, 클레이 종목으로 구분되는데 권총의 경기방식은 '완사'와 '급사'로 다시 나뉜다. 완사는 정밀 사격 단계로, 천천히 정확하게 표적을 조준하여 사격한다. 급사는 속사 단계로, 짧은 시간 내에 빠르게 사격하는 방식이다. 순발력과 반응 속도가 중요하며, 제한된 시간 내에 빠르게 사격해야 하는 25m 본선에서 김예지는 큰 실수를 했다. 완사에서 9점 이상을 계속 쏘면서 총점 290점으로 좋은 성적을 거뒀으나, 급사에서 문제가 터졌다. 급사 11번째 사격에서 타이밍을 놓치며 0점으로 실격 처리되고 말았다.

그의 경기를 보고 악성 댓글이 쏟아졌다. '올림픽을 우습게 생각한 것 아니냐'는 댓글부터 '실력 없는 선수를 데리고 올림픽에 나간 거 아니냐'는 등의 비난이 쏟아졌다. 이에 그녀는 올림픽을 절대 가볍게 생각하지 않았다고 응답했으며, 인터뷰를 통해 '0점을 쐈다고 세상이 무너지는 것은 아니다'라고 발언한 것에 대한 오해를 풀었다. 말의 영향력을 생각해 자신에게 하는 부정적인 말을 피하고 싶었다고 말하며, 국민들에게 실망을 안겨드려 미안하다는 말도 덧붙였다. 다음 시합을 위해 열심히 노력할 것이라는 포부도 밝혔다. 그는 또한 사격이 큰 부분을 차지하는 것은 사실이지만 인생 전체를 정의하지는 않는다고 언급했다. 경기 결과에 연연하지 않고, 그저 최선을 다해 앞으로 정진하겠다는 의미였다.

곧 한 선수에 대한 평가가 극명하게 엇갈리기 시작했다. 다른 선수들의 2배가 넘는 훈련량을 소화하면서도 육아를 병행했다며 세계 유수 언론의 극찬이 이어졌는가 하면, 개성 있고 꾸밈없는 모습을 이해하지 못하고 비난하기도 했다. 이렇듯 선수들에 대한 무분별한 악플은 심각한 문제로 대두되고 있다. 선수들은 때로 경기 결과와 상관없이 악플에 시달리며, 선수 개인뿐 아니라 그들의 가족까지 비방의 대상이 된다. 김예지 선수는 악플에 일일이 답장하며 해명하는 방식을 택했지만, 일부 선수들은 SNS를 통해 팬들에게 자제를 호소하기도 한다.

악플은 외상 후 스트레스 증후군과 유사한 증상을 발생시킬 수 있다. 선수의 정신건강에 영향을 미쳐 주의 집중력을 감소시키고, 경기력 저하로 인한 추가 악성 댓글 발생 가능성도 무시할 수 없다. 악플을 지나치게 신경쓰게 되면 부담감이 커져 실력 발휘를 제대로 하기 어렵고, 심한 경우 대인기피증으로 이어지기도 한다.

댓글 창을 감정 쓰레기통이라고도 부른다. 익명성에 기대어 자신의 감정을 가감 없이 표출하면서 타인에게 해를 끼치는 것이다. 사실을 왜곡하며 부정적 여론을 형성하고 동조 현상을 부추긴다. 악성 댓글이 확산되면 건전한 소통 문화가 저해되기도 한다. 선수들은 누구보다 열심히 노력하여 국가대표가 된다. 김예지 선수뿐 아니라 모든 선수가 피땀을 흘려 거둔 어려운 성과이다. 그 누가 이 노고를 가벼이 여길 수 있단 말인가? 아무 생각 없이 쓴 악플이 한 선수의 삶의 흔들어놓을 수도 있음을 알아야 한다. 누군가의 가치로운 노력을 몇 마디 말로 폄하하는 악플은 건전한 인터넷 문화 조성을 위해 사라져야 할 것이다.

어떻게 읽고, 어떻게 쓰고, 어떻게 생각할까?

문단의 핵심내용 정리는 글의 이해와 분석에 있어 매우 중요한 과정이다. 글 전체의 구조와 흐름, 각 문단의 주요 아이디어를 살피면서 글의 전체적인 논리와 주장을 더 명확하게 짚어 나갈 수 있다. 이는 독해의 기초가 되는 매우 중요한 기술이다. 긴 텍스트에서 중요한 정보를 추출하고 요약하는 능력은 학업, 일상생활과도 긴밀한 관계가 있다. 텍스트의 주장과 근거를 분석하면 비판적 사고력을 기를 수 있으며, 텍스트가 타당한지 따져보면서 자신만의 의견을 만들어 갈 수도 있다.

각 문단의 핵심내용을 정리하기 위해서는 문단의 '중심 문장'과 '뒷받침 문장'을 먼저 찾아야 한다. 중심 문장은 해당 주제를 나타내며, 뒷받침 문장은 중심문장을 보충하고 설명해준다. 저자의 주된 의도가 담긴 주제문을 찾고, 자주 등장하는 개념이나 어구가 무엇인지 확인하는 절차도 중요하다. 이러한 과정에서 글의 주요 주제를 찾을 수 있기 때문이다. 핵심 어구들의 관계를 분석하고, 유사한 의미의 개념들을 하나로 통합하다 보면 일관된 요약을 할 수 있다.

윗글은 김예지 선수의 성과에 주목하며, 파리 올림픽에서 은메달을 획득한 후 전 세계의 이목을 집중시킨 일화를 소개하고 있다. 첫 문단의 내용은 '김예지 선수의 성과와 전 세계의 뜨거운 반응'이라는 내용으로 정리할 수 있다. 두 번째 문단은 경기에서의 실수로 인한 악성 댓글에 관해 설명하며 김예지 선수의 해명과 사과, 향후의 의지 등을 보여주고 있다. 이 문단의 핵심내용은 '실수와 다짐, 그리고 악플'이라고 정리할 수 있다. 이어지는 문단에서는 세계 언론의 극찬과 선수 개인의 개성 있는 모습에 대한 일부의 비난을 함께 다루고 있다. 이를 통해 '김예지 선수에 대한 상반된 평가'를 핵심내용으로 다루고 있음을 알 수 있다. 선수의 경기 결과뿐 아니라 개인사로 인해서도 악플이 발생할 수 있다는 점은 참 아이러니다. 이처럼 첫 번째 문단에서 세 번째 문단의 핵심내용을 살펴봄으로써 전체적인 글의 흐름을 파악해 보았다. 김예지 선수가 세계적으로 주목받고 있으나, 실수와 오해를 불러일으킬 만한 태도로 인해 악플이 발생했다. 그렇다면, 그다음은 악플로 인한 선수의 부정적 영향과 대처방법에 대해 다루지 않을까 짐작할 수 있을 것이다.

시그널 탐색력 UP!

1. 다섯 번째 문단과 여섯 번째 문단의 핵심내용을 각각 정리해보자.
2. 핵심내용을 연결해 이 글의 주제를 한 문장으로 요약해보자.
3. 문단의 핵심내용 정리가 글을 읽는 데 어떤 도움을 주는지 생각해보자.

e스포츠는 역시
우리나라가
최고지.
나도 프로게이머가
되어 볼까?

e스포츠팀 'T1'과 페이커가 e스포츠 역사를 다시 썼다. 리그오브레전드 월드챔피언십에서 통산 5회 우승, 2년 연속 우승기록 2회 달성, 최연소·최고령 우승기록을 동시에 보유하는 등 새로운 기록을 만들었기 때문이다. 페이커 이상혁은 2013년 데뷔 후 월드챔피언십 우승컵을 시작으로 왕좌를 무려 10년이 넘도록 지키며, 네 번째 우승컵을 팀과 함께 들어올렸다. 2013년에는 만 17세의 나이로 최연소 우승을 했고, 28세에는 최고령 우승 선수에 이름을 올리며 입지전적인 인물로 각인되었다. 선수 생명이 비교적 짧은 프로게이머로서는 대단한 업적을 세운 것임이 틀림없다. 페이커는 '대상혁'이라고도 불리며 역대 최고의 미드라이너, 불사대마왕, LOL의 상징, 살아 있는 레전드 등 수많은 수식어를 가지고 있다.

우리나라는 e스포츠의 종주국으로 불린다. e스포츠 문화는 미국에서 처음 만들어졌지만, e스포츠를 콘텐츠화하고 대중화하는 데 우리나라가 크게 기여했기 때문이다. 'e스포츠'란 게임물을 매개로 기록 또는 승부를 겨루는 경기 및 부대 활동을 의미한다. 전자 스포츠, 또는 사이버 스포츠라고도 불린다. 육체적 능력보다는 정신적 능력을 필요로 하며, 2000년경부터 e스포츠라는 용어를 본격적으로 사용하기 시작했다. IT 산업의 육성정책 일환으로 정부 차원에서 장려하여 발전해 나갔으며, 게임을 통한 경쟁을 '스포츠'로 인식하면서, 산업적 가치와 문화적 영향력을 인정받아 지금도 꾸준히 발전해 나가고 있다.

일반적인 스포츠는 주로 물리적 공간에서 진행되지만, e스포츠는 가상의 전자환경이 배경이다. 육체적 능력을 쓰는 스포츠와 달리 정신적 능력과 반응 속도, 전략적 사고가 중요하다. 특정 시설이나 장비가 필요한 여느 스포츠와 달리 컴퓨터나 게임기만 있으면 누구나 참여할 수 있다. 나이, 신체 조건에 따른 제한 없이 참가할 수 있는 것도 e스포츠의 매력일 것이다. 일정한 규칙에 따라 경기가 이뤄지는 것이 스포츠의 원칙이지만, e스포츠는 업데이트를 통해 규칙이 자주 변경되기도 한다. 현장관람이나 텔레비전 생중계를 통해 관람하는 스포츠와 달리 온라인 스트리밍 플랫폼을 통해 관람하는 것도 색다른 점이라고 볼 수 있다.

e스포츠에서 가장 인기 있는 게임은 단연 '리그오브레전드'다. 이는 팀 대전 게임으로 다양한 챔피언과 능력치에 따른 역할이 있다. 그래서 전략 운영과 팀워크가 매우 중시된다. 물론 그 밖에도 다양한 게임들이 전 세계인들의 사랑을 받고 있다. 테러리스트와 대테러리스트로 나누어 격전을 펼치는 '카운터 스트라이크'는 북미와 유럽에서 큰 인기를 끌고 있다. 경제 시스템을 통한 무기 구매 전략과 전술적 플레이가 중요하다. 요원마다 고유한 능력을 보유하고 라운드 기반의 경제 시스템을 갖추고 있다. 또 다른 게임인 '오버워치'는 다양한 영웅과 역할이 있으며, 영웅 간의 시너지와 카운터 픽이 중요한 게임이다. '스타크래프트'는 빠른 손놀림과 멀티태스킹 능력이 중요하며, 최대 100명이 참여하는 '배틀그라운드'는 생존을 위한 전략적 플레이를 요구한다.

그렇다면 e스포츠 선수가 되기 위해서는 어떤 능력이 필요할까? 우선 뛰어난 반사신경과 빠른 의사결정 능력을 겸비해야 한다. 게임에 대한 높은 이해도와 전략적 사고가 필요하며, 지속적인 기술 연마와 근육 기억훈련도 요구된다. 높은 집중력과 스트레스 관리 능력, 끊임없는 자기 개선 의지와 강한 동기부여도 빼놓을 수 없다. 컴퓨터 앞에 앉아 장시간 게임에 몰두할 수 있는 체력과 팀워크를 높일 수 있는 의사소통 능력도 필수다. 빠르게 변화하는 게임 트렌드와 메타 변화에 민감해야 하며, 새로운 전략과 기술 습득 능력도 필요하다. 무엇보다 게임과 삶의 균형을 유지하면서, 조화와 균형을 도모하는 자세도 프로게이머로서 지녀야 할 덕목이다.

게임 산업의 성장으로 e스포츠 시장은 더욱 확대되고 보편화할 것이다. 더불어 생활 스포츠로 인식되면서 다양한 분야로 진출할 기회도 생길 것이다.

 ## 어떻게 읽고, 어떻게 쓰고, 어떻게 생각할까?

글의 각 부분이 만나 글 전체를 구성한다. 그래서 각 부분이 어떤 의미로, 어떤 기능을 하는지 알아야 글의 전체 맥락을 파악할 수 있다. 문단과 문단 사이의 연결성을 인식할 때, 글의 논리적 구조가 보이기 시작할 것이다. 각 부분을 연결하여 읽으면 글의 일관성을 확인할 수 있으며 이는 글의 주제가 일관되게 유지되고 있는지, 글에 별다른 모순은 없는지 등을 판단하는 근거를 제시해준다. 각 부분의 관계를 파악하면 글의 심층적 의미와 숨겨진 뜻을 분석할 수도 있다. 글의 내용을 수동적으로 받아들이는 것이 아니라 스스로 분석하고 판단하여 읽는 데 도움이 된다는 것이다.

의미를 연결하여 읽을 때는 연결어미나 접속사를 주의 깊게 살펴보는 것이 좋다. '그래서', '왜냐하면', '그러나' 등의 접속사를 통해 문장과 문장의 관계를 이해할 수 있기 때문이다. 글의 서론과 본론, 결론의 내용을 파악한 후 각 문단의 주제문을 찾아보면 문단의 내용을 연결해서 생각하기 수월하다. 앞에서 읽은 내용과 뒤의 내용이 어떤 방식으로 연결되는지 살펴보며 읽는 것이 중요한데, 글에 나와 있지 않은 내용이라도 정보를 추론하며 읽고 연결해야 한다. 읽은 내용을 마인드맵이나 표 등으로 정리하여 시각화하면 각 부분의 관계를 좀 더 명확하게 파악할 수 있다. 각 부분을 읽으며, 해당 부분이 앞의 내용과 어떻게 연결되는지 질문하고 답을 찾아보는 연습도 도움이 된다.

윗글은 페이커 이상혁의 업적과 국내 e스포츠의 성과를 설명하며 글을 시작한다. 이러한 노력의 결과로 '우리나라가 e스포츠의 종주국으로 불린다'는 두 번째 문단으로 내용이 자연스럽게 이어진다. 세 번째 문단에서는 e스포츠를 올바른 이해를 위해 e스포츠와 일반 스포츠와의 차이를 설명한다. 주요 e스포츠 게임에는 무엇이 있으며, 특징은 무엇인지 간략하게 알려준다. 그 후 e스포츠 선수에게 필요한 능력을 소개하고, e스포츠의 전망에 대해 설명하며 글을 마무리한다.

이 글은 e스포츠에 관심이 있는 친구들에게 e스포츠를 구체적으로 알려주는 기능을 함과 동시에 취미로서의 게임과 직업으로서의 게임의 차이를 알려준다. 게임을 좋아하는 사람이라면 매우 흥미롭고 유익할 것이다. 이렇듯 글의 전체적인 흐름을 파악하면 글 속에 숨은 의도까지 정확하게 짚어낼 수 있다.

 ## 시그널 탐색력 UP!

1. 각 문단의 핵심내용을 정리해보자.
2. 우리나라가 e스포츠 산업에 끼친 영향력을 조사해보자.
3. 취미로서의 게임과 직업으로서의 게임에는 어떤 차이가 있을까?

 스포츠 아이돌과 팬 문화

방탄소년단 정국은 복싱 마니아로 익히 알려져 있다. 정국과 스파링을 한 격투기 선수 추성훈은 "프로선수를 해도 될 만큼 솜씨가 좋다"라며 정국의 실력을 높게 평가했다. 콘서트 전날에도 호텔에서 트레이너와 함께 복싱 훈련을 할 정도로 정국의 복싱 사랑은 남다르다. 정국의 운동신경과 근육질의 몸매는 성실하게 복싱을 수련한 결과로 보인다. 트와이스 지효는 활동적인 취미 마니아로 골프를 즐긴다. 인스타그램에 골프 하는 사진을 업로드하며 자신의 취미가 골프임을 인증했다. 프로 골퍼 출신에게 골프를 배울 만큼 열정적이다. 에스파 카리나의 취미는 수영이다. 해외 스케줄을 가면 호텔 수영장에서 수영을 즐긴다는 그녀는 윈터에게 수영을 가르쳐 줄 정도로 의욕적이다. 몬스타엑스의 셔누, 스트레이 키즈의 현진 등도 수영을 즐기는 아이돌로 유명하다.

휴식기가 오면 저마다의 취미에 몰두하는 스타들이 많다. 그중에서도 유독 스포츠를 통해 심신을 단련하는 경우가 많다. 스포츠에 몰두하는 모습을 자신의 SNS에 공유하며, 비슷한 취미를 가진 팬들과 소통하기도 한다. 아이돌들이 스포츠를 즐기는 모습은 새로운 매력으로 팬심을 부추긴다. 팬들이 스포츠를 즐기며 건강하게 자신을 가꾸는 모습을 보며 팬들 역시 긍정적인 영향을 받는다. 특정 스포츠팀의 경기를 관람하거나 응원하는 모습을 보여주면서 팬들과의 유대감을 강화하기도 한다. 팬들도 아이돌과 같은 팀을 응원하게 되면서 자연스럽게 소통할 기회가 마련되는 것이다.

영향력은 스포츠에만 있는 것은 아니다. 아이돌의 팬덤 문화는 10대 청소년들에게 큰 영향을 미친다. 특정 아이돌의 팬으로 활동하면서 스트레스를 해소하고 이를 자기표현의 기회로 삼는다. 교우 관계 확장과 정체성 확립에도 영향을 끼친다. 자신들만의 팬 문화를 통해 사회적 유대감을 강화하며,

이는 '좋아하는 아이돌을 키워냈다'라는 심리적 보상으로 이어진다. 아이돌의 성장에 기여했다는 생각은 더 많은 친밀감과 충성도를 불러일으킨다. 디지털 기술의 발달로 아이돌 팬덤 문화는 더욱 다양해지고 글로벌화하고 있다. 청소년들의 팬덤 문화는 공통의 관심사를 통해 성장하고 유대해 나가는 데 도움을 준다. 국제적 팬덤은 글로벌 문화교류의 기회도 마련한다. 아이돌의 이름으로 진행되는 봉사활동이나 기부는 긍정적인 사회 기여로 이어진다.

팬덤 문화에는 장점만 있는 것은 아니다. 굿즈나 티켓 가격이 높게 책정되어 청소년들에게 경제적 부담을 줄 수 있다. 원하는 앨범을 구하기 위해서는 청소년 신분에 맞지 않는 큰돈을 써야 하는데, 이러한 과도한 소비문화가 상대적인 박탈감을 유발할 수도 있다. 과도한 애정이 사생활 침해로 이어질 경우, 법적 문제로 불거질 수 있다. 팬들 간의 과도한 경쟁은 건전한 팬 문화를 방해하기도 한다. 스트리밍이나 투표를 통해 인기도를 점검할 때는 강제적이고 노동화 된 팬 활동이 부담될 수도 있다.

스포츠가 아이돌 문화에 기여하는 것처럼 팬들에게 좋은 영향력을 주려면 팬 활동의 긍정적인 면을 확산하고 격려해야 한다. 자발적인 봉사활동이나 기부 문화를 만들어 선한 영향력을 나누고 긍정적 에너지를 생산하는 것도 중요하다. 특히 합리적인 소비문화를 알리고, 티켓이나 굿즈의 가격을 적정선에 맞춰야 한다. 팬들끼리 선의의 경쟁을 할 수 있도록 상호 존중을 강조하고, 아이돌 간 협력 프로젝트를 만들어 스타들부터 유대하는 모습을 보여주는 것도 좋은 사례가 될 것이다. 아이돌과 팬덤의 사회공헌활동을 늘리고, 글로벌 이슈에 긍정적인 영향력을 행사하도록 다 함께 노력했으면 좋겠다.

글의 핵심내용이 왜 중요한지 이제 대략적으로 알고 있을 거라 생각한다. 주제를 파헤치고, 글이 전하고자 하는 메시지를 저 대로 알기 위해서는 핵심내용의 파악은 필수다. 각 문단의 중심내용을 짚어내고, 전체적인 맥락을 이해해야만 중요한 정보를 쏙쏙 골라낼 수 있다. 간결하고 정확한 내용 요약은 글의 구조와 논리를 완벽하게 이해했을 때만 가능하다.

내용 요약의 순서는 다음과 같다. 먼저 문장에서 가장 중요한 키워드를 찾아내고, 각 문단의 중심 주제를 파악한다. 그 후 주제와 관련 없는 내용을 제외하고, 남은 문장을 모아서 다듬는다. 유사한 주제를 가진 문단을 그룹화하여 전체 구조와 일치시킨다. 이렇게 명확하게 내용을 정리하면 주요 핵심 메시지를 파악하기 쉬워진다.

윗글은 '아이돌의 스포츠 활동'으로 글을 시작한다. 아이돌의 다양한 스포츠 활동 사례가 팬들에게 미치는 영향을 살펴본다. 이어서 아이돌 팬덤 문화가 청소년들에게 어떤 영향력을 가지고 있는지, 팬덤 문화의 장단점을 각각 제시해준다. 이후 건전한 아이돌 문화 조성 방안을 통해 건강한 팬 활동을 지향하는 글로 마무리된다. 아이돌이 팬에게 얼마나 건전한 영향력을 발휘할 수 있는지 스포츠를 통해 알려주며 건전한 아이돌 문화 형성을 위한 노력 등을 전하는 것이다. 도입부에서는 여러 아이돌의 예시를 통해 팬들이 영향을 받는 모습을 직접적으로 드러내며 설득력을 높이고 있다. 이렇게 핵심내용을 요약하고 살펴보면 글쓴이의 의도를 더 쉽게 이해할 수 있다.

글쓴이는 아이돌 문화가 미치는 영향력을 다각도에서 살펴보면서, 긍정적인 면은 발전시키고 부정적인 면은 개선해야 한다고 말한다. 더불어 아이돌 문화를 건강하게 발전시키기 위해 할 수 있는 다양한 노력과 방법 등에 대해서도 추가적으로 설명하고 있다.

이렇듯 핵심내용을 정리하면 글쓴이의 의도까지 파악할 수 있다. 만약 이 과정을 생략한다면 그저 아이돌의 팬 문화를 이해하는 정도로 해석될 것이다. 이러한 오해들은 종종 시험 문제에서도 불거진다. 지문이 긴 경우 대충 눈으로만 훑고 넘어가 버리기 때문이다.

 ## 시그널 탐색력 UP!

1. 아이돌의 활동이 팬들에게 미치는 영향을 정리해보자.
2. 바람직한 팬 문화 형성을 위해 어떤 노력을 할 수 있을까?
3. 핵심내용을 참고하여 글쓴이가 전달하고자 하는 메시지를 파악해보자.

Chapter 3

Grow 나만의 사고를 확장하라

예술

01 고가 미술품 경매의 비밀

2024년 소더비 뉴욕에서는 바나나가 경매에 올랐다. 바나나의 가격은 약 14억 원에서 20억 원. 무슨 바나나길래 이렇게 비싼가 싶겠지만, 말 그대로 그냥 바나나다. 괴짜 미술가로 알려진 이탈리아 출신의 작가 마우리치오 카텔란의 '코미디언'이 이 바나나의 이름이다. 2019년 미국 마이애미비치에서 열린 '아트 바젤'에 출품된 이 작품은 벽에 바나나를 붙인 작품이었다. 당시 개인 콜렉터에게 1억 6천만 원에 낙찰되었고, 5년 후 그 10배의 가격에 경매로 나와 화제를 모았다.

고가 미술품 경매 작품은 이뿐만이 아니다. 박수근 작가의 〈빨래터〉는 2007년 45억 2,000만 원, 이중섭 작가의 〈황소〉는 35억 6,000만 원, 김환기 작가의 〈꽃과 항아리〉는 30억 5,000만 원에 팔렸다. 레오나르도 다빈치의 〈살바토르 문디〉는 2017년 뉴욕 크리스티 경매에서 경매 역사상 최고가인 6,400억 원에 낙찰되었다. 뭉크의 〈절규〉는 1,368억 원, 피카소의 〈파이프를 든 소년〉은 1,215억 원이라는 고가에 각각 팔렸다.

고가 미술품 경매는 경매 회사에 회원으로 가입해야 참여할 수 있다. 경매 1~2주 전에 열리는 프리뷰 전시회에 참석하여 출품된 작품들을 미리 확인하고, 작품의 실제 상태와 색상을 꼼꼼히 체크한다. 관심 있는 작품이 있다면 프리뷰 전시회에서 응찰 등록을 하고, 경매 당일 자리를 예약한다. 경매에 참여하는 방법에는 몇 가지가 있는데, 보편적으로는 경매장에 직접 참석하여 패드을 들어 응찰 의사를 표시할 수 있다. 특정 작품에 대해 최대 응찰 금액을 서면으로 미리 제시하면 담당자가 대신 응찰하기도 한다. 경매 진행 중에 전화로 연결하여 실시간으로 응찰에 참여하는 방법도 있다. 경매인이 각 작품에 대한 입찰을 시작하고 현재 입찰가를 발표하면, 구매 희망자들은 경매인이 부르는 가격에 맞춰 응찰한다. 더 이상 높은 가격을 부르는 사람이 없으면 최고가 입찰자에게 낙찰된다.

경매 전 작품과 작가에 대해 충분히 조사하고, 예산을 설정하는 것은 기본이다. 예산을 설정할 때는 구매자 프리미엄 등 추가 수수료까지 고려하는 것이 좋다. 온라인 경매의 경우 작품을 직접 볼 수 없기에 더욱 신중해야 한다. 그렇다면, 고가 미술품 경매에서 가격은 어떻게 책정될까? 가장 중요한 것은 역시 작가의 명성과 미술사적 기여도다. 역사적으로 중요한 작가의 작품일수록 높은 가격에 낙찰될 가능성이 크다. 작가의 인지도와 미술계에서의 위상이 작품 가치 평가에 결정적인 영향을 미친다는 것이다. 희소성 있는 작품일수록 가격이 높아지는 경향도 있다. 유명작가의 대표작이나 중요한 시기의 작품은 희소가치가 높아 경쟁이 치열하다. 수요가 공급을 크게 넘어서는 경우 가격이 급등하는 것은 당연한 이치다.

작품의 보존 상태와 전시 이력, 소장 경위도 가격에 영향을 미친다. 유명 미술관에 전시된 이력이 있거나 저명한 콜렉터가 소장했던 작품은 더 높은 가치를 인정받게 된다. 작품의 희소성과 독창성도 중요하다. 유일무이하거나 한정된 수량으로 제작된 작품일수록 더 높은 가치를 지닌다. 작품의 크기, 사용된 매체도 가격에 영향을 준다. 구매자의 주관적 가치 평가에 따라서도 가격은 달라진다. 작품에 대한 개인적인 애착이나 소장 욕구가 강할수록 비싸게 구매할 가능성이 커지기 때문이다. 경매장의 분위기와 경쟁 심리도 중요한 요인이다. 미술 시장의 현재 트렌드와 유행도 가격형성에 영향을 미친다. 특정 시기에 인기 있는 스타일이나 주제의 작품은 더 높은 가격에 거래되곤 한다.

고가 미술품 경매로 발생한 수익의 쓰임새는 다양하다. 새로운 예술가 지원 프로그램과 미술관, 박물관 운영 및 확장에 사용되기도 하며 예술 프로그램을 개발하고 문화유산을 보존하는 사업에도 활용된다. 의료연구지원이나 교육기회확대, 환경보호 활동, 사회복지 프로그램에 기부되는 경우도 많다. 미술 시장 연구 및 분석과 미술품 거래 플랫폼을 개발하기도 한다. 경매로 발생한 개인의 수익은 새로운 미술품 구입, 개인 재정, 사업 투자에 활용할 수 있다.

어떻게 읽고, 어떻게 쓰고, 어떻게 생각할까?

이 글은 〈고가 미술품 경매의 모든 것〉이라는 제목에서 무엇을 주제로 다뤘는지 바로 알 수 있다. 제목만 보고도 높은 가격에 거래되는 미술 작품에 대한 다양한 정보를 확인할 수 있을 거라 짐작할 수 있다. 제목은 주로 글의 내용을 요약하고, 독자의 관심을 끌기 위해 붙인다. 글의 핵심주제나 요점을 압축적으로 표현하기에 제목을 보고 내용을 예측하는 것은 어렵지 않다. 흥미로운 제목을 독자의 호기심을 불러일으키는데, 제목의 창의성이나 함축성으로 인해 무수한 궁금증이 파생되기 때문이다. 제목은 글의 전체 구조를 암시하고, 독자가 내용을 체계적으로 이해하는 데 도움을 준다. 제목이 학술적인지, 유머러스한지, 비판적인지 등을 살피면 전체적인 분위기나 어조, 스타일을 짐작할 수 있다.

만약 제목에 '사랑'이라는 단어가 포함되어 있다면 사람의 '감정'을 다룰 가능성이 크고, '전쟁'이라는 단어가 포함되어 있다면 '싸움'과 '갈등'에 대한 내용일 가능성이 크다. 마찬가지로 윗글의 제목에서는 미술품이 왜 고가에 낙찰되는지, 경매는 어떤 식으로 진행되는지, 수익금은 어떠한 용도로 사용되는지 등의 내용을 유추해볼 수 있다. 제목의 형식을 보면 이 글이 무엇을 설명하고, 어떠한 방식으로 글이 전개될 것이라는 것 또한 짐작할 수 있다. 물론, 제목만 보고 확신할 수는 없지만 어느 정도의 톤은 맞아떨어지기에 결코 가벼이 여겨서는 안 된다.

제목에서 보여주듯이 윗글은 미술품 경매의 다양한 측면을 알기 쉽게 설명하고 있다. 제목을 통해 짐작할 수 있는 내용이 대부분 포함되어 있다는 걸 알 수 있는데, 그렇다면 역으로 우리가 제목을 정해 봐도 좋다. 제목을 통해 내용을 유추할 수 있다면, 더 흥미로운 제목으로 독서에 대한 재미와 기대감을 증폭시킬 수 있다. 예컨대 〈14억 바나나의 비밀〉이나 〈아파트보다 비싼 바나나〉 등의 제목도 흥미를 끌 만하다. 〈바나나에서 다빈치까지, 아무도 모르는 미술품 경매의 비밀〉이라고 제목을 붙인다면 미스터리한 뉘앙스를 풍기며 독자들의 시선을 사로잡을 수 있을 것이다.

제목 짓기 활동을 통해 제목의 역할을 제대로 이해할 수 있다. 책이나 글을 읽을 때도 가장 처음 눈에 들어오는 것은 제목이며 이를 통해 글이 어떤 방향으로, 어떤 내용으로 전개될지 짐작할 수 있기 때문이다. 글을 읽기 전 제목을 유심히 살피고 내용을 유추해보며 글을 읽어보자. 글에 대한 이해도가 한결 높아질 것이다.

 ## 시그널 탐색력 UP!

1. 윗글의 제목만 보고 자신이 유추한 글의 내용을 적어보자.

2. 유추한 내용과 실제 글에서 드러난 내용을 비교하고,
   추가할 내용이 있는지 살펴보자.

3. 윗글에 대한 새로운 제목을 만들어보고, 그 이유를 설명해보자.

02 미디어아트와 융합예술

우리의 문화유산과 무형유산, 궁궐 등을 3차원 영상으로 만난다면 어떤 기분이 들까? '아르떼뮤지엄 강릉'에서 국가유산청과 연합해 〈더 헤리티지 가든〉 전시회를 개최한다. 2024년 연말을 장식할 본 공연은 전통유산의 아름다움을 '과거와 현재'를 넘나드는 구성으로 표현한다. 빛이 만든 선을 통해 국가유산의 가치를 표현하고, 문화유산과 미디어아트의 융합을 통해 관람객에게 새로운 경험을 제공하겠다는 취지다. 우리나라 전통음악인 수제천과 비나리 등을 현대적으로 재해석한 배경음악도 관람객의 몰입감을 높여줄 것으로 기대된다. 이 전시회에는 유명화가들의 작품을 감상할 수 있는 '오르세미술관전'도 함께 개최해 관람객들의 눈을 즐겁게 할 예정이다.

미디어아트는 융합예술로 불린다. 미디어기술과 예술이 융합된 형태로, 디지털 기술과 디지털 미디어를 통해 창작되는 예술작품이다. 컴퓨터 그래픽과 음악, 영상, 인터랙션 등 다양한 매체와 기술을 활용하여 창작되며 시각적, 청각적 경험들이 다채로운 형식으로 나타난다. 과학기술과 예술이 만나 전혀 생각하지 못했던 새로운 형태의 작품을 탄생시키는 것이다. 미디어아트의 가장 큰 특징 중 하나는 관객 참여와 상호작용이다. 그래서 관객의 행동이나 움직임에 반응하는 작품들이 많다. 단순히 보는 것을 넘어 직접 참여하고 경험함으로써 작품과 관객 사이의 소통을 중시한다.

프로젝션 매핑을 통해 공간에 영상을 투사하며, 청각적 요소를 통해 작품의 몰입도를 높이기도 한다. 온라인 공간을 활용해 작품을 만들고, 건물 외벽 등을 이용해 대규모 영상 작품을 선보인다. 이런 다양한 매체의 활용은 예술의 표현영역을 확장하고, 실제 환경에 다양한 가상의 정보를 더해 새로운 경험을 만든다. 이를테면 현실과 가상을 섞어 독특한 공간을 창출하는 것이다. 물리적 공간의 제약 없이 작품을 감상할 수 있다는 장점을 지닌다.

다니엘 로진의 작품, 〈기계식 거울〉이 유명하다. 비디오카메라와 컴퓨터를 사용해 관객의 움직임에 반응하는 설치물이다. 관객이 가까이 다가서면 거울의 패턴이 변하며 시각적 이미지를 만들어낸다. 〈The Night Cafe〉라는 작품도 있다. 이 VR 경험은 반 고흐의 유명한 그림을 기반으로 한다. 사용자가 직접 그 공간을 탐험하고 상호작용할 수 있도록 설계되었다. 사용자는 가상 환경에서 다양한 객체와 상호작용하며, 작품 세계에 몰입할 수 있다. 관객의 음색과 음조가 실시간으로 음악으로 변환되는 작품도 이목을 끌 만하다.

관객의 움직임에 따라 반응하는 로봇 구조물은 관객이 가까이 다가가면 선들이 진동하며 복잡한 패턴을 형성한다. 이러한 작품들은 관객을 적극적으로 참여하게 하여, 예술과 기술의 경계를 허물고 있다. '웹아트 페스티벌'에서 선보인 장혜영의 웹아트 프로젝트는 온라인 플랫폼을 활용한다. 사용자들이 다양한 데이터와 정보를 시각화하고 상호작용할 수 있는 공간을 제공한다. 이는 웹을 통한 정보 교류와 참여를 촉진하는 역할을 한다.

미디어아트는 최신기술을 활용하여 예술적 표현을 확장하며, 기술과 예술의 융합을 통해 창출되는 새로운 형태의 경험과 사회적 영향을 포함한다. 이는 디지털 기술, 가상현실, 인공지능 등의 첨단기술을 통해 이루어지며, 예술가들은 이 같은 도구를 사용하여 새로운 형태의 작품을 창조한다. 미디어아트에서 관객은 단순한 감상자가 아닌 작품의 일부로서 기능한다. 미디어아트는 경제적 가치를 창출할 잠재력이 있으며, 작품이 널리 알려지고 사회적으로 요구될 때, 그 희소성과 인지도가 증가한다. 미디어아트 산업은 문화예술 분야에서 중요한 역할을 하며 다양한 산업과의 융합을 통해 새로운 시장을 창조할 수 있다.

이미지를 통해 생각을 체계화하고 기억력과 이해력을 키우는 사고법을 '비주얼 싱킹visual thinking'이라고 한다. 글로 표현된 내용을 그림으로 나타내면 복잡한 개념이 간단하게 정리된다. 시각적 요소는 정보를 더 쉽게 이해하고 기억하도록 도와준다. 그림은 언어라는 장벽을 넘어 다양한 사람들과의 소통을 가능하게 한다. 동일한 이미지를 통해 공감대를 형성할 수 있고, 그림으로 표현하는 과정에서 사고의 범위를 넓힐 수도 있다. 이는 새로운 아이디어 생성에 기여하며, 기존의 틀에서 벗어난 창의적 사고를 촉진한다. 시각적으로 문제를 분석하고 해결책을 찾는 데도 도움이 된다. 복잡한 상황도 간단한 도형이나 아이콘으로 단순화할 수 있다. 원이나 세모, 네모 등 간단한 그림만 사용해도 되기에 그림의 수준에 대해서는 걱정할 필요가 없다. 꾸준히 그림으로 표현하다 보면 자기만의 방식과 스타일을 찾을 수 있다.

미디어아트를 소개하는 윗글에서 그림으로 표현할 수 있는 요소를 생각해보자. 궁궐의 전각들을 3D로 재현할 때, 빛이 만들어낸 선들이 공간을 어떻게 변화시키는지 시각적으로 나타낼 수 있다. 가령 궁궐의 전통적인 건축 양식과 현대적인 디지털 요소가 결합한 모습을 그려 정리할 수 있는 것이다. 내용을 상상하고 그에 맞춰 그림을 그린 후 실제 전시 모습과 비교해보는 재미도 느낄 수 있다. '빛이 문화유산에 미치는 영향'을 강조한 그림을 통해 다양한 색채와 형태의 조화를 표현할 수 있고, 관람객이 작품에 참여하는 모습을 그려 그들이 어떻게 작품과 상호작용하는지를 보여줄 수 있다. 관람객이 디지털 화면에 손을 대거나 움직임에 반응하는 장면을 묘사할 수 있는 것이다.

수제천이나 비나리와 같은 전통음악이 현대적으로 재해석되는 과정을 시각화하면, 음악과 미디어아트가 융합되는 모습을 표현할 수 있다. 악기가 디지털화된 형태로 변형되는 장면은 새로운 볼거리가 될 것이다.

이렇게 미디어아트가 활용되는 모습을 상상해보고, 그림이나 기호로 간단하게 표현하며 글을 읽자. 어렵고 생소했던 분야를 이해하는 데 많은 도움이 될 것이다. 누군가에게 보여주기 위해서가 아닌 스스로의 이해를 돕기 위해 그리는 그림이니 잘 그려야 한다는 부담감은 내려놓아도 된다. 글을 시각화하는 연습을 하다 보면 '읽는 행위' 자체에 대한 재미 역시 느낄 수 있을 것이다.

 ## 시그널 탐색력 UP!

1. 미디어아트의 개념을 표현하는 그림을 그려보자.
2. 그림에 글씨를 덧붙여 윗글의 내용을 표현해보자.
3. 글과 그림의 차이점을 살펴보고 장단점을 분석해보자.

현지의 연주를
들을 수 있는
기술이 생겼대.
연주자도 없는데
피아노가 혼자
연주를 하네?

2024년 10월, 세계적인 피아니스트 랑랑이 베이징에서 피아노 건반을 누르자 서울에 있는 피아노에서 동시에 소리가 울려 퍼졌다. 월드 클래스 피아니스트의 실시간 해외 라이브 연주를 자기 집 거실에 있는 피아노로 들을 수 있게 된 것이다. 세계 최고의 수제 피아노 브랜드, 스타인웨이가 선보인 '스피리오 캐스트' 덕분이다. 연주하는 장소의 채널과 시간을 맞추면 현지의 연주를 자신의 피아노에서 라이브로 감상할 수 있다는 것이다. 연주자가 없어도 동일한 연주를 전 세계에서 동시에 감상할 수 있다. 연주자가 피아노를 칠 때의 물리적인 힘을 정밀하게 캡처해 복사하기에 녹음을 뛰어넘는 수준을 연주를 공유할 수 있게 되는 것이다. 랑랑의 손끝에서 시작된 피아노 연주는 마법의 주문처럼 전 세계 음악가들의 마음을 울렸다. 랑랑만의 뛰어난 곡 해석과 연주가 어우러져 매우 감동적인 연주회를 만들었다. 랑랑은 각국의 문화적 배경과 현대적 감각을 융합한 연주가로도 유명하다.

클래식이라고 하면 오랜 전통과 역사를 갖고 있어 매우 보수적이라 생각할 수 있지만 의외로 그렇지 않다. 클래식 명곡은 이미 완성도가 높아 변화나 재해석에 대한 거부감이 높은 것도 사실이지만 클래식 음악은 항상 틀을 깨고 새로운 시도를 하며 발전해왔다. 연주자가 곡을 어떻게 해석하느냐에 따라 표현이 완전히 달라지기 때문이다. 연주뿐 아니라 다른 매체와의 결합을 통해 새로운 방식의 해석을 내놓기도 한다. 특히 현대 아티스트들은 이러한 고전적인 작품을 재해석해 전통과 혁신을 결합한 독창적인 작품을 선보인다.

'그라모폰 매거진'의 평론가는 임윤찬의 쇼팽 해석이 현존 최고 수준 중 하나라고 평했다. 한국인 피아니스트로서 세계 최고 권위의 음반상을 임윤찬이 수상한 것이다. 자유로운 연주 가운데서도 쇼팽의 본래 의도를 존중하려 노력한 임윤찬은 각 곡의 심장을 파악하는 것이 중요하다고 말했다. 다른 평론가들도 임윤찬의 연주를 '폴리니', '아슈케나지' 등의 거장과 비교하며 그만의 쇼팽 해석이 돋보인다고 평가했다.

클래식 음악의 해석 범위는 연주자의 역량뿐 아니라 전통과 현대를 연계하는 해석법에 따라서도 넓어진다. 클래식을 현대의 재즈나 전자음악과 융합해 편곡할 수도 있고, 고전 작품을 재즈 음악과 결합해 새로운 해석을 시도할 수도 있다. 가령 클래식 명곡을 스윙 리듬에 맞춰 연주하거나 재즈 화음과 리듬을 추가해 클래식의 전통적 느낌과 현대적 아름다움을 섞는 등으로 말이다. 전자음악 기술을 사용해 고전 작품을 재해석하면 신비로운 사운드에 전통성을 함께 담아낼 수 있다. 이는 고전 작품의 새로운 가능성을 모색하는 행위라고도 볼 수 있다. 고전 작품의 현악기와 록의 기타 연주가 합쳐진다면 다이내믹하고 감각적인 음악이 나올 수밖에 없다. 아프리카 음악의 리듬, 아시아 음악의 화음 등 다양한 문화의 조화도 빼놓을 수 없다.

감정표현을 통해 새로운 해석을 내놓기도 하는데, 음악가의 개성과 감성이 작품에 묻어나면서 더 깊은 감동을 선사한다. 음악가의 개인적 경험과 이야기를 통해 고전음악이 아름답게 해석되는데, 현대 음악가는 새로운 악기나 소리를 도입해 고전음악을 바꿀 수 있다. 고전 작품을 현대적으로 업그레이드하는 셈이다. 음악의 구조나 리듬에 자유롭게 변주를 주면서 더욱 다채로운 해석을 시도할 수도 있다. 이러한 행위가 모여 음악계에 새로운 흐름을 만든다.

클래식의 새로운 해석은 청중과의 소통을 강화한다. 현대인의 감성에 맞는 해석으로 클래식 음악의 진입장벽을 낮추고, 젊은 세대를 포함한 새로운 청중을 확보한다. 실험적 시도를 통한 음악적 발전은 거듭되어야 할 것이다.

글의 내용을 자신의 언어로 바꾸어 표현해 본 적이 있을 것이다. 이는 단순히 글을 읽는 것에서 한 단계 더 나아가는 작업이라고 볼 수 있으며, 자신의 언어로 재구성하는 과정에서 비판적 사고력이 향상된다. 자신만의 방식으로 내용을 표현하면 언어 구사력과 표현력이 자연스레 좋아지고, 복잡한 내용을 자신의 말로 간단히 설명하면서 의사소통 능력을 높일 수 있다. 타인의 글을 그대로 옮기지 않고 자신의 언어로 재구성한다면 의도치 않은 표절을 방지할 수 있다.

문단의 내용을 자신의 언어로 표현하기 위해서는 먼저 핵심 아이디어와 주요 논점을 파악해야 한다. 중요한 개념이나 키워드를 메모하는데, 이 단어들은 내용을 재구성할 때 요긴하게 쓰인다. 문단의 구조를 파악하고, 아이디어가 어떤 순서로 전개되는지 확인하는 것도 중요하다. 글을 보지 않고 내용을 떠올린 후 이해한 내용을 써 보면 자신의 언어로 표현하는데 도움이 된다. 복잡한 개념은 비유나 예시를 통해 쉽게 설명할 수 있다. 문단의 내용과 관련된 자신의 경험이나 지식을 떠올려보는 것도 좋다. 본문의 내용을 개인의 것으로 만들면 더 구체적이고 풍부한 의미를 담을 수 있게 된다. 질의응답 형식으로 묻고 답해 보는 방식도 추천한다. 질문에 대한 답을 적는 과정에서 자신만의 언어를 발견하게 될지도 모른다. 해당 주제를 모르는 사람에게 설명한다고 상정하면, 복잡한 내용을 조금 더 쉽게 설명할 수 있다. 작성한 내용을 다시 읽어보고, 원문과 비교하는 과정도 필요하다. 경우에 따라 내용을 수정하거나 보완해 나가도 좋다.

윗글은 클래식을 해석하는 다양한 방법을 설명하고 있다. 클래식 연주회

등에서 같은 음악가의 곡을 다르게 연주한 것을 들어 본 경험이 있다면 글을 쓰는 데 많은 도움이 될 것이다. 바뀐 표현이 자신에게 어떻게 다가 왔는지 떠올릴 수 있다면 '새로운 해석'에 대한 이해도를 높일 수 있다. 더 불어 새로운 기술과 융합된 완전히 색다른 연주를 듣는다면 예상치도 못 한 해석도 가능하다.

물론, 그런 경험이 없더라도 걱정할 필요는 없다. 당장 지금이라도 유튜 브에서 다양한 음원과 연주 영상을 접할 수 있기 때문이다. 주제에 대한 실제 경험은 주제를 이해하고 해석하고 설명하는 데 많은 도움이 된다. 경험과 질문, 설명을 통해 나의 언어로 글을 이해해보자. 이해의 폭과 깊 이가 달라질 것이다.

 ## 시그널 탐색력 UP!

1. 클래식 해석의 여러 방법 중 경험한 것이 있다면 적어보자.
2. 해석 방법을 경험과 어떻게 연결할 수 있을지 생각해보자.
3. 나만의 언어로 새롭게 해석하면 어떤 점이 유익한지 정리해보자.

04 개성 있는 아티스트: 키스 해링과 앤디 워홀

  뉴욕 지하철의 빈 광고판에 5년 동안 5,000여 개의 작품을 무단으로 그린 화가가 공공재산 무단 사용 등의 이유로 비판을 받았다. 게다가 에이즈, 동성애, 인종차별 등 사회적으로 금기시되던 민감한 주제를 담고 있었다. 이러한 논란에도 불구하고 현대 미술사에 큰 영향을 준 작가가 있었으니, 다름 아닌 키스 해링이다.

  키스 해링은 20세기 후반 팝아트와 거리 예술 운동을 대표하는 독창적이고 영향력 있는 미국 아티스트다. 그는 단순하면서도 강렬한 선과 형태를 사용했는데, 굵고 검은 선으로 인물과 기호를 단순하게 그렸다. 밝고 대담한 색상을 이용해 생동감 넘치는 색채를 구현하는가 하면 리듬감 있는 구성과 반복적인 패턴으로 역동성 있는 표현을 즐겼다. 그는 갤러리 공간을 지하철 역사뿐 아니라 거리의 벽으로 확장하기도 했다. 예술을 일상생활에 통합시키고 더 넓은 관객과 소통하려 노력했다. 예술이 엘리트의 전유물이 아니라 모든 사람이 접근할 수 있는 문화가 되길 원했고, 티셔츠나 포스터 등을 통해 예술작품을 대중화하는 데 이바지했다. 마돈나와 앤디 워홀 등 다양한 아티스트와도 협업했으며, 병원이나 고아원 등을 위한 공공 예술작품도 제작했다.

  예술을 통해 세상을 변화시키겠다는 그의 강한 신념은 사회적인 문제에 대한 적극적인 발언과 참여로 이어졌다. 남아프리카 인종차별 정책을 비판하고 흑인 인권운동을 지지하는 작품을 제작했으며, 자신의 성 정체성을 공개적으로 드러내며 성적 해방운동의 정신을 반영한 대담한 인체표현 작품을 만들었다. 그뿐만 아니라 핵 확산 반대 캠페인에 참여해 관련 작품을 제작했으며, 환경 파괴에 대한 경각심을 일깨우는 작품활동도 했다. 어린이들과 함께 하는 공공 프로젝트와 워크숍을 진행하고, 어린이 권리 옹호와 창의성 육성을 강조하는 메시지를 발표한 것도 여러 측면에서 유의미하다고 볼 수 있다.

키스 해링과 비슷한 팝아트 작가로 앤디 워홀을 들 수 있다. 앤디 워홀은 20세기 미국의 대표적인 팝아트 작가로서, 대중문화와 소비주의를 예술의 주제로 삼았다. 일상적인 사물을 예술작품으로 승화시켰으며, 실크스크린 기법을 활용해 작품을 대량 생산했다. 마릴린 먼로나 엘비스 프레슬리 같은 유명인의 초상화를 그리거나 소비재인 수프 캔을 작품으로 만들었다. 전기의자나 자동차 사고 등의 사회적 이슈를 다루기도 했다. 티셔츠나 포스터 등 작품을 다양한 상품으로 재창조했으며, 영화를 만들거나 잡지를 발행하기도 했다. 음악 프로듀싱도 했는데, '팩토리'라는 스튜디오를 운영하며 다양한 예술가들과 교류하며 작품 세계를 넓혔다. 예술과 대중문화의 경계를 허물고, 예술작품의 상품화라는 개념을 도입한 장본인이기도 하다. 갤러리를 넘어 대중과 직접 소통하는 예술을 추구했으며, 예술의 개념과 범위를 확장하는 데 결정적인 역할을 했다.

키스 해링과 앤디 워홀은 대중문화의 요소를 작품에 적극적으로 활용했다. 예술의 상업화에 개방적 입장을 취하며 작품을 통해 사회문제에 대한 견해를 표현했다. 앤디 워홀은 대중문화 아이콘을 예술로 승화시켜 고급예술과 대중문화의 경계를 허물었고, 워홀은 돈을 버는 것이 최고의 예술이라는 철학을 가지고 예술의 상업화를 적극적으로 추진했다. 키스 해링은 거리예술을 통해 예술을 갤러리 밖으로 확장하고 대중과의 긴밀한 소통을 도모하고, '팝숍'을 통해 예술상품을 저렴하게 판매하며 접근성을 높였다.

20세기를 대표하는 화가, 바실리 칸딘스키는 '모든 예술가는 자신만의 고유성을 표현해야 한다'고 말한 바 있다. 이는 작가가 개개인의 독특한 개성을 드러내야 함을 의미한다. 자신의 개성적 표현을 통해 자신이 살아가는 시대의 정신을 작품에 반영하기도 한다. 시공간을 초월하는 예술 고유의 아름다움을 추구하는 데도 개성적 표현이 중요하다. 예술작품은 자신과의 대화를 확장해 사회와 세계와의 대화를 시도하는 과정이다. 개성적 표현은 이러한 자아 탐구의 결과물이라 할 수 있다. 그런 차원에서 앤디 워홀과 키스 해링은 시대정신과 사회비판을 통해 자신들의 개성을 드러낸 예술가로서 후세에 큰 족적을 남겼다고 볼 수 있다.

어떻게 읽고, 어떻게 쓰고, 어떻게 생각할까?

글에서 중요한 내용과 그렇지 않은 내용을 구분하는 작업은 매우 중요하다. 글의 핵심을 파악해야 빠르고 효과적으로 내용을 이해할 수 있기 때문이다. 먼저, 중요한 내용을 추려내면서 글의 전체적인 구조와 논리를 파악한다. 주요 개념들의 관계를 이해하면 글의 전체적인 맥락을 짚어낼 수 있다. 이후 핵심내용을 중심으로 내용을 정리한다. 나중에 내용을 떠올릴 때 중요한 포인트를 쉽게 기억해낼 수 있다. 중요도에 따라 내용을 정리하면 불필요한 시간을 줄일 수 있다.

중요한 내용을 정리하는 방법은 글의 주제를 명확히 이해하고, 그 주제와 관련된 핵심내용을 고르는 것이다. 그래서 글의 주제문을 찾아내는 과정이 중요하다. 각 문단의 중심내용을 담은 문장을 선택한 후 요약하면 글의 구조를 이해할 수 있다. 세부항목은 상위개념으로 묶어 요약하고 서론, 본론, 결론의 흐름에 따라 주요 내용을 정리한 후 각 부분의 핵심내용을 찾아낸다. 글을 읽는 목적에 따라 어떤 내용을 강조할지 결정해야 한다. 정보 제공이 목적인 글에서는 '사실'이 중요하고, 감정적 반응이 목적이라면 '감정적'인 요소를 강조하여 읽는다.

윗글에서 중요한 내용은 키스 해링과 앤디 워홀의 '예술적 표현'이다. 두 아티스트의 예술 활동과 특징 등이 구체적으로 서술되어 있다. 둘의 공통점과 차이점, 예술에 개성적 표현이 왜 중요한지 알 수 있다. 우리는 윗글을 통해 두 예술가가 어떻게 자신의 개성과 목소리를 결합해 사회에 메시지를 전달하고 있는지 알 수 있다. 더불어 두 작가의 작품 세계의 특성과 그들이 실현하고자 인간 사회의 모습을 짐작해 볼 수 있다. 이러한 작가의 개성이 예술작품과 예술계에 얼마나 큰 영향을 주는지 알게 된다.

예술가의 개성과 사회적 메시지가 작품에서 드러날 때, 사회에 미치는 영향력에 대해 생각해보자. 작가의 개성과 메시지를 살피는 아주 좋은 기회가 될 것이다. 이처럼 글의 중요한 내용을 선택한 후 내용을 파악하면 핵심주제를 이해하는 것이 수월해진다.

 ## 시그널 탐색력 UP!

1. 키스 해링과 앤디 워홀의 공통점과 차이점을 찾아보자.
2. 두 예술가가 실현하고자 했던 세상의 모습은 어떠한가?
3. 작가 개개인의 개성이 예술작품에 미치는 영향을 살펴보자.

예술교육이 창의성을 키운다

현대사회는 빠르게 변화하고 있다. 인공지능이 발전하면서 인간의 삶은 이전과 다른 세계로 접어든 형국이다. 인공지능은 인간보다 빠르고 정확한 작업을 수행하며, 방대한 데이터를 통해 새로운 아이디어를 내놓는다. 그렇다면, 인간만이 할 수 있는 일은 무엇일까? 아무래도 '창의성'을 빼놓을 수 없을 것이다. 고정된 규칙과 절차만으로는 해결하기 어려운 일들은 창의성으로 극복해야 하기 때문이다. 인간은 감성과 직관, 상상력을 통해 새로운 '방식'을 만들어 낼 수 있기에 창의성은 인간의 고유한 능력으로 취급되어 왔다.

인간의 창의성은 새로운 문제 해결 방안을 찾고 혁신적인 아이디어를 도출하는 데 필수적이다. 인공지능은 기존의 데이터를 기반으로 학습하고 예측하지만, 인간은 여러 가지 감각 기능을 통해 새로운 가능성을 찾아낼 수 있다. 완전히 새로운 개념을 상상하거나 혁신적인 아이디어를 독자적으로 창출하는 것은 여전히 인간 고유의 영역인 것이다. 개인의 경험과 감정, 문화적 배경이 어우러져 새로운 생각이 탄생하며 고정관념을 벗어난 새로운 개념을 만들어낼 수도 있다. 서로 관련이 없어 보이는 다양한 분야의 지식과 경험을 연결하여 새로운 통찰을 얻는 것도 가능하다. 인공지능이 주어진 데이터 내에서만 패턴을 찾는 것과는 차원이 다른 능력이라고 볼 수 있다.

창의성을 키우기 위해서는 새로운 분야나 문화에 대한 경험이 필요하다. 여행이나 독서, 다양한 활동을 통해 얻은 새로운 지식은 창의성의 기반이 된다. 문제를 해결하는 과정에서 다양한 접근 방식을 시도해보는 것도 좋다. 그 과정에서 얻은 교훈을 활용하여 창의성을 높일 수 있다. 집단으로 아이디어를 자유롭게 제시하고, 이를 바탕으로 더 발전된 아이디어를 도출하는 것도 가능하다. 감정 표현은 감성적 지능과 창의성을 동시에 키울 수 있게 해준다. 실패를 두려워하기보다는 오히려 학습의 기회로 삼는 것이 바람직하다. 실패 속에서 새로운 통찰과 아이디어를 발견할 수도 있기 때문이다.

예술 활동은 자신의 생각과 감정을 표현하는 활동이다. 미술이나 음악, 연극 등 다양한 예술 분야에 참여하면 자신만의 관점과 세계관을 만드는 데 도움이 된다. 예술교육은 상상력을 자극하고 문제 해결 능력을 키워주는데, 미술 재료나 음악 주제 등에 대한 고민이 문제 해결 능력 향상의 밑거름이 된다. 예술 활동은 타인의 경험을 공감하는 기회를 제공하며, 우리는 이를 통해서 대인관계 능력과 비판적 사고력을 기를 수 있다. 특히 예술 활동은 팀워크와 협력이 요구되는 경우가 많다. 협력을 통해 타인의 생각을 배우며, 다른 생각들과 자신의 생각을 연대해보는 경험을 쌓게 된다. 또한 완성된 작품은 자부심과 성취감을 만드는데, 이는 자신에 대한 긍정적 인식과 자존감을 높이는 역할을 한다.

그렇다면, 구체적으로 어떤 활동을 통해 창의성을 키울 수 있을까? 미술은 재료가 많이 쓰이는 분야이기에 점토나 재활용품을 활용한 조각품 만들기는 상상력을 자극하기에 안성맞춤이다. 다양한 이미지와 재료를 결합해 콜라주 작품을 만들어봐도 좋다. 음악은 간단한 작곡, 연극은 캐릭터를 연기하는 과정에서 창의적 표현이 만들어진다. 주어진 주제에 따라 즉석에서 이야기를 만들어도 좋다. 자신만의 이야기로 대본을 작성하거나, 음악에 맞춰 즉흥적으로 춤을 춰봐도 새로운 감각을 자극할 수 있다. 짧은 에세이나 시를 쓰는 것은 표현 능력 향상에 큰 도움이 될 것이다. 다양한 장르의 문학작품을 읽고 토론하거나 특정 주제를 가지고 여러 분야와의 융합을 꾀하는 것도 좋은 방법이 될 수 있다.

이처럼 예술은 인간의 창의성을 키우는 핵심요소이다. 창의적인 생각은 대개 예술 활동의 '자유로움'에서 나오기에, 사고의 폭을 넓히며 다양한 예술 활동에 참여해보자.

# 어떻게 읽고, 어떻게 쓰고, 어떻게 생각할까?

윗글에서는 반복되는 요소가 많이 보인다. 인공지능의 발전으로 인한 삶의 변화와 인공지능이 대체할 수 없는 인간 고유의 능력 등이 특히 두드러진다. 인공지능의 학습법과 한계 역시 거듭 강조되고 있다. 반복되는 문장이 '강조'의 영역을 벗어나 필요 이상으로 많아지게 되면 오히려 가독성을 떨어뜨린다. 메시지가 명료해지지 않는다는 것이다. 심한 경우에는 짧은 글에서도 지루함을 느낄 수 있다. 같은 메시지가 반복되면 새로운 관점이나 아이디어, 정보 등을 놓칠 개연성이 상당히 크다.

문장의 반복은 글의 전문성과 설득력을 동시에 떨어뜨린다. 분야를 막론하고 글은 '읽는 재미'가 있어야 하는데, 잦은 반복은 독서의 흥미를 반감시킨다. 그래서 글을 읽을 때 반복되는 내용이나 불필요한 수식이 발견된다면 이를 제외하고 핵심을 골라낼 줄 알아야 한다. 먼저, 글을 읽으며 반복되는 표현이나 자주 등장하는 구문이 있는지 확인한다. 굳이 쓰지 않아도 되는 '매우', '정말로', '굉장히' 같은 부사가 눈에 많이 띈다면 그러한 부분은 제외하고 읽어도 좋다. 불필요하게 '강조'된 부분은 과감하게 삭제하는 편이 나은데, 의미의 명확성을 더하거나 특별히 강조해야 하는 부분이 아니라면 실제로는 올바른 독서에 별 도움이 되지 않는다.

반복되는 내용이 많은데도 구분이 어렵다면, 글을 소리 내어 읽어보는 것도 좋은 방법이다. 글을 음독하면 반복되는 표현이나 어색한 부분이 훨씬 더 잘 드러나기 때문이다. 반복되거나 불필요한 표현들은 지워가며 필사를 해봐도 좋다. '내가 썼다면 이렇게 썼을 텐데' 하면서 말이다. 그렇게 지운 표현들을 모아 한 줄로 요약하는 것도 좋은 학습이 된다. 글쓴이의 의도가 무엇인지, 왜 같은 내용을 반복하고 있는지, 필요 이상으로 강조하고 있는 것은 아닌지 등을 살피는 것은 비판적 사고력뿐만 아니라 필력도 함께 길러준다.

반복되는 메시지나 표현을 찾아 강조의 이유를 분석해보자. 더불어 필요한 부분, 빠져도 되는 부분 등을 체크해 음독, 필사 등을 병행해보자.

 ## 시그널 탐색력 UP!

1. 윗글에서 강조하고 있는 것은 무엇인가?
2. 강조하고 있는 내용을 한 줄로 요약해보자.
3. 윗글에서 필요한 부분만 골라내 새로운 글짓기를 해보자.

06 한강이 선택한 에곤 실레

2024년 11월, 국립중앙박물관은 오스트리아 미술관과 협력하여 〈비엔나 1900, 꿈꾸는 예술가들-구스타프 클림트부터 에곤 실레까지〉를 선보였다. 19세기 말 비엔나에서 변화를 꿈꾼 예술가들의 작품과 모더니즘의 전환과정을 관객들에게 제공한 것이다. 이 전시회에서는 에곤 실레의 〈초롱꽃이 있는 자화상〉을 직접 만날 수 있다. 에곤 실레는 노벨문학상을 수상한 한강 작가의 《채식주의자》 표지를 15년간 장식해 주목을 받은 바 있는데, 해당 작품인 〈네 그루의 나무〉는 대형 풍경화로 현재 오스트리아 빈 벨베데레 궁전에 소장되어 있다. 여담으로 한강 작가가 직접 표지 이미지를 골랐으며, 2022년 개정판에서는 이옥토 작가의 사진으로 표지가 바뀌었다. 하지만 여전히 많은 문학 애호가들이 《채식주의자》 하면 에곤 실레의 작품을 먼저 떠올린다.

에곤 실레는 지인에게 쓴 편지를 통해 자연을 그대로 베끼는 데생은 아무 의미가 없다고 말했다. '마음 깊숙한 곳에 자리한 영혼의 울림을 듣고 그림을 그리고 싶다'는 그의 마음이 작품에서 온전히 느껴진다. 한강 작가가 에곤 실레의 작품을 호명한 이유도 여기에 있다. 작품에 담긴 정서적인 고통과 시적 서정성이 자신의 작품과 잘 어울릴 거라 생각했을 것이다. 작품 속 주인공 영혜는 채식을 하며 점차 나무처럼 육체와 영혼이 말라가는데, 나무가 되려고 하는 인간의 근원적 고독이 에곤 실레의 작품과 연결되는 듯하다.

오스트리아에서 태어난 에곤 실레는 어린 시절 기차에 매료되어, 하루에도 몇 시간씩 기차 그림을 그렸다고 한다. 그는 부끄러움이 많고 내성적이었다. 어떤 것에도 흥미를 느끼지 못한 그는 오직 그림에만 관심이 있었고, 본격적으로 그림을 배우기 시작한다. 그러던 중 클림트를 만나게 되고, 클림트는 이후 그에게 많은 영향을 미쳤다(실제로 에곤 실레의 초기작은 클림트의 그림과 매우 유사하다). 그림을 본격적으로 그리게 되면서 에곤 실레는 자신만의 화풍을 만들게 되었다. 복잡하고 난해한 '죽음'이나 '부활' 같은 주제를 다루기 시작한 것이다. 유년기를 불우하게 보낸 탓인지 그의 작품은 뒤틀리고 기이하면서도 강렬한 인상을 준다. 구불구불한 선과 그로테스크한 인체 표현, 노골적인 포즈 등을 통해 누구도 흉내 낼 수 없는 개성을 표출한다.

에곤 실레는 성과 죽음, 인간 존재의 복잡성을 탐구하며 인간의 본능과 필멸성을 날것 그대로 표현하기도 한다. 그는 수많은 자화상을 통해 자기애와 내면세계를 탐닉해 나갔는데, 이 자화상들은 작가의 심리적 상태와 자아에 대한 깊은 통찰을 제공한다. 강렬한 색채의 사용은 작품의 감정적 깊이를 더한다. 에곤 실레의 작품은 한강의 작품과 비슷한 면을 가지고 있다. 두 예술가 모두 인간 존재의 깊이 있는 측면을 탐구한다. 실레는 그림을 통해 인간 내면세계와 감정을 표현하고, 한강은 소설을 통해 사상과 이념의 복잡성을 파헤친다. 특히 실레와 한강은 죽음과 삶의 의미를 깊이 있게 탐구하는데 실레는 인간의 형태와 감정을 왜곡하고, 한강은 인간의 내면과 사회적 문제를 직접적으로 묘사한다. 두 예술가 모두 작품을 통해 인간의 내면과 본성에 대한 질문을 던졌다는 점에서 닮았다. 사회적 규범과 가치에 도전하여 사회적 금기를 다루고, 시대를 아우르며 큰 영향력을 가져왔고 볼 수 있다.

이렇듯 예술의 사회적 역할은 다양하며, 시대를 초월하는 예술가의 정신을 통해 우리는 현실을 새로운 시각으로 바라보고 해석할 수 있다. 또한 사회적 규범, 인간 내면의 질문을 스스로 던져보며 그동안 깨닫지 못했던 사상과 이념에 대한 통찰을 꾀할 수 있다.

불필요한 정보는 주제에 대해 이해를 어렵게 만든다. 그런즉 중요하지 않은 내용을 제거하면 주제는 뚜렷해지며, 핵심 내용을 손쉽게 추려낼 수 있다. 예컨대 글의 중심 내용을 뒷받침하지 않는 세부 내용이나 지나치게 반복되는 내용을 삭제하고, 글을 전체적으로 한 번 훑고 중심 내용을 파악한 후 이를 요약하여 불필요한 세부 사항을 걸러낸다.

필요에 따라 문장을 재구성해 간결한 문장으로 만들 수도 있다. 복잡한 문장을 단문으로 쪼개거나 부사를 줄여 글의 명확성을 높여봐도 좋다. 윗글에는 한강이 에곤 실레의 작품을 호명한 이유와 과정이 장황하게 설명되어 있다. "〈네 그루의 나무〉에 담긴 정서적인 고통과 시적인 서정성이 자신의 작품과 잘 어울릴 거라 생각했을 것이다" 같은 문장은 너무 길기도 하고 추상적이라 한 번에 이해하기 어렵다. 그렇다면 이 문장을 "한강은 실레의 그림이 자신의 작품 정서와 잘 맞는다고 생각했을 것이다"라고 고쳐보면 어떨까? 글의 중심 내용을 전달하면서도 복잡하지 않아 이해가 훨씬 쉽다.

이렇듯 중요하지 않은 내용을 쉽고 간결하게 바꿔보면서 이해하면 글을 읽는 데 많은 도움이 된다. 에곤 실레가 자신의 예술철학을 표현하는 문장도 비교적 어렵다. "마음 깊숙한 곳에 자리한 영혼의 울림을 듣고 그림을 그리고 싶다"는 문장은 언뜻 이해하기 어렵고, 관념적인 표현이라 명료하지가 않다. 이를 "내면의 감정을 그림으로 표현하고 싶다"라고 표현해도 내용에 전혀 문제가 없다. 이런 식으로 어려운 문장을 쉽게 바꿔가면 가장 이상적인 '읽기'를 할 수 있다. 물론, 문장을 쉽게 바꾸는 과정에서 의미의 왜곡이 있어서는 안 될 것이다.

윗글에서는 에곤 실레의 어린 시절에 대한 묘사도 나타나는데, 이는 굳이 필요하지 않다. 기차에 관심이 많아 하루에 몇 시간이고 기차 그림만 그렸다는 내용이나 부끄러움이 많고 내성적이었다는 내용은 그의 작품 세계를 이해하는 데 꼭 필요한 내용은 아니라고 보여진다. 그림 외에는 관심 있는 분야가 없었다는 내용 역시 작가의 습관 형성을 설명하는 데 꼭 필요한 부분은 아니다. 이처럼 전체적인 맥락상 크게 필요하지 않은 문장이 있다면 적정선에서 덜어내는 것이 좋다.

 ## 시그널 탐색력 UP!

1. 윗글에서 필요하지 않은 문장을 모아 정리해보자.
2. 이해하기 어려운 문장을 찾아 쉽고 간결하게 고쳐보자.
3. 핵심 문장을 골라 하나의 문단에 모든 메시지를 요약해 담아보자.

방탄소년단, 전 세계를 사로잡다

케이팝의 인기가 만만치 않다. 2023년 미국 음악 시장 분석업체의 주간 보고서에 따르면 상위 케이팝 가수들의 누적 주문형 오디오 스트리밍은 42.4%에 달한다. 일본이 케이팝을 가장 많이 듣고 있으며 미국과 인도네시아, 한국, 인도, 필리핀 순으로 나타났다. 베트남과 홍콩의 케이팝 스트리밍 횟수는 2022년 대비 각각 59%, 60%로 폭발적인 증가 추세를 보였다. 방탄소년단, 트와이스, 블랙핑크, 스트레이 키즈, 뉴진스 같은 이른바 톱5 케이팝 그룹의 영향력도 돋보인다. 뉴진스는 아시아에서 가장 큰 인기를 누렸고, 트와이스와 블랙핑크도 그에 못지않았다. 방탄소년단은 아메리카와 북미 비중이 높았으며, 스트레이 키즈 역시 라틴아메리카와 북미 스트리밍 비중이 높았다.

케이팝은 디지털화의 영향을 받아 접근성이 매우 높아졌고, 대형 기획사들은 유튜브 등의 글로벌 플랫폼을 통해 케이팝을 국제적으로 확산시켰다. 과거 CD나 라디오가 음악을 즐길 수 있는 주된 소비 매체였다면, 지금은 스마트폰 등의 디지털 기기로 언제 어디서나 음악을 즐길 수 있게 되었다. 케이팝은 단순한 음악 소비를 넘어선 지 오래다. 한국어와 한국 문화를 전 세계에 알리는 데 크게 기여하며, 수많은 외국인이 케이팝 때문에 한국어를 배우고 싶어한다. 2006년과 2016년 사이에 미국에서 한국어 수강 학생 수가 두 배 증가한 것만 봐도 그 인기가 어느 정도인지 실감할 수 있을 것이다.

케이팝은 팝과 힙합, R&B, EDM 등 다양한 음악 장르를 융합하여 독창적인 사운드를 만들어 낸다. 장르가 혼합되면서 중독성 있는 멜로디와 반복적인 후렴구가 상당한 매력을 갖는다. 외국 아티스트와의 협업 또한 눈여겨볼 만하다. 화려한 무대 퍼포먼스와 정교한 안무도 케이팝의 특징이라고 볼 수 있는데, 아이돌 그룹은 오랜 시간 춤을 연습하여 이른바 '칼 군무'를 팬들에게 선보인다. 완벽하게 일치하는 춤 동작은 뮤직비디오와 라이브 공연에서 특히 돋보이며, 시각적으로 완전히 새로운 경험을 선사한다. 엄격한 트레이닝 과정을 거쳐 데뷔하는 만큼 모든 아티스트들은 노래와 춤, 자기관리 등 다양한 분야에서 상당한 전문성을 갖춘다. 이러한 시스템은 케이팝의 독특한 문화와 팬덤을 형성하는 데 중요한 역할을 한다.

이들은 팬들과의 소통을 중요시하는데, 보통은 소셜미디어를 통해 다양한 정보를 공유한다. 이로써 팬들은 단순한 '소비자'를 넘어 아티스트의 성공에 큰 영향을 주는 '공동체'로 발전한다. 케이팝 곡들은 사랑, 자기수용, 사회적 문제 등 깊이 있는 주제를 다룬다. 이러한 메시지는 언어가 지닌 장벽을 무너뜨리고, 다양한 나라의 청중들과 교감하게 한다.

케이팝을 전 세계에 알린 결정적인 계기는 바로 방탄소년단의 활동이었다. '빅히트 뮤직'이라는 작은 기획사에서 시작한 그들은 케이팝 특유의 비주얼, 총체적 패키지로서의 음악, 뛰어난 무대 퍼포먼스 등을 위시하며 세계 시장에 진출했다. 자신들만의 진솔한 메시지를 음악에 담아 동 세대의 세계인들과 공감대를 형성하기 시작한 것이다. 특정 해외 시장을 겨냥하지 않고 보편적인 메시지와 좋은 콘텐츠로 문화적, 언어적 장벽을 넘어섰다. 뉴미디어의 영향력이 커진 시기인 만큼, 케이팝의 특성을 유지하면서도 힙합 등 서구에 익숙한 장르를 접목해 영어권 청중들의 접근성을 높였다. 특히 멤버 모두가 지속적으로 성장하고 발전하는 모습을 보여주며, '호기심'을 '관심'으로 바꾸는 데 성공한다.

방탄소년단의 인기에는 '아미'라는 팬덤이 중요한 역할을 했다. 방탄소년단의 팬클럽 아미는 아티스트의 음악과 메시지를 적극적으로 지지하고 홍보한다. 그들은 소셜미디어를 통해 방탄소년단의 콘텐츠를 널리 퍼뜨리고,

스트리밍과 음원 구매를 통해 차트 성적에 직접적으로 영향을 끼친다. 그렇게 강력한 글로벌 네트워크를 형성하며, 이는 방탄소년단이 범세계적 성공하는 데 큰 기여를 했다. 아미는 방탄소년단의 성장 서사와 메시지를 자신들의 삶에 적용하고, 이를 사회 변화에 대한 열망으로 확장시킨다. 방탄소년단이 단순한 아이돌 그룹이 아닌 '사회 문화적 현상'이 된 것도 다 아미의 노력 때문이 아닐까?

어떻게 읽고, 어떻게 쓰고, 어떻게 생각할까?

글에도 체계가 있어야 한다. 체계를 만들기 위해서는 개념의 사용이 필수적인데, 이때 사용하는 것이 상위개념과 하위개념이다. 상위개념은 다른 개념보다 더 큰 범주를 가진 개념으로 여러 종류의 개념을 포함하며, 또한 그 속성이 둘 이상의 하위개념으로 나뉜다. 하위개념은 상위개념보다 좁은 외연을 가졌으며, 더 구체적이고 세부적인 개념으로 볼 수 있다. 예컨대 '언어'는 상위개념이고 한국어, 영어, 일본어 등이 하위개념이다.

글을 읽을 때 상위개념과 하위개념을 구분해서 읽으면 정보를 체계적으로 분류하고 구조화할 수 있다. 복잡한 정보 역시 상위개념으로 분류하고, 하위개념으로 분석할 수 있다. 개념 간의 관계와 질서를 바로잡으면 복잡한 개념구조를 이해하는 데 많은 도움이 된다. 글의 논지를 파악할 때는 핵심어와 중요 개념어를 잘 살펴보아야 한다. 더불어 상위개념을 둘 이상의 하위개념으로 나누거나, 둘 이상의 하위개념을 하나의 상위개념으로 묶어봐도 좋다.

윗글에서는 '케이팝의 세계적인 인기'가 상위개념이고 '스트리밍 통계 증가', '국가별 인기도' 등을 하위개념으로 잡을 수 있다. 케이팝의 특징이 상위개념이라면 음악적 다양성, 시각적 퍼포먼스, 아이돌 시스템, 팬덤 문화를 하위개념으로 둘 수 있다. 반대로 생각해보면 '디지털화', '플랫폼 활용', '문화 전파', '깊이 있는 주제'의 하위개념을 '케이팝의 성공 요인'이라는 상위개념으로 묶는 것도 가능하다. 나아가 '케이팝의 핵심 요소 활용', '진솔한 메시지 전달',' 글로벌 소통전략과 뉴미디어 활용' 등의 하위개념을 '방탄소년단의 성공 사례'라는 하나의 상위개념으로 정리할 수도 있다. 이렇듯 상위개념과 하위개념을 나눈 다음, 상위개념을 연결하면 글의 핵심내용을 쉽게 찾을 수 있다. 예컨대 케이팝이 세계적으로 인기를 끌고 있는데 거기에는 다양한 성공 요인이 있고, 그 핵심에 방탄소년단의 성공 사례가 포함된다고 볼 수 있다. 반대로 이 내용을 묶어 '케이팝의 세계 진출'이라는 하나의 상위개념으로 정리할 수 있다. 이렇듯 자유자재로 상위개념과 하위개념을 묶어 분석하면 글을 훨씬 쉽게 이해할 수 있다.

 ## 시그널 탐색력 UP!

1. 각 문단의 하위개념을 구분해보자.
2. 구분한 하위개념을 하나의 상위개념으로 묶어보자.
3. 글의 체계를 분석하고, 개념을 나누었을 때의 이점들을 생각해보자.

우리나라 문화를
세계에 알릴 수 있는
기회야!
아파트 게임을
노래로 만들었대.

세계적인 팝스타 브루노 마스와 블랙핑크 로제의 협업 곡 〈아파트〉가 깜짝 돌풍을 일으켰다. 로제가 브루노 마스 소속 레이블과 전속 계약을 맺으며 친분을 드러냈을 때부터 짐작했던 일이긴 하지만 그 파급효과가 만만치 않다. 로제는 자신의 인스타그램에 "브루노 마스에게 한국의 술 게임을 가르쳐 준 밤"이라는 글과 함께 몇 장의 사진을 게시했고, 브루노 마스 역시 아주 재미있었다며 답글을 달기도 했다. 이 글이 시작이었을까? 둘은 아파트 게임에서 아이디어를 얻어 곡 작업을 함께 했다. 브루노 마스의 팬이었던 로제가 먼저 협업을 제안하며 그에게 세 곡을 전달했고, 그가 선택한 곡이 바로 〈아파트〉였던 것이다.

브루노 마스의 판단력은 정확했다. 〈아파트〉는 음악 프로그램 출연 등의 특별한 홍보 없이 출시되자마자 국내 음원 차트 1위를 차지했다. 술 게임을 재치 있게 응용한 데다가 멜로디까지 중독성이 있어 사람들의 뜨거운 반응을 끌어내기에 충분했다. 이제껏 로제가 작업했던 곡들이 우아하고 고혹적인 느낌이었다면, 아파트는 그보다 조금 더 대중적인 스타일이라고 볼 수 있다. 발매 직후 글로벌 200차트에서 2주 연속 1위를 기록한 데는 다 그만한 이유가 있었던 것이다.

브루노 마스는 그래미 어워드 16회 수상에 빛나는 세계적인 가수다. 빌보드 1위를 기록한 곡만 해도 10곡 가까이 되며, 전 세계적으로 1억 3,000만 장의 음반을 판매한 기록도 갖고 있다. 가수, 작곡가, 프로듀서로서 다방면에 뛰어난 재능을 보여주며 팝과 힙합, R&B 등 장르를 아우르는 음악을 선보인다. 그의 콘서트는 역사상 가장 높은 수익을 올렸으며, 미국에서 6개의 다이아몬드 인증 곡을 받은 최초의 아티스트로서 명성을 떨치고 있다. 타임지 선정 가장 영향력 있는 100인과 포브스 선정 파워 셀러브리티 100인 등 다양한 리스트에 이름을 올리기도 했다.

　세계적인 팝스타와 케이팝 아이돌의 협업은 그 자체로도 화제인데, 여러 측면에서 더 큰 의미들을 찾아볼 수 있다. 우선 두 아티스트의 팬덤이 결합되며 전 세계적인 관심을 끈 것은 물론, 한국의 음주 문화를 전 세계에 알렸다는 의미 또한 남다르다. 로제는 "한국 문화를 세상에 소개할 수 있어 기쁘다"는 소감을 전했는데, 이는 또 다른 가능성을 시사한다. 케이팝의 영향력이 그만큼 커졌다는 것을 방증하기 때문이다. 케이팝과 팝의 결합은 음악적으로도 새로운 발전 가능성을 보여준다. 물론, 이 같은 글로벌한 협업이 처음은 아니다. 강남스타일로 한때 전 세계를 장악했던 가수 '싸이'도 2014년, 힙합계의 대부 '스눕독'과의 협업을 보여주며 큰 사랑을 받았다.

　블랙핑크와 두아 리파, 방탄소년단과 콜드플레이의 협업도 가공할 만했다. 영어와 한글이 혼합된 형태의 곡은 대중들에게 새로운 감상을 제공하며, 상업적으로도 큰 성공을 거두었다. 이러한 협업은 케이팝 아티스트들이 글로벌 음악 시장에서 입지를 다지는 데 중요한 역할을 한다. 서로 다른 문화와 스타일의 결합으로 탄생한 음악은 음악 이상의 의미를 지니며, 문화적 교류와 화합에 꾸준히 기여할 것이다.

문단과 문단은 유기적으로 연결되어야 하며, 논리적 배열을 통해 강조하고자 하는 바를 드러내야 한다. 글의 중심내용을 재구성하면 복잡한 내용을 간결하게 정리할 수 있고, 핵심 메시지를 정리하면서 내용을 정확히 파악할 수 있다. 중요한 포인트를 빠르게 짚어낼 수 있다면 정보를 취합하는 수고를 그만큼 덜게 된다.

윗글의 중심내용은 '로제와 브루노 마스의 협업이 가져온 의미'일 것이다. 협업의 배경과 곡의 특징, 성과에 대해 알려주고 있으며 브루노 마스가 어떤 아티스트인지 설명한다. 우리는 이 글을 통해 〈아파트〉라는 곡이 단순한 음악적 성과를 넘어 문화적 의미와 가치를 지니게 되었음을 알 수 있고, 더불어 유사한 협업 사례와 그에 따른 성과도 함께 확인할 수 있다. 그렇다면, 윗글의 중심내용을 어떻게 재구성할 수 있을까? 내용의 재구성은 핵심내용의 파악에서부터 시작한다. 먼저 글의 주제를 이해하고 중요한 정보나 주장을 식별해 중심내용을 명확히 하고, 핵심내용을 토대로 세부 사항이나 부가적인 정보를 정리해 중심내용이 더 잘 드러나도록 한다. 앞에서 다룬 것처럼 중복되거나 중요하지 않은 내용을 삭제하고, 내용을 논리적이고 일관된 구조로 배열한다. 이때는 기존의 내용을 단순히 반복하는 것이 아니라 자신의 언어와 스타일로 재구성해 독창성을 부여하는 것이 좋다.

윗글의 핵심내용은 '브루노 마스와 로제의 협업 곡 〈아파트〉가 큰 인기를 끌고 있으며, 두 아티스트의 협업은 케이팝과 팝 음악의 경계를 허물며 문화적 의미를 확장한다'로 정리할 수 있다. 그리고 세부내용은 '협업의 배경과 곡의 성과, 브루노 마스의 경력, 협업의 궁극적 의미와 가치'로 나눠볼 수 있을 것이다. 여기서 '브루노 마스의 구체적인 수상 내역, 판매량에 대한 세부정보' 등은 불필요한 정보에 해당한다.

서론과 본론, 결론으로 구분해 봐도 의미 파악에 도움이 된다. 서론은 '브루노 마스와 로제의 협업 곡 소개 및 배경', 본론은 '아이디어의 출처, 곡의 성과 및 대중들의 반응, 결론은 '케이팝과 팝 음악의 경계가 허물어지며 나타난 새로운 가능성' 정도로 정리할 수 있다. 이처럼 글을 여러 방식으로 재구성하면, 핵심내용을 명확하게 짚어낼 수 있다.

 ## 시그널 탐색력 UP!

1. 윗글의 내용을 간결하게 요약해보자.

2. 윗글의 중심내용을 나의 언어로 재구성해보자.

3. 케이팝와 팝의 협업이 만들어갈 미래는 어떤 모습일지 생각해보자.

09 뭉크의 절규와 10대의 마음

“친구와 산책 하던 중 해가 지고 노을이 붉게 물드는 모습을 보며 우울감과 공포를 느꼈다. 어머니와 누나를 결핵으로 잃었던 어린 시절의 기억이 되살아나는 듯했다.” 이 트라우마는 작품으로 탄생한다. 붉고 노란 하늘은 불안감을 나타내고, 중앙에 위치한 인물은 두려움에 찬 표정으로 입을 벌리고 있다. 인간의 고통을 상징하는 듯한 인물과 배경은 곡선의 형태로 격렬함을 더한다. 뭉크가 그린 〈절규〉에 관한 이야기다.

뭉크는 이렇게 말했다. “두 친구와 길을 걸었다. 태양이 지고 있었으며 나는 멜랑콜리한 기운에 휩싸였다. 하늘은 피처럼 붉고, 나는 멈춰 서서 난간에 기댔다. 죽은 자처럼 피곤했다. 나는 블루블랙의 피오르와 도시를 넘어 피처럼 불타는 구름을 보았다. 친구들은 계속 걷고 있었고, 나는 전율을 느끼며 서 있었다. 그때, 자연을 꿰뚫는 듯한 큰 목소리의 절규를 느꼈다.” 그는 이런 느낌을 담아 네 가지 버전의 절규를 그렸다. 그의 첫 번째 작품 왼쪽 상단에는 연필로 ‘미친 사람만 그릴 수 있다’고 쓰여 있다. 이 문장을 누가 썼는지는 밝혀지지 않았다. 뭉크에게 악감정을 가진 사람이 작품을 훼손하기 위해 낙서했을 거라는 추측도 있지만, 절규를 소장한 노르웨이 국립미술관은 이 문장이 뭉크가 직접 쓴 것이라고 밝혔다. 뭉크의 필체와 거의 완벽하게 일치한다는 것이다. 더불어 이 문장을 1895년, 한 의대생이 오슬로대학교의 토론회에서 뭉크를 두고 ‘비정상적이고 미친 남자’라고 말한 시기에 작성된 것으로 보았다.

뭉크는 성장기에 겪은 트라우마와 슬픔이 자신을 공격하는 이유가 될까봐 두려워했다. 우리는 이 문장을 통해 뭉크가 스스로를 어떻게 판단하고 받아들였는지 짐작할 수 있다. 이러한 강렬한 감정표현은 독일 표현주의 화가들에게 적지 않은 영향을 주었다. 그의 독창적인 기법과 심리적 고뇌의 표현은 이후 예술가들이 인간의 내면을 탐구하는 데 기여했다. 많은 현대 예술가들 역시 〈절규〉에 나타난 실존적 불안과 고독을 자신의 작품에 반영한다. 그의 스타일은 회화뿐 아니라 연극과 영화에도 영향을 미쳤다. 그의 작품은 감정의 시각화를 통해 극적인 효과를 창출하며, 이는 독일 표현주의 영화와 연극에 중요한 요소로 자리잡았다.

〈절규〉는 10대의 마음에도 영향을 준다. 불안하고 고독한 청소년의 마음과 자신의 정체성을 찾고자 하는 의지를 작품에서 찾을 수 있기 때문이다. 청소년들은 성장하는 과정에서 다양한 사회적 압박과 불확실성에 직면한다. 학업이나 대인관계에서 오는 스트레스는 청소년에게 불안한 감정을 일으킬 수 있으며, 친구 관계의 변화나 사회적 소외감 역시 많은 청소년에게 심리적 고통을 안겨준다. 뭉크의 그림을 보고 10대들이 공감하는 이유가 바로 여기에 있다. 10대는 자신의 정체성을 탐구하는 시기이다. 개인의 내면적 갈등을 드러내는 작품은 자아를 찾고자 하는 과정에서 느끼는 혼란과 그 결이 닮아 있다. 이러한 예술은 청소년들에게 중요한 메시지를 전달하는데, '부정적인 감정을 무너뜨리고 치유와 희망을 찾고자 하는 노력의 중요성'이 그것이다. 뭉크가 부정적 감정을 예술로 승화하고자 노력했듯이, 청소년들 또한 자신의 불안함을 자신만의 방식으로 승화시킬 필요가 있다.

절규할 때 비로소 자신의 불안과 두려움, 고독과 마주할 수 있다. 그리고 그 감정을 받아들일 때 성장할 수 있다. 〈절규〉를 통한 '들여다보기'는 청소년을 키워주는 윤활유 역할을 할 것이다. 또한, 감정을 표현하고 연대할 때 함께 성장해 나갈 수 있을 것이다.

모든 글에는 '말하고자 하는 바'가 담겨 있고, 우리는 이것을 '주제'라고 한다. 글의 핵심내용과 저자의 의도를 담고 있는 주제를 파악하는 것은 어쩌면 읽기의 궁극적인 목표라고도 볼 수 있다. 그래서 글을 읽고 주제를 파악할 때는 '나만의 주제문'을 만들어보는 것이 바람직하다. 주제문 작성은 글에 대한 자신의 해석과 견해를 정리할 수 있게 해주고, 더불어 생각과 관점을 확장시킨다. 이러한 과정은 창의적 사고를 자극해 독창적인 아이디어를 만들며, 의사소통 능력을 기르는 데도 도움을 준다.

주제문 작성은 좋은 글쓰기의 시작이다. 자신의 글에서 핵심 메시지를 어떻게 효과적으로 전달할 수 있는지 고민하고 터득할 수 있기 때문이다. 당장 내 글이 없다면 다른 사람의 글을 읽고 주제문을 만들면서 글의 내용을 비판적으로 분석하고 평가해봐도 좋다. 주제문을 만들기 위해서는 먼저 글을 주의 깊게 읽은 후, 중심 아이디어와 주요 논점을 파악해야 한다. 저자의 주장과 근거를 정리하고, 글에 대한 나의 의견을 추가하는 과정도 빼놓을 수 없다.

그 과정이 끝나면, 동의하는 부분과 의문이 드는 부분을 구분한다. 글의 전체 주제 중 가장 관심 있거나 중요하다고 생각하는 부분을 선택하고 이를 구체화한다. 선택한 주제를 대표할 핵심단어나 문구를 선정하고, 한정된 주제에 대한 자신의 의견이나 태도를 명확히 드러내는 완전한 문장을 써본다. 주제문이 전체 내용을 대표할 수 있는지 다시 읽어보며 점검한다.

윗글은 뭉크의 〈절규〉와 청소년의 내면 세계에 깊은 연관성이 있음을 나타내고 있다.특히 표현의 중요성에 대해 설명하는데, 그렇다면 이 내용을 포함한 주제문을 만들어보면 좋겠다. "뭉크의 〈절규〉는 청소년들의 내적 혼란과 성장 과정을 반영하는 거울이다. 그들이 감정을 올바르게 표출할 수 있도록 격려한다." 혹은 "뭉크의 강렬한 감정표현 기법은 현대 청소년들에게 자신의 불안과 고독을 창의적으로 표현하고 극복할 수 있는 영감을 제공한다." 정도로 정리할 수 있을 것이다. 굳이 어려운 단어를 사용하지 않아도 된다. 익숙한 단어로 먼저 내용을 정리하면서 주제문을 만들어보자. 읽었던 글이 새롭게 읽히는 경험을 하게 될 것이다.

 ## 시그널 탐색력 UP!

1. 뭉크의 〈절규〉가 청소년들에게 어떤 영향을 미치는가?
2. 윗글의 중심내용 가운데 핵심이 될 만한 주제를 골라보자.
3. 윗글을 표현할 주제문을 새롭게 작성해보자.

10 10대가 사랑하는 고전이 있다

10대는 책 읽을 시간이 부족하지만, 자신이 좋아하는 분야의 책은 선별해서 읽는다. 2024년 청소년 베스트셀러를 살펴보면 청소년 대상 문학작품이 대부분이라는 것을 알 수 있다. 과거에는 교과과정 연계 학습서가 대세였지만 지금은 문학이 그 자리를 꿰찼다. 그중에서도 순수소설 단행본이 많고, 국내 작가들의 창작물이 주를 이룬다. 청소년의 정체성과 고민을 다룬 성장소설이 많으며, 순수 문학뿐만 아니라 예술과 판타지 등 다양한 분야의 문학작품도 잘 읽는다. 가볍게 읽기 좋고 쉽게 접근할 수 있는 책들이 대부분이며, 청소년들의 일상적인 고민을 다른 작품도 인기가 많다. 높은 예술성과 주제의식을 가진 작품들도 빼놓을 수 없다. 호불호가 갈리지만, 공포물이나 SF 같은 장르물도 잘 읽히는 편이다. 청소년들이 직접 창작한 작품들이나 만화 시리즈, 영화 원작들도 베스트셀러에 포함되어 있다.

소설 다음으로는 인문 교양이 베스트셀러 대열에 합세한다. 성인 도서에 비해 아무래도 난도는 조금 낮은 편이다. 문학은 이렇게 사랑받고 있지만, 오랜 시간 검증되며 많은 이들에게 깨우침을 준 고전은 잘 읽지 않는다. 고전이 쓰인 시대에 대한 이해와 배경지식이 없어 작품의 맥락을 잡기가 어려운 탓이다. 복잡한 문장구조와 현대에 잘 쓰이지 않는 용어, 번역이 주는 부자연스러움이 거리감을 형성한다. 현대 청소년들의 일상과 어울리지 않는 느린 전개가 답답하게 느껴지기도 한다. 영화나 웹툰, 숏폼 등 자신들의 취향에 맞는 신속한 콘텐츠가 넘쳐나는 것도 큰 이유라고 볼 수 있다.

하지만 고전은 오늘날까지 사랑받는, 여전히 가치 있는 작품들이다. 당대 현인들의 생각은 청소년들의 사고력과 상상력에 깊이를 더하며, 수준 높은 독서 경험과 분야에 대한 안목을 키워 독서의 범위를 확장해준다. 다양한 주제를 접하며 새로운 관심사를 만들 수 있고, 나아가 고전에 담긴 지혜와 교훈을 통해 올바른 인성을 키울 수도 있다. 특히 시대와 문화, 여러 나라의 역사를 이해하고 과거의 이야기를 통해 현재를 바라보는 '관점'을 만들어 준다. 이러한 고전의 가치 때문인지 여전히 청소년들에게 사랑받는 고전이 있다. 16세 소년 홀든 콜필드의 방황을 그린 소설, 《호밀밭의 파수꾼》도 그 중 하나다. 대략적인 줄거리는 이렇다.

사립학교에서 퇴학을 당한 홀든 콜필드는 집으로 돌아가기 전 며칠간 뉴욕에서 시간을 보낸다. 그곳에서 여러 사람을 만나며 다양한 경험을 하는데, 자신의 정체성을 탐색하던 중 성인 세계의 위선과 거짓에 불만을 느낀다. 내적 갈등을 겪으면서도 어린아이의 순수함을 지키고 싶었던 콜필드는 어린 여동생 피비와의 만남을 통해 현실을 받아들인다. 학교와 가정, 사회의 규범에 반항하는 콜필드의 모습은 10대들에게 공감을 얻는다. 콜필드가 가진 순수에 대한 동경과 호밀밭의 파수꾼이 되고 싶은 열망은 청소년들의 이상주의적 성향과 일치한다. 자신의 마음을 드러내는 듯한 콜필드의 독백은 청소년의 공감을 얻기에 충분하다.

헤르만 헤세의 《데미안》도 빼놓을 수 없다. 10살 싱클레어는 신앙심이 깊은 가정에서 자란 평범한 소년이다. 그는 거짓말로 인해 크로머에게 약점을 잡히고 괴롭힘을 당한다. 그때 신비로운 전학생 막스 데미안이 등장해 싱클레어의 관심을 끈다. 데미안은 크로머의 괴롭힘을 막아주고, 싱클레어에게 새로운 세상을 보여준다. 싱클레어는 데미안과 그의 어머니인 에바 부인과의 교류를 통해 자신의 내면을 탐구하고 성장해 나간다. 싱클레어의 치열한 성장 과정은 청소년기의 자아 정체성 확립 과정과 유사한 면이 있다. 10대들이 겪는 성장통과 내면의 갈등을 사실적으로 보여주는 것이다. 고전은 다소 어렵지만, 깊이 있는 사고와 삶의 통찰을 얻기 위해서는 꼭 읽어야 할 것이다.

글의 핵심내용을 간결하게 정리하는 것을 요약이라고 한다. 요약은 중요한 정보를 빠르게 이해할 수 있도록 도우며, 글의 주요 아이디어가 무엇인지 찾아 그것을 명확히 하면서 복잡한 내용을 단순화할 수 있다. 나아가 글의 구조를 파악하고, 각 부분의 내용을 정리하면서 정보의 체계화를 돕는다. 요약을 통해 읽은 내용을 되새기고 정리하는 습관을 기른다면 독서의 질을 높일 수 있다.

요약을 잘하기 위해서는 먼저 요약할 문서를 처음부터 끝까지 정독해야 한다. 문단별로 핵심내용을 파악하고, 글의 주제를 뒷받침하는 핵심요소를 정리하는 과정도 필요하다. 글의 전체적인 요지를 찾아 정리한 내용을 바탕으로 요약문을 작성할 수 있다. 요약문을 쓸 때는 글을 그대로 쓸 필요가 없으며, 자신의 말로 재구성하면서 요약하는 것이 바람직하다. 서론, 본론, 결론으로 나누어 내용을 정리하면 일목요연하게 요약문을 정리할 수 있으며, 전체적인 분량은 글의 1/3 정도가 적당하다. 작성한 요약문은 다시 읽어보면서 중요한 정보가 빠지지 않았는지, 문장이 명확하고 간결한지 확인한다.

윗글은 현대 청소년들의 독서 경향과 고전 문학의 가치를 다룬다. 주요 내용으로는 2024년 청소년 베스트셀러의 특징, 청소년들이 고전을 기피하는 이유 등을 꼽을 수 있다. 고전의 가치를 살펴보고 여전히 사랑받고 있는 고전 작품의 소개로 글이 마무리된다. 간단하게 요약해 보면 다음과 같다.

"현대 청소년들은 문학작품을 주로 읽는다. 순수소설 단행본이나 성장소

설, 예술, 판타지 등 짧고 간결한 구성의 책을 선흐한다. 그래서인지 비교
적 어려운 고전은 기피하는 경향이 있다. 시대상의 이해, 복잡한 문장구
조, 낯선 용어 등을 쉽사리 받아들이기 어려운 탓이다. 그럼에도 고전은
사고력과 상상력을 증진하고, 독서 안목과 인성을 키워주는 중요한 도구
라고 볼 수 있다. 여전히 청소년에게 사랑받는 《호밀밭의 파수꾼》이나
《데미안》을 통해 이를 확인할 수 있다. 고전을 읽으며 자신의 내적 고민
과 성장통을 치유받고, 보편적 가치에 대한 통찰을 얻고자 하는 청소년은
여전히 존재한다."

이런 식으로 요약하다 보면 글의 전체적인 메시지를 명확히 파악할 수 있
다. 나만의 글쓰기가 제대로 이루어지지 않는다면 요약도 큰 의미를 지니
지 못한다. 가능한 한 자신의 언어로, 문장을 다듬고 재구성하는 연습을
하는 것이 좋다.

 ## 시그널 탐색력 UP!

1. 윗글의 중심내용을 문단별로 정리해보자.

2. 중심내용을 모아 나의 언어로 글을 요약해보자.

3. 긴 글을 요약했을 때의 다양한 이점들을 생각해보자.

Chapter 4

Notion 개념을 정리하라

금융

금융교육, 고등학교에서 시작한다

내년부터 고등학교 교육과정에 '금융과 경제생활'이 선택과목으로 신설된다. 2025년 새 교육과정에 의해 한 학기에 4학점을 이수하게 되는 것이다. 2025년 상반기에 학생들이 과목 선택을 진행하기 되면 2026년 고2부터 실제 수업에 적용된다. 이 과목은 급변하는 디지털 금융환경에서 안정된 금융 복지를 누리게 하자는 취지로 신설되었으며, 금융 지식과 금융 의사 결정력, 건전한 재무적 태도와 습관을 기르는 데 의미를 둔다. 주요 학습 내용은 안전한 거래금융과 금융사기 예방, 수입과 지출의 관리다. 저축과 투자의 기본 원리, 신용, 위험 관리에 대해서도 배운다. 금융위원회와 금융감독원은 이 과목의 성공적인 도입을 위해 학교를 대상으로 설명회를 실시하고, 전문교사 양성을 위한 연수 프로그램을 진행한다. 금융교육 프로그램의 효과성 평가 모델도 개발하고 있으며, 경제교육 단체들과의 자료 공유 및 연계 교육 역시 실시할 예정이다.

급변하는 디지털 금융환경에서는 금융 지식과 의사결정 능력을 길러야 안정된 생활을 할 수 있다. 첫 대출이나 첫 집 계약 등 중요한 재무의사 결정 시점에 필요한 정보를 미리 알고 있으면 금융피해 예방도 가능하다. 새로운 과목이 선택의 폭을 넓히는 건 사실이지만, 생소한 과목이기에 학생들이 얼마나 관심을 가질는지는 지켜봐야 할 것이다.

금융은 '돈의 융통'을 의미한다. 이자와 함께 자금을 빌리고 갚는 행위를 일컫는다. 돈은 여유가 있는 '자금 잉여 부문'에서 돈이 필요한 '자금 부족 부문'으로 흐른다. 이렇게 자금이 이동하는 곳을 '금융시장'이라고 하며, 금융시장이 작동하도록 만들어진 환경이나 생태계를 '금융 시스템'이라고 한다. 금융의 핵심활동으로는 '대출'과 '투자'가 있다. 대출은 타인에게 돈을 빌려주는 행위인데 금융기관이 자금을 필요로 하는 개인이나 기업에게 이자를 받고 빌려주는 것을 포함한다. 투자는 돈을 사업에 직접 투입하여 참여하는 행위다. 주식 투자와 채권 투자, 부동산 투자 등 다양한 형태로 구분된다.

　금융은 크게 '부동산 금융'과 '신용금융', '기업금융'으로 나뉜다. 주택담보대출처럼 부동산과 관련된 것들을 부동산 금융이라 하고 신용카드, 개인대출 등 개인의 신용을 바탕으로 이루어지는 것들을 신용금융이라 한다. 기업금융은 기업의 자금 조달 방식에 따라 둘로 나뉘는데 기업이 증권시장에서 직접 주식이나 채권을 발행하여 자금을 조달하는 직접금융과 은행 등 금융 중재 기관을 통해 자금을 조달하는 간접금융이 그것이다. 국가 간 금융거래와 관련된 국제 금융도 있다. 이는 외환거래, 국제투자. 국제 대출 등을 포함한다.

　전통적인 금융상품으로는 예금과 대출, 주식과 채권이 있다. 예금은 은행에 돈을 맡기는 것이고 대출은 은행에서 돈을 빌리는 상품이다. 주식은 기업의 소유권을 나타내는 증권, 채권은 정부나 기업이 발행하는 차용증서를 말한다. 기존 금융상품을 기초로 파생 금융상품이 만들어지는데 이는 1,200종을 웃돈다. 미래의 특정 시점에 특정 가격으로 거래를 체결하는 '선물'과 권리를 거래하는 옵션도 있다. 전자금융은 금융기관이나 전자금융업자가 전자적 장치를 통해 금융상품과 서비스를 제공하고, 이용자가 직접 대면하지 않고 자동화된 방식으로 이용하는 거래를 말한다. 이는 인터넷 뱅킹, 모바일 뱅킹, 전자 지급 결제 등을 포함하며 현대사회에서 전자금융의 중요성은 점차 커지고 있다.

　금융은 경제 활동의 핵심요소다. 자금의 효율적 배분과 경제 성장에 중요한 역할을 하며 개인과 기업, 정부 등 다양한 경제 주체들이 이러한 금융 시

174　　　　　　　　　　　　　

스템을 통해 자금을 조달하고 운용한다. 이를 통해 경제 활동이 원활히 이루어지는 것이다. 미래를 대비하는 학생들에게 금융 수업은 매우 유익한 배움이 될 것이다.

 ## 어떻게 읽고, 어떻게 쓰고, 어떻게 생각할까?

"불편을 끼쳐 심심한 사과를 드린다."라는 문장에서 "심심한"의 뜻을 몰라 의사소통에 어려움을 겪은 이야기는 유명하다. 사흘이 3일을 뜻하는지, 4일을 뜻하는지 정확히 모르는 학생들도 많다. 한자어는 한자어대로 이해하지 못하고, 한글은 한글대로 이해하지 못하는 현실이다. 이러한 문해력 논란을 가볍게만 여길 수는 없다. 단어의 뜻을 모르면 글의 내용을 '전혀' 이해할 수 없기 때문이다. 단어는 문장에서 의미를 전달하는 기본 단위이다. 각 단어는 특정한 의미를 지니고 있으며, 이것이 한데 어우러지면서 문장이 만들어진다. 단어의 이해 없이는 문장의 전체 의미를 파악하기 어렵다는 것이다.

글을 읽을 때 뇌는 시각적으로 들어온 정보를 처리한다. 단어 단위로 읽을 경우, 처리해야 할 정보의 양이 많아져 독해의 속도가 느려질 수 있다. 의미 단위로 읽을 때 정보 처리 횟수가 줄어 더 빠르게 내용을 이해할 수 있다는 얘기인데, 단어 간의 문법적 관계를 이해하고 문장의 의미를 해석하는 것이 무엇보다 중요하다. 단어는 텍스트의 흐름과 맥락을 이해하는 데 중요한 역할을 한다. 특정 단어가 다른 단어나 문장과 어떻게 연결되는지 인식함으로써 독자는 텍스트의 전반적인 의미와 구조를 파악할 수 있다. 단어에 대한 충분한 이해와 연습은 독해력을 향상시키며, 단어를 많이 익힐수록 복잡한 문장이나 텍스트에 쉽게 파고들 수 있다.

윗글에서 설명하는 '금융'은 재정관리 차원에서 우리에게 꼭 알아야 하는 단어이지만, 익숙하지 않은 것이 사실이다. 최근 부쩍 늘고 있는 금융 사기 때문인지 금융이라면 부정적인 생각부터 하게 되는 경우도 많다. 그러나 금융은 '금전의 융통'이라는 건전한 뜻을 가진 단어다. 이 단어의 참뜻을 이해할 수 있어야 금융의 전반적인 지식을 받아들일 수 있다.

자금 잉여 부문, 자금 부족 부문, 금융 시스템, 파생 금융상품, 선물, 옵션, 등의 단어 또한 굉장히 생소하다. 이런 단어의 뜻을 익히고 활용할 때 금융의 기본 구조를 이해할 수 있으며 금융 시스템의 작동 방식과 금융상품의 특성, 디지털 시대의 금융서비스 변화 등을 이해할 수 있다. 단어의 뜻을 먼저 익혀야 제대로 된 '읽기'를 시작할 수 있다는 것이다.

 ## 시그널 탐색력 UP!

1. 윗글에서 생소한 단어를 찾아 뜻을 적어보자.
2. 해당 단어들을 활용해 짧은 글짓기를 해보자.
3. 단어를 모르는 상태에서 문장을 읽으면 어떤 일이 발생할까?

고객님, 자산관리 시작하셔야 해요

"미래에는 모든 고객에게 맞춤형 종합서비스를 해드리는 것이 목표입니다." KB금융지주 디지털 연구센터장이 한 말이다. 그는 향후 인공지능이 보편화되면 고객별 맞춤형 자산관리가 가능할 것이라 말했다. 개인의 자산의 형태나 생애주기, 시장 상황에 따라 인공지능이 자산을 관리할 거라는 얘기인데, 그렇게 되면 금융 소외 계층도 고도화된 금융서비스를 받을 수 있게 된다. 은행권에서도 비이자이익 확대를 위한 사업을 늘리는 모양새다. 비이자이익 확보를 위한 새 조직을 만들고, 고객을 보호하는 동시에 세일즈를 강화한다는 방침이다. 특히 시니어들이 늘어남에 따라 시니어 케어 특화 서비스를 선보이면서 자산관리에 힘쓰고 있다. 자본이 투입되는 대출과 달리 자산관리 영업은 운용자산을 누적하면서 서비스의 수익을 창출할 수 있다. 앞으로 인공지능을 통한 자산관리 서비스는 빠르게 확대될 전망이다.

경제적 가치가 있는 재화를 우리는 '자산'이라고 한다. 돈으로 환산할 수 있는 것을 뜻하는데, 재산과 자산에는 차이가 있다. 재산은 현실적 이용 가능성이 높은 부동산, 채권, 유가증권 등을 포함하는 개념이다. 현실적 이용 가능성에 따라 가치가 결정된다고 볼 수 있다. 자산은 손익 계산에 관한 회계학적 관점이 크다. 수익에 대한 것을 의미하며 비용으로서 소비되고 수익에 의해 회수된다는 특징이 있다. 따라서 자산은 아직 수익으로 전환되지 않고 비용으로 유보되어 있는 상태를 의미한다. 이후에 수익으로 전환될 것도 가치가 인정되어 자산의 개념에 포함한다. 즉, 자산은 부채와 자본수익 비용을 모두 포함하는 것이다. 선진국으로 갈수록 자산 분배율이 돈, 부동산, 주식 등에 고르게 나타나는 경향이 있다.

자산은 '미래에 이익을 창출할 가능성이 있는 자원'이며, 크게 유동자산과 비유동자산으로 나뉜다. 1년 이내에 현금으로 전환할 수 있는 자산을 유동자산이라고 하며 매출채권, 재고 자산 등을 포함한다. 장기적으로 보유되는 자산은 비유동자산으로 분류된다. 비유동자산에는 토지, 건물 등의 유형자산과 특허, 상표권 등의 무형자산이 있다. 자산은 기업이나 개인의 재무 상태를 평가하는 중요한 요소다. 부채와 함께 재무제표에서 핵심적인 역할을 하며, 기업의 가치와 안정성을 판단하는 기준이 된다. 기업이 운영되고 성장하는 데 필요한 자원으로 매출을 발생시키거나 비용을 절감하는 데 기여한다.

재무적 안정성을 확보하기 위해 자산관리는 필수다. 실직이나 질병과 같이 갑작스러운 경제적 위기 상황에 대비할 수 있고, 경제적으로 안정되어야 스트레스가 줄고 전반적인 삶의 질이 높아지기 때문이다. 자산관리는 안정적인 노후를 대비하게 해준다. 증가하는 자녀 교육비나 부동산 가격 상승에도 대비할 수 있다. 재무상황을 분석해 비용을 줄이거나 수익을 증가시켜 미래에 직면할 재무적 위험을 예측하고 준비할 수 있다는 애기다. 개인과 기업의 법적 문제나 자연재해 등의 어려움에 직면했을 때도 자신을 보호할 수 있다.

올바른 자산관리를 위해서는 예산 책정과 지출관리가 필요하다. 수입과 지출을 기록하고, 비상금을 마련해야 한다. 고정비용과 변동비용을 구분해 관리하고 주식과 펀드, 부동산 투자 가능성을 검토한다. 투자 시에는 분산 투자로 위험을 최소화한다. 구체적이고 측정 가능한 목표를 설정하고 장단기 목표를 구분한다. 비상금은 단기로 모을 수 있지만, 주택구매나 노후자금은 장기적으로 준비하는 것이 좋다. 다양한 금융상품을 공부하고 재정 관련 서적과 강의를 활용해도 많은 도움을 얻을 수 있다. 경우에 따라 전문가와의 상담을 통해 재정 지식을 쌓는 방법도 있다. 전체 자산의 70%는 안전자산으로, 30%는 위험자산으로 배분하는 등 개인의 상황과 목표에 적합한 자산관리 전략을 수립하고 실행하는 것이 중요하다.

어떻게 읽고, 어떻게 쓰고, 어떻게 생각할까?

해당 언어에 본래부터 있던 말이나 그것에 기초하여 새로 만들어진 말을 고유어라고 한다. 국어에서는 '아버지', '어머니', '하늘', '땅' 등이 있다. 한국어의 고유한 특성을 가진 말로 쉽게 해석할 수 있으며, 고유어를 사용함으로써 우리 언어의 뿌리와 정체성을 지킬 수 있다. 고유어는 일상생활에서 자주 사용된다. 어려운 한자어보다 쓰임새가 많고, 의미 전달이 쉬우며 직관적이다. 특히 기초어휘나 일상적 표현에 많이 쓰이는데, 한자어와 고유어가 적절히 혼용될 때 언어가 풍성해지고 다양성을 유지할 수 있다. 상황에 따라 선택할 수 있는 언어의 진폭도 커진다.

한자어의 남용으로 우리나라의 고유어가 점점 사라지고 있다. '고뿔'이라는 고유어 대신 감기, '샛바람' 대신 동풍이 널리 사용되면서 소중한 고유어가 사라지는 현상이 벌어지고 있다는 것이다. 고유어에는 우리의 문화와 사고방식이 반영되어 있다. 이를 사용하고 보존하는 것은 우리의 문화적 가치를 보존해 나가는 것이기도 하다.

윗글에도 고유어로 사용할 수 있음에도 사용된 한자어가 있다. 예컨대 재화는 '물건'으로, 환산을 '바꾸기'로, 이용은 '쓰임'으로 바꾸어 사용할 수 있다. 또 가치는 '값어치'로, 수익은 '벌이'라는 고유어로 바꾸어 사용할 수 있는데 아마 훨씬 쉽게 이해할 수 있을 것이다. 비용은 '들어가는 돈', 유보는 '남겨둠', 부채는 '빚'으로 바꿔 사용할 수 있다. 전문용어나 경제 관련 용어가 아니라면 한자어 사용을 가능한 한 지양하는 것이 바람직하다. 자정이라는 말 대신 '밤 12시'라고 표현한다면 이해하기도 쉽고 사용하기도 쉽다. 시계의 이미지가 얼른 떠오르기 때문이다.

한자어가 어려워 글을 이해하기 어렵다면, 바꿔 쓸 수 있는 고유어를 찾기 위해 노력하는 수밖에 없다. 한자어와 고유어를 상황에 맞게 적절히 사용해보자. 먼저, 어떤 것이 고유어이고 어떤 것이 한자어인지 구분할 수 있어야 하겠다. 고유어와 한자어를 구분 없이 사용하면서 겪게 되는 혼란을 줄이고, 단어의 뜻도 많이 익힐 수 있을 것이다. 사전을 가까이하고, 모르는 단어가 나오면 찾아서 외우는 습관을 들이자. 단어를 많이 알아야 '읽기다운 읽기'를 할 수 있다. 이것이 곧 독해력의 기본이다.

 ## 시그널 탐색력 UP!

1. 윗글에서 한자어를 찾아 고유어로 바꿔보자.

2. 고유어로 바꿔 글을 읽고, 바꾸기 전과 무엇이 다른지 비교해보자.

3. 고유어가 모두 사라진다면, 어떤 일이 발생할지 상상해보자.

03 당신의 신용점수는 몇 점인가요?

20대 신용유의자가 빠르게 늘고 있는 추세다. 2024년 금융감독원의 조사 결과에 따르면 신용유의자가 된 20대는 6만 5,800여 명에 이른다. 2021년 대비 25.3%가 늘어난 수치다. 같은 기간 전체 신용유의자가 약 8% 늘어난 것과 비교할 때, 20대의 증가세는 두드러진다. 사회생활을 시작하면서 경제적 어려움을 겪는 20대가 늘어나고 있다는 의미로 해석할 수 있다. 은행에서 받은 대출을 갚지 못한 경우가 전체의 51%를 차지했다. 저축은행, 캐피탈 등 여신 전문회사에서 대출을 받은 경우도 있었다. 카드 대금을 연체한 20대는 2024년 7월 기준 7만여 명이었으며, 연체 금액은 1,000만 원 이하가 90% 가까이 됐다. 20대 연체자 10명 중 9명이 소액 채무자인 것이다. 저성장이 지속되면서 신규 일자리가 줄어 생활비 등 생계의 어려움을 겪는 20대가 늘어난 것으로 추정된다.

신용유의자는 금융거래에서 주의가 필요한 사람을 지칭하는 표현이다. 주의를 넘어 채무 미상환 및 체납으로 경제적 신용을 인정받지 못하는 사람은 신용불량자라 불린다. 신용유의자는 금융거래 시 주의가 필요한 수준이지만, 신용불량자는 대부분의 금융거래가 제한된다. 신용불량자라는 용어는 부정적인 뉘앙스가 너무 짙어 채무 불이행자나 다중 채무자 등의 용어로 대체해 사용하기도 한다.

신용불량자는 일반적으로 30만 원 이상의 금액을 3개월 이상 연체한 사람을 의미한다. 30만 원 이하라도 3건 이상의 연체가 있으면 신용불량자로 간주한다. 대출금을 3개월 이상 연체하거나 신용카드 대금, 카드론, 할부금융 대금을 연체한 경우도 이에 해당한다. 500만 원 이상의 국세나 지방세를 1년 이상 체납한 경우도 마찬가지다. 신용불량자가 되면 모든 은행과 금융기관에서 신규대출이 거부되며, 기존 대출도 연장이나 조건 변경이 어려워진다. 신용카드 사용이 즉시 중지되며, 체크카드 사용 역시 제한될 수 있다. 더불어 기존에 받은 모든 대출에 즉시 상환을 요구받을 수 있다. 물론, 대출 계약 조건에 따라 다르겠지만 대부분은 그렇다.

연체 금액을 상환한 후에도 신용불량 기록은 일정 기간 보존된다. 은행연합회 관련 채무는 최장 5년, 사적 채무는 최장 3년 동안 그 기록이 보존된다. 90일 이내에 연체를 해제하거나 등록금액이 1,000만 원 이하일 때는 기록이 즉시 삭제된다. 신용불량자가 되면 일상생활에서 많은 불편을 겪게 되기에 정부에서는 신용불량자 구제방법을 만들어 활용하고 있다. 신용회복 위원회에서는 개인워크아웃을 실시하는데, 이는 2곳 이상 금융기관에 채무가 있고 전체 채무가 3억 원 이하인 신용불량자에게 최장 8년 동안 상환 기간을 연장하는 제도이다. 이자율을 조정하거나 채무 감면을 지원하기도 한다. 한마음 금융에서는 '배드뱅크'라는 제도도 운영한다. 두 곳 이상 금융기관에 6개월 이상 연체, 전체 채무원금이 5,000만 원 미만인 경우가 해당된다. 채무원금의 3~6%를 먼저 납부하고, 매월 원금 상환 시 이자 전액을 감면한다. 최장 8년 동안 나눠 갚는 것도 가능하다. 전체 채무 15억 원 이하인 사람이 법원에 신청할 수 있으며, 4~6개월의 심사 기간이 소요된다. 때에 따라 채권자와 직접 협상해 상환 기간을 연장하기도 하고, 이자율을 조정하기도 한다.

신용불량자가 되지 않기 위해서는 계획적인 지출관리가 필요하다. 수입과 지출을 꼼꼼히 기록하고 관리해야 하며, 불필요한 지출을 줄이고 예산의 한도 내에서 생활한다. 신용카드 사용을 최소화하고, 사용 시에는 한도를 넘지 않도록 한다. 카드 대금은 반드시 정해진 기일에 납부하고, 무분별한 대출을 피하는 것이 좋다(불가피한 경우에만 대출을 받는다). 대출금 상환 계획을 세우고, 자동이체 설정을 통해 납부일을 놓치지 않는다. 비상금을 마련해 예기치 않은 상황에 대비하는 것도 방법이다. 정기적으로 자신의 신용 정보를 확인 및 관리하고 안정적인 소득원을 확보하는 것이 바람직하다. 필요하다면 부수입을 창출할 방법을 모색해도 좋다. 금융 지식을 습득하면 현명한 금융 결정을 내릴 수 있을 것이다.

어떻게 읽고, 어떻게 쓰고, 어떻게 생각할까?

교과서에 나오는 핵심 개념의 90% 이상은 한자로 표기되어 있다. 그래서 한자에 대한 지식이 부족하면, 학교 공부에 흥미를 잃기 쉽다. 앞서 고유어의 사용을 권장하긴 했지만, 한자에 대한 언어적 익숙함이 없다면 학습 능력과 공부 효율은 떨어질 수밖에 없다.

특히 수학 등 순차적 이해가 필요한 과목에서는 한자 개념어 이해가 매우 중요하다. 한자어의 뜻을 알아야 새로운 단어의 의미를 추리하고 연상할 수 있기 때문이다. 예컨대 족(族)의 의미를 알면 가족, 씨족, 민족 등의 단어를 이해하기 쉬워진다. 한자의 모양이나 형태보다는 한자의 음을 풀이한 '훈'(낱낱의 한자를 읽을 때, 한자의 음 앞에 풀이하여 놓은 뜻)이 더 중요하다. 낱말의 의미와 구성, 한자의 훈 사이의 상관성을 이해하는 것이 핵심이라고 볼 수 있다.

교과서의 핵심 한자어를 미리 예습하는 습관을 기르는 것도 효과적이다. 한자 단어장을 만들어 평소 궁금했던 단어를 정리하고 미리미리 익혀두는 것이 좋다. 한자어 이해는 글 읽기의 핵심적인 부분이며, 학업 성취도와 직접적으로 연관된다.

윗글을 다시 살펴보자. 채무 불이행자는 말 그대로 '빚을 갚지 않은 사람'이다. '채무'와 '불이행'의 의미를 알고 있다면, 단어의 뜻이 금방 이해될 것이다. 채무란 빚을 갚아야 할 의무, 즉 돈이나 물건을 갚거나 어떤 행위를 해야 할 법률상의 의무를 뜻한다. 불이행은 의무를 이행하지 않는 것을 말한다. 약속이나 계약 등에서 정한 의무를 제대로 실행하지 않는 것을 의미한다. 이런 식으로 한자어를 풀어보면 글의 뜻을 훨씬 더 잘 이해할 수 있다.

우리나라 말은 70% 이상이 한자어다. 한자어를 전부 읽고 쓸 수는 없어도, 대략의 뜻이라도 알고 있다면 단어를 이해하는 데 많은 도움이 된다. 한자의 음과 뜻을 자주 접해 익숙하게 만들자. 한자어가 어렵다고 피하지 말고, 익숙해지는 연습을 하자. '읽기'가 쉽고 재미있어질 것이다.

 ## 시그널 탐색력 UP!

1. 윗글에서 모르는 한자어를 찾아 뜻을 찾아 적어보자.
2. 뜻에 맞게 한자어를 활용해 새로운 문장을 만들어보자.
3. 한자어 뜻을 모르는 상태로 글을 읽으면 어떤 일이 발생할까?

 **04 재무제표 분석, 인공지능이 더 잘한다**

인공지능이 투자하면 인간보다 돈을 더 잘 불릴 수 있을까? 챗GPT가 기업 재무제표를 분석해 애널리스트(사람)보다 더 정확히 미래실적을 꿰뚫어 볼 수 있다는 연구 결과가 나왔다. 미국 시카고대 경영대학원의 회계학 교수팀은 거대언어모델(LLM)을 통한 재무제표 분석을 인터넷에 공개했다. 거대언어 모델은 언어에 특화한 생성 인공지능 모델이다. 연구진은 1만 5천여 기업의 최근 수십 년간의 재무제표 15만여 건을 입수해 업체 이름과 연도를 알 수 없도록 익명화 처리했다. 이 자료를 인공지능에 입력해 재무제표를 분석하고 미래실적 방향을 예측하라고 지시했다. 예컨대 "영업마진율이 25%로 개선추세다. 매출이 성장하고 영업 비용을 잘 관리해 실적이 계속 좋아질 것 같다."는 식으로 인공지능이 결론을 도출할 수 있게 했는데, 인공지능이 내놓은 결과의 정확도는 60%에 달했다.

이는 경제 전문가들이 실적발표 1개월 후에 내놓은 미래실적 평균 예측 정확도인 52%를 훨씬 앞지르는 수치였다. 인공지능의 정확도는 애널리스트들의 3개월 뒤 예측, 6개월 뒤 예측보다 좋았다. 챗GPT의 분석 결과를 토대로 투자 전략을 짜 시뮬레이션한 결과 종전 인공지능 모델보다 훨씬 높은 수익률을 올린 것으로 나타났다. 재무제표 분석은 매출, 마진, 비용 등 데이터를 읽고 회사의 수익 창출 동력을 진단하기 때문에 인공지능이 손대기 어려운 분야로 분리되어 왔다. 그러나 이번 논문에서 드러난 가능성을 볼 때, 향후 로보어드바이저(RA) 개발에 날개를 달 것으로 보인다.

로보어드바이저는 인간의 간섭을 최소화하면서 금융 서비스나 투자 관리를 온라인으로 받는 것을 뜻한다. 로봇이 포트폴리오를 구성하고 자동 매매하며 밸런스를 맞추는데 투자자가 투자 성향, 자산규모, 투자 기간 등을 입력하면 빅데이터와 알고리즘을 바탕으로 투자 상품을 추천하거나 직접

자산을 운용한다. 저렴한 비용으로 전문적인 자산관리 서비스를 이용할 수 있고, 객관적인 데이터 기반의 투자이기에 신뢰도가 향상된다. 이는 새로운 세대를 중심으로 저렴하고 효율적인 자산관리 서비스에 대한 수요가 증가하면서 급성장하고 있으며, 금융기술의 발전과 함께 지속적으로 몸집을 키우고 있다.

재무제표는 쉽게 말해 기업의 재산상태와 수익 상황을 담은 보고서다. 주주나 채권자, 투자자에게 유용한 재무 정보를 제공해 합리적인 의사결정을 돕는다. 각 재무제표는 특정 기간에 대한 정보를 담고 있으며 사업보고서, 분기 보고서, 반기 보고서 등에 포함되어 공개된다. 재무제표는 기업의 재무 상태를 파악하고 투자 결정을 내리는 중요한 도구이며, 특정 시점의 재무 상태를 보여주는 대차대조표를 포함한다. 자산과 부채, 자본으로 구성되어 있으며 자산은 '부채+자본'의 등식이 성립한다. 이를 통해 기업의 재무 건전성을 파악할 수 있다.

재무제표에는 일정 기간의 기업 경영성과를 보여주는 손익 계산서도 포함된다. 손익 계산서는 수익과 비용, 이익으로 구성되며 기업의 수익성을 평가하는 데 활용된다. 또한 일정 기간의 현금 유입 및 유출을 보여주는 현금 흐름표도 있다. 영업활동과 재무활동, 투자활등으로 인한 현금 흐름을 구분하여 표시한다. 당기 순이익의 처분 내역을 보여주는 이익잉여금 처분 계산서도 포함하는데 매출액이 늘어나는지, 이익이 늘어나는지 확인할 수 있다. 여러 기간의 재무제표를 비교해 매출과 이익, 자산의 추세를 확인할 수 있다는 것이다, 같은 업종의 회사들과 비교하여 상대적인 위치를 가늠해 보는 것도 좋다.

어떻게 읽고, 어떻게 쓰고, 어떻게 생각할까?

관용구란 둘 이상의 단어가 결합해 하나의 의미를 가지는 표현이다. 각 단어의 개별적 의미로 전체의 의미를 이해하기 어려운 특수한 어구이다. '발이 넓다'는 '사귀어 아는 사람이 많아 활동하는 범위가 넓다'라는 뜻이다. 단순히 '발이 크다'는 뜻으로 해석할 수도 있지만 실제로는 전혀 다른 의미를 지니고 있다는 것이다. '국수를 먹다'도 '결혼식을 올린다'는 의미의 관용구다. '눈에 불을 켜다'는 '매우 열심히 노력한다'는 뜻이다. 관용구를 미리 파악해두면 글을 이해하는 데 많은 도움이 된다. 관용구는 개별 단어의 뜻을 조합해도 본래의 의미를 알 수 없는 경우가 많다. 일반적으로는 직설적이지 않고, 비유적이거나 과장된 표현을 포함한다. 또한 오랜 시간 동안 사용되면서 특정한 의미를 지니게 되는 경우가 많으며, 문화와 밀접한 관련이 있다.

관용구는 언어에 은유적 풍부함과 문화적 깊이를 더해준다. 복잡한 개념이나 상황을 간결하고 함축적으로 표현할 수 있게 해주며, 특정 문화나 언어 사용자들의 역사와 철학, 사고방식을 일부 반영한다. 문장에 강한 표현력을 부여하고, 일상적인 대화나 글에 흥미를 더한다. 관용구의 적절한 사용은 자연스러운 의사소통을 꾀하며, 간접적이고 비유적인 방식으로 의미를 더 명료하게 전달할 수 있다.

한국어 어휘 교육에서 관용구는 단어만큼이나 중요한 교육대상이다. 관용구를 이해하지 못하면 문맥을 파악하는 능력을 향상할 수 없다. 관용구는 문맥에 맞게 사용해야 하는데, 상황과 동떨어지게 남용하는 것은 바람직하지 않다. 일상생활에서 자주 사용되는 관용구를 관찰하고, 드라마나 영화 등을 통해 자연스럽게 학습할 수 있다는 이점을 지닌다. 더불어 비슷한 의미의 관용구를 비교하며 학습해도 좋다.

윗글에서도 관용구가 사용되고 있는데, 예컨대 '돈을 불리다', '꿰뚫어 볼 수 있다' '손대기 어렵다', '날개를 달았다' 등이 관용구에 포함된다. '산더미 같은'도 '엄청나게 많은 양'을 뜻하는 관용적 표현이다. 관용적 표현의 뜻을 가늠하며 읽기를 해보자. 단어의 뜻과 다르게 해석되는 재미를 느낄 수 있을 것이다.

 ## 시그널 탐색력 UP!

1. 자신이 알고 있는 관용적 표현 다섯 개를 적어보자.
2. 다섯 개의 관용적 표현을 일상어로 바꿔 표현해보자.
3. 관용적 표현의 사용과 일상어의 사용이 어떤 차이를 갖는지 생각해보자.

유아부터 학생까지, 주식투자 늘어났다

2023년 개인 투자자가 보유한 국내 상장 주식 중 78%를 상위 7.7%가 소유하고 있는 것으로 나타났다. 이 중 4조 원을 초중고 세대인 8~19세가, 1조 800억 원을 초등학교도 입학하지 않은 영유아가 보유하고 있다. 어려서부터 경제 관념을 키우고 경제교육을 길러주고자 하는 가정이 늘어나고 있다고 볼 수 있다.

한국청소년정책연구원(NYPI)은 청소년 금융이해력 수준 및 금융 생활 실태 보고서를 공개했다. 2023년 전국 17개 시도 초중고생 8,758명을 대상으로 조사가 이루어졌으며, 이 조사에서 고등학생들의 금융이해력이 성인보다 높은 것으로 나타났다. 금융이해력은 금융 지식과 태도, 행위를 20점 만점으로 평가한 뒤 100점으로 환산한 점수다. 이 검사에서 고등학생들은 인플레이션의 의미, 이자 개념 등을 평가하는 금융 지식 항목에서 성인을 소폭 앞질렀다. 실생활에서 자산 증식과 관련된 복리의 개념을 성인보다 잘 이해하고 있었다는 것이다. 예산 관리나 평소 재무상황 점검, 장기 재무목표 설정 여부를 평가하는 금융 행위에서는 고등학생이 확연히 우세했다. 미래를 위해 저축하려는 성향인 '금융 태도'에서만 성인이 조금 앞섰을 뿐이다.

금융이해력에서 고등학생이 최고점을 받은 것은 디지털로 금융을 접하는 기회가 많아진 탓으로 해석된다. 주식에 투자한 친구가 돈을 번 이야기를 듣고 직접 투자에 뛰어들거나 생일이나 기념일 선물로 주식을 주고받는 사례도 있었다. 고등학생 3명 중 1명은 금융정보를 얻기 위해 스스로 노력한 경험이 있는 것으로 나타났다. 직접 금융정보를 찾아본 고등학생이 37%, 중학생은 24.9%였으며, 그만큼 투자에 대한 인식도 높고 적극적이었다.

주식은 회사의 자본을 나타내는 단위이며, 주주가 회사에 대해 가지는 권리와 출자지분을 나타낸다. 회사의 소유권을 분할해 투자자들에게 나눠주는 방식이다. 증권시장을 통해 쉽게 사고팔 수 있고, 특별한 경우를 제외하고는 원하는 시점에 매수할 수 있으며 자금이 필요할 때 신속하게 현금화할 수 있다. 주식 거래의 절차는 일반예금 입출금과 유사할 정도로 간단하다. 배당금 수령, 유무상증자 시 권리 행사 등 부수적인 업무와 보관까지 증권회사가 대행해준다. 또한 주식은 입찰 보증금, 계약 보증금, 공탁금 등 다양한 용도의 보증금으로도 활용할 수 있어 범용성이 높다. 주식은 부동산과 달리 복잡한 등기 절차 없이 단순한 명의 변경만으로 상속이나 증여가 가능하다. 게다가 분할이 용이해 세분화된 자산관리에 적합하다. 기업의 수익력 향상으로 주가가 상승하면 투자자는 시세차익을 얻을 수 있고, 기업의 영업 성과에 따라 정기적으로 현금 또는 주식 형태의 배당금을 받을 수도 있다.

　기업이 자본증자 시 기존 주주에게 우선적으로 배정되는 주식을 유상주라고 하는데, 투자자들은 시장가보다 낮은 가격에 유상주를 추가 매입할 기회를 얻을 수 있다. 기업의 이익잉여금이나 재평가차액을 자본으로 전환할 때는 주주에게 무상으로 무상주를 분배한다. 기업이 이익의 일부를 주주에게 배당할 때는 일반적으로 현금을 사용한다. 주당 일정 금액을 현금으로 지급하며, 현금 대신 추가 주식을 지급하기도 한다. 심지어 유상증자 참여권이나 주식분할 이익, 합병에 따른 프리미엄도 받을 수 있다. 이처럼 주식은 회사의 성장과 이익을 투자자와 공유하는 수단이며, 현대 자본주의 경제의 중요한 요소 중 하나라고 볼 수 있다.

 # 어떻게 읽고, 어떻게 쓰고, 어떻게 생각할까?

문장의 핵심구조는 주어와 서술어를 중심으로 한다. 문장 안에서 주어는 사건이나 상태의 주체를 나타내며, 한국어 문장의 형태는 주어＋서술어가 기본이다. 가령 '비가 온다' 같은 문장을 가벼운 예시로 들 수 있다. 주어＋부사어＋서술어 구성도 있다. '강물이 빠르게 흐른다' 같은 문장이다. '친구들이 노래를 부른다'는 주어＋목적어＋서술어의 형태이다. '그는 학생이 아니다'는 주어＋보어＋서술어 구조이며, '아이들이 공을 멀리 찼다'처럼 주어＋목적어＋부사어＋서술어 구조도 쓰인다. 격조사를 통해 각 성분의 문법적 기능이 결정되는데, 어순이 비교적 자유로우며 수식어는 피수식어 앞에 위치하는 특징이 있다.

주어와 서술어를 확인하는 것은 문장 구조의 복잡성을 해소하고 효율적인 독해를 돕는다. 두 요소를 찾으면 문장의 핵심의미를 빠르게 파악할 수 있으며, 이는 긴 문장이나 복잡한 구조의 문장에서도 유효하다. 주어와 서술어를 찾는 과정을 반복하면 독해 속도가 증가하고 이해도가 향상된다. 문장의 접속이나 호응 관계를 파악하면 글의 전체적인 의미를 수월하게 짚어낼 수 있다. 시간제한이 있는 시험이나 많은 양의 문서를 처리할 때 특히 유리하다.

윗글에서 "금융이해력은 금융 지식과 태도, 행위를 20점 만점으로 평가한 뒤 100점으로 환산한 점수다."라는 문장을 살펴보자. 이 문장에서 "금융이해력은"이 주어가 되고, "점수다."는 서술어가 된다. 또한 이 문장은 "금융 지식과 태도, 행위를"이라는 목적어와 "20점 만점으로 평가한 뒤 100점으로 환산한"이라는 부사구를 포함하고 있다. 금융이해력의 정의,

평가방법, 점수 체계 등이 한 문장에 압축되어 있는 것이다. 이렇듯 주어와 서술어를 먼저 파악하면 '금융이해력'이 무엇이고 점수를 어떻게 환산하는지 빠르게 알 수 있다. 핵심 정보를 머릿속에서 신속하게 처리할 수 있다는 것이다. 복잡한 문장에서 주어와 서술어를 먼저 찾으면 문장의 기본 구조 파악과 부가 정보 정리에 많은 도움을 얻을 수 있다.

 ## 시그널 탐색력 UP!

1. 하나의 문장을 골라 주어와 서술어를 찾아보자.

2. 가장 긴 문장을 골라 문장의 성분을 분석해보자.

3. 주어와 서술어의 구분이 문장 이해에 어떤 도움을 주고 있는가?

서학개미의 반란

미국 주식에 투자하는 국내 투자자들이 늘면서 그들이 선택한 종목으로 구성된 펀드가 국내 상장 해외 주식 수익률 1위를 차지했다. 일명 '서학개미'라 불리는 개인 투자자들의 수익률이 전문적인 지식을 갖춘 펀드 매니저를 넘어선 것이다. 국내 증시가 트럼프 쇼크에 휘청이면서 미국 주식에 자금이 쏠리는 현상도 늘어나고 있다. 미국 시장으로 자금이 이동하는 까닭은 미국 증시가 국내 증시보다 매력적이라는 판단 때문일 것이다. 테슬라나 엔비디아, 애플, 마이크로소프트 등 최근 미국 주식시장을 이끄는 빅테크 기업은 물론 시장의 주목을 받는 중소형 성장 기업까지 여기에 포함된다. 'KODEX 미국서학개미 ETF'는 서학개미가 가장 선호하는 25종목에 투자하는 상품인데, 시장 상황에 따른 대응과 투자자의 흐름을 빠르게 반영한다는 특징이 있다.

'서학개미'는 국내 주식이 아닌 미국 등 해외 주식에 직접 투자하는 개인 투자자를 일컫는 용어이다. 이 용어는 '동학개미'라는 신조어에서 파생된 것으로 동학개미는 국내 주식시장에 투자하는 개인 투자자를 의미한다. 서학개미 현상은 2020년 코로나19 팬데믹 이후 급격히 증가했다. 한때 부유층의 전유물로 여겨졌던 해외 주식은 최근 일반 개인 투자자들의 참여로 인해 증가 추세를 보이고 있다. 미국의 빅테크 기업들은 안정적이고 장기적인 성장 가능성을 보여주고 있으며, 개인 투자자들은 자연스레 그쪽으로 눈을 돌리고 있다. 투자 성과는 미국의 대표 주가지수인 S&P500이나 나스닥 종합지수보다 뛰어난 것으로 평가된다. 현명한 서학개미들이 그만큼 수익률을 높였기 때문이다.

서학개미의 적극적인 해외투자는 국내외 금융시장에 상당한 영향을 미친다. 국내 투자자들의 해외 증권 투자 잔액은 1조 달러에 육박하며 역대 최대치를 경신했다. 이는 해외 주식시장, 특히 미국 시장에 상당한 자금이 유입되고 있음을 의미한다. 3분기에 늘어난 해외 증권 투자 금액 466억 달러 중 절반 이상이 미국 증시에 집중되었다. 이러한 현상은 미국 주식시장의 유동성과 거래량 증가에 기여하는 동시에 국내 시장의 자금이탈을 불러오기도 한다. 내국인의 해외 증권 투자 규모가 외국인의 국내 투자 규모를 사상 처음으로 넘어서면서 국내 금융시장의 구조적 변화를 초래했다. 해외투자의 지속적인 증가는 국내 경제의 성장 잠재력 약화와 환율 불안 등의 문제를 야기할 수도 있다.

서학개미들은 해외 주식 거래가 가능한 국내 증권사 계좌를 개설한 후 미국 주식시장에서 원하는 종목을 직접 매매한다. 그러기 위해서는 개별 종목에 대한 심도 있는 분석과 철저한 공부, 사전 리서치가 필요하다. 서학개미들은 주식처럼 거래소에서 매매할 수 있는 투자펀드인 ETF(Exchange-Traded Fund)를 활용하기도 한다. 이는 주식처럼 거래소에서 실시간으로 매매할 수 있으며, 분산 투자가 가능하다는 특징이 있다. 낮은 비용으로 쉽게 매매할 수 있고, 매일 보유종목을 공개하는 투명성 또한 가지고 있다. 이렇게 ETF를 활용해 간접투자를 하면 매월 바뀌는 투자 트렌드에 맞춰 시장의 변화에 대응할 수 있다.

개인 주식투자는 장기적인 관점에서 자산을 형성하는 중요한 수단이 될 수 있다. 시장에 참여함으로써 경제 성장의 혜택을 누릴 수 있으며, 금융 지식과 의사결정 능력을 키우는 데도 도움이 된다. 단 과도한 거래와 단기적 접근은 투자 성과를 저하할 수 있으므로 피하는 것이 좋다.

문장 성분의 관계를 정확히 파악하려면 구조 분석이 필요하다(한국어는 어순이 비교적 자유로운 편에 속한다). 주어, 목적어, 서술어 등의 문장 성분을 정확히 식별해야 문장의 전체적인 의미를 정확하게 이해할 수 있다는 것이다. 현대 한국어의 문장은 여러 부사절, 긴 문장, 다양한 기호, 수와 단위 표현, 외래어 등을 포함하는 경우가 많아 복잡한 구조를 가진다. 이러한 복잡한 구조를 정확히 해석하기 위해서는 문장 구조 분석이 필수적이다. 특히 주어, 목적어, 보어 등의 문법 관계를 명확히 인지하는 것이 좋다.

문장 구조 분석 과정을 통해 단어나 구의 의미적 중의성을 해소할 수 있는데, 이는 정확한 의미 파악과 해석을 돕는다. 예컨대 "원영이도 좋아하는 은우를 만났다"라는 문장은 중의적 해석이 가능하다. 이 문장에서는 해석에 따라 원영이가 은우를 좋아할 수도 있고, 은우가 원영이를 좋아할 수도 있다. "은우가 원영이를 좋아한다"고 해석하면 "은우도 좋아하는"이 "원영이"를 수식하기에 "은우도 좋아하는 원영이를 만났다"는 의미가 된다. "원영이가 은우를 좋아한다"고 해석하면 "은우도 좋아하는"이 목적어 "원영이"에 대한 설명으로 사용된다. 즉 "원영이가 은우를 좋아하는데, 은우를 만났다"는 뜻이 된다. 이렇게 중의적인 의미를 올바르게 해석하기 위해서는 문장 구조를 뜯어 살펴보는 것이 좋다. 물론 글이나 대화의 맥락도 함께 살펴봐야 한다.

윗글에서도 복잡한 표현이 있다. "국내 증시가 트럼프 쇼크에 휘청이면서 미국 주식에 자금이 쏠리는 현상도 늘어나고 있다."는 문장에서 "휘청이면서"는 부사절로, 주절의 상황을 설명한다. "서학개미는 국내 주식이 아닌 미국 등 해외 주식에 직접 투자하는 개인 투자자를 일컫는 용어이다. 이 용어는 동학개미라는 신조어에서 파생된 것으로 동학개미는 국내 주식시장에 투자하는 개인 투자자를 의미한다."는 문장은 두 개 이상의 절이 연결되어 있으며 설명이 길어 이해하기 어려울 수 있다. "Exchange-Traded Fund"와 같은 외국어 및 약어, "1조 달러"와 같은 단위의 표현도 즉각적으로 이해하기가 어렵다.

읽다가 어려운 표현을 만나면 문장 구조를 파악하고, 각 성분의 역할을 살펴보자. 어려운 단어가 있다면, 검색을 하거나 사전을 찾아봐도 좋다.

 시그널 탐색력 UP!

1. 윗글에서 부사절, 긴 문장, 기호, 수, 단위, 외국어 등을 포함하는 문장을 찾아보자.

2. 복잡한 문장 하나를 골라 문장 구조를 분석하고 그 내용을 설명해보자.

3. 문장 구조 분석이 '읽기'에 어떤 도움을 주는지 적어보자.

07

디지털 자산 시장 확대된다

트럼트 전 대통령이 재선에 성공하면서 비트코인 가격이 급등했다. 미국을 가상자산의 수도로 만들겠다는 공약에 대한 기대감 때문이다. 비트코인에 대해 보수적이었던 트럼프가 코인 전도사로 변모하게 된 것은 젊은 층을 중심으로 가상자산 보유자가 대폭 늘었기 때문이다. 그들, 혹은 가상자산과 친숙한 사람들의 지지를 염두에 둔 것으로 보인다. 트럼프 대통령의 당선으로 가상자산 업계는 사실상 축제 분위기다.

디지털 자산은 디지털 형태로 존재하며 소프트웨어나 사진, 로고, 일러스트레이션과 애니메이션, 문서의 형태를 포함한다. 전자메일과 암호화폐, 게임 재화나 대체 불가능한 토큰도 디지털 자산에 속한다. 그중에서도 암호화폐는 가장 뜨거운 관심사 중 하나다. 암호화폐는 블록체인 기술을 기반으로 한 디지털 자산이며, 이 블록체인 기술은 데이터를 블록이라는 소규모 단위로 저장하고 체인의 형태로 연결하는 것을 뜻한다. 임의 수정은 불가능하고, 변경된 결괏값은 누구나 열람할 수 있다. 모든 거래 내용이 공개되며 암호화 기술을 통해 데이터의 무결성이 보장된다. 스마트계약이나 데이터 저장 분야에서도 활용될 예정이다. 암호화폐는 분산 장부 시스템을 통해 운영된다. 해시함수를 이용해 소유권을 증명하기 쉽고, 중앙은행이나 정부 기관의 통제를 받지 않는다. 재화 교환의 매체로 사용할 수 있으며, 거래소를 통해 가격 변동에 따른 투자가 가능하다.

대표적인 암호화폐로는 '비트코인'이 있다. 비트코인은 2009년 '사토시 나카모토'라는 가명의 프로그래머가 개발한 최초의 암호화폐이자 디지털 결제 시스템이다. 이는 디지털 지갑에 저장되고, 각 지갑은 고유한 주소를 갖는다. 지갑 주소를 통해 비트코인을 송수신할 수 있으며, 정부의 통제를 받지 않으면서도 투명성과 안전성을 보장받는다. 그러나 가격 변동성이 크고 낮은 가치의 거래를 빈번하게 처리하기 어렵다는 단점이 있다. 또한 초당 최대 7개의 거래만 처리할 수 있어 일상적인 결제 수단으로 사용하기에는 다소 부적합하다. 거래가 완전히 확인되는 데까지 최대 1시간까지 소요될 수 있어 실시간 결제에도 적합하지 않다. 거래소에 보관된 비트코인 물량이 감소하고 있어 향후 공급 부족으로 인한 가격 상승이 예상된다.

그럼에도 디지털 화폐의 이점은 여전히 많다. 먼저, 정부가 발생하는 디지털 화폐인 '중앙은행 디지털 화폐(CBDC)'는 기존의 법정화폐와 동일한 가치를 지닌다. 중앙은행의 관리하에 안전하게 운영되므로 사람들이 신뢰할 수 있는 화폐로 자리잡을 수 있다. 디지털 자산은 거래 속도를 높이고 보안성을 강화함과 동시에 빠른 해외송금 역시 가능하게 해준다. 사람들이 은행에 의존하지 않고도 금융 서비스를 이용할 수 있게 돕는데, 이는 특히 은행 서비스에 접근하기 어려운 사람들에게 더 많은 금융기회를 제공한다. 토큰 증권과 같은 새로운 형태의 디지털 자산은 기존에 유동화가 어려웠던 부동산 같은 자산을 디지털 형태로 변환하여 시장에서 거래할 수 있게 만들 것이다. 이렇게 되면 거래비용은 줄고, 더 많은 사람들이 투자의 기회를 얻게 된다.

물론, 여전히 해결해야 할 문제도 있다. 디지털 자산의 사용과 관리에 따른 규칙과 법률이 필요하다. 명확한 규제가 없으면 사람들이 디지털 자산에 대한 안정성을 보장받기 어렵다. 그렇게 되면 사기나 불법 거래 등의 다양한 금융 사고가 발생할 수 있다. 따라서 각국의 정부는 디지털 자산에 대한 확실한 규제를 만들고 준수하기 위해 노력해야 한다. 서로 다른 국가의 디지털 자산 시스템의 원활한 연결과 소통에 힘써야 하며, 고성능의 호환 시스템 구축 역시 필요하다. 정보의 안정성 역시 중요하므로, 개인의 민감한 정보를 안전하게 지킬 수 있는 금융 보안 시스템도 마련되어야 할 것이다.

디지털 자산 시장의 참여자는 나날이 늘어날 전망이며, 그에 따라 새로운 규제와 기술 발전, 기관과 개인 투자자의 건강한 참여가 지속적으로 이루어져야 할 것이다.

 ## 어떻게 읽고, 어떻게 쓰고, 어떻게 생각할까?

독해 중 모르는 단어가 나왔을 때는 문맥을 통해 단어의 의미를 유추해 볼 수 있다. 이는 독서의 흐름을 유지해주며 전체적인 맥락의 이해를 돕는다. 모르는 단어라도 여러 번 반복되면 그 의미를 좀 더 쉽게 파악할 수 있다. 문맥 속에서 단어의 의미를 추측하는 과정은 단어 학습에 효과적이며, 반복적으로 같은 단어를 접하면서 그 의미를 자연스럽게 익힐 수 있다. 더불어 이는 장기기억에도 도움이 된다. 2개 이상의 의미가 있는 단어라면 그중 가장 적절한 것을 골라 그 단어가 문맥과 어떻게 연결되는지 분석해보는 것이 좋다. 이 과정에서 사고력이 향상될 것이다.

가령 "그는 무거운 상자를 들어 올리려고 애썼다."라는 문장에서 "무거운" 이라는 단어의 뜻을 유추할 때, "애썼다"라는 동사를 통해 "들기 위해 힘을 많이 써야 하는"의 뜻으로 "무거운"을 해석할 수 있다. "그녀는 그 문제를 해결하기 위해 여러 가지 방법을 모색하고 있다."라는 문장에서 "모색"의 뜻을 유추할 때는 "해결하기 위해 여러 가지 방법"과 함께 사용되기에 "찾다" 혹은 "탐색하다"의 의미로 해석할 수 있다.

윗글로 넘어가서, "가상자산을 통해 새로운 투자 기회를 찾고 있다."는 문장에서 "투자 기회"라는 단어의 뜻을 유추한다면, 문장의 구조를 따졌을 때 "투자 기회"가 "가상자산"이라는 재정적인 맥락에서 사용되므로 "경제적 가치가 있는 자산"으로 해석할 수 있다. "그는 디지털 자산의 중요성을 강조했다. 이는 소프트웨어, 사진, 암호화폐 등을 포함한다."라는 문장에서 "디지털 자산"의 뜻을 유추하는 것은 비교적 간단한데 "소프트웨어, 사진, 암호화폐"와 같은 예시를 통해 "디지털 자산"의 의미를 추측할 수 있다. 이처럼 문맥을 통해 모르는 단어를 유추하는 과정은 독해력 향상에 큰 도움이 된다.

모르는 단어가 있다고 지레 겁부터 먹게 되면 글의 내용을 이해할 수 없다. 앞뒤 문맥을 통해 단어의 의미를 유추해낼 수 있을 거라는 믿음과 자신감이 중요하다. 이후 상황이 될 때 정확한 뜻을 사전에서 찾는다면, 그 단어는 머릿속 장기기억 장치에 포함될 것이다.

# 시그널 탐색력 UP!

1. 윗글에서 이해가 안 되거나 처음 보는 단어를 골라 표시해보자.
2. 모르는 단어 중 하나를 골라 앞뒤 문맥을 활용해 그 뜻을 유추해보자.
3. 유추한 단어의 뜻을 사전에서 확인한 후 비교해보자.

08 사채는 절대 안 돼!

수십만 원의 돈이 필요해 급하게 소액을 빌렸는데 높은 이자 때문에 갚아야 할 돈이 1,000만 원으로 늘어났다… 사채업자는 1분에 10만 원씩 추가로 내라며 압박했다… 가족사진과 집 주소, 딸의 유치원 주소를 포함한 협박성 문자를 하루에도 수십 통씩 보내왔다… 인격 모독은 정말 참기 힘들었다… 딸이 다니는 유치원에 직접 연락해 교사에게 협박 문자를 보냈다… 아이를 직접 만나겠다는 위협도 서슴지 않았다… 괴로워진 당사자는 끝끝내 극단적인 선택을 하고 만다….

우리는 불법 추심 때문에 좋지 않은 결말을 맞이하게 되었다는 뉴스를 종종 접하게 된다. 불법 추심은 채권자가 법적으로 허용되지 않은 방법으로 채무자로부터 돈을 회수하려 시도하는 모든 행위를 말한다. 위의 예시처럼 법적인 권한을 벗어나 빚을 진 채무자의 가족이나 지인에게 직접 연락하거나 방문해 변제를 강요하는 것은 엄연히 불법 행위다. 불법 추심자는 종종 폭력, 협박으로 채무자에게 압박을 가한다. 이는 크나큰 심리적 고통을 유발하기에 법적 처벌 대상이다. 채무자의 개인정보를 무단으로 사용, 누설하는 경우도 많다. 이 역시 개인의 프라이버시를 심각하게 침해하는 행위라고 볼 수 있다.

불법 추심은 법적으로 금지되어 있으며 채권자가 행한 폭행이나 협박, 감금 등은 형사처벌 대상이 된다. 이 경우 5년 이하의 징역 또는 5,000만 원 이하의 벌금형에 처해질 수 있다. 반복적으로 전화, 문자 등을 통해 심리적 압박을 가할 경우 3년 이하의 징역형 또는 3,000만 원 이하의 벌금형에 처해질 수 있다. 폭행죄나 주거침입죄, 모욕죄, 명예훼손죄 등과 결합될 수 있으며 이에 해당할 경우에는 별도의 처벌을 받게 된다. 불법 추심으로 피해를 입은 채무자는 손해배상 청구를 할 수 있으며, 불법 행위를 한 채권자는 민사상 책임도 부담해야 한다. 불법 추심을 당했을 때는 증거 확보가 가장 중요하다. 통화 녹음, 문자 메시지, 카카오톡 대화 내용 캡처, CCTV 영상 등 가능한 한 많은 자료를 모아두어야 한다. 이런 증거는 추후 법적 조치를 취할 때 유용하게 쓰인다.

사채업자에게는 가능한 한 돈을 빌리지 않는 것이 좋고, 불가피한 상황에서 돈을 빌린 후 불법 추심을 해온다면 법적 근거를 제시하며 단호히 거절해야 한다. 불법적인 방법으로 접근하고 있음을 명확히 인지시켜주는 것이 중요하다. 불법 추심이 지속될 경우, 경찰이나 금융감독원, 소비자보호원 등 관련 기관에 신고해야 한다. 채권자가 가족이나 친구에게 채무 사실을 알리는 것 또한 명백한 불법이다. 이를 방지하기 위해 추심업자에게 제3자에게 연락하지 말 것을 요구할 수 있다.

사채업자는 일반적으로 매우 높은 이자율을 부과한다. 최대 연 15000% 이상의 터무니없는 이자율이 적용될 수 있으며 이는 채무자가 갚기 힘든 상황을 초래해 심리적, 신체적 고통을 유발할 수 있다. 대출금을 상환하지 못할 시 집이나 자동차 같은 개인 자산을 잃을 위험성도 있다. 사채로 인한 부채는 종종 더 큰 부채를 만든다. 초기 대출금을 갚지 못하면 추가 대출을 받아야 하며 이로 인해 재정적으로 더 어려운 놓이게 된다. 사채를 이용하는 것은 개인의 신용도에 큰 타격을 줄 수 있고, 이는 향후 금융거래에도 부정적인 영향을 미친다.

반복되는 대출은 주변 사람들과의 관계를 악화시킬 수도 있다. 사채업자는 정부의 규제를 피하려 하기에 문제가 발생했을 때 법적 보호를 받기가 까다로운 것이 사실이다. 이러한 상황은 채무자로 하여금 권리를 주장하기 어렵게 만든다. 결국, 사채는 여러 가지 위험성이 도사리고 있기에 되도록 피하는 것이 좋으며, 자신의 재정상태를 자주 점검해 무리하게 돈을 사용하지 않도록 해야 한다. 급하게 돈이 필요하다면 신뢰할 만한 금융기관을 이용하는 것이 바람직하다.

어떻게 읽고, 어떻게 쓰고, 어떻게 생각할까?

글에서 나온 단어로 짧은 글짓기를 해보자. 특정 단어를 사용해 글짓기를 하면 그 단어의 의미, 쓰임새 등을 더 쉽게 이해할 수 있다. 반복적인 사용은 암기력과 어휘력을 향상시키며, 단어를 바탕으로 이야기를 만들다 보면 창의력을 기를 수 있다. 이 과정에서 다채로운 아이디어가 생성되고, 표현력 역시 향상된다. 짧은 글짓기는 글쓰기 기술을 개발하고, 문장 구조와 문장력 등을 연습할 수 기회를 준다. 특정 단어에 대한 깊이 있는 주제 탐구는 주제에 대한 이해는 물론 관련 지식의 확장을 보장한다. 이는 특히 글쓰기에 대한 자신감을 높여주며, 짧은 글짓기를 통한 효과적인 의사소통을 꾀한다. 일상적인 대화나 발표 등 표현이 필요한 모든 지점에서 우위를 점할 수 있다는 것이다.

친구, 운동장, 학교라는 세 단어를 이용해 짧은 글짓기를 해보자. "오늘은 학교에서 친구와 함께 운동장에서 축구를 하기로 했다. 우리는 점심시간에 운동장으로 나가서 공을 차며 신나게 놀았다. 햇살이 따듯하게 내리쬐는 운동장에서 친구와 함께 웃고 떠드는 시간은 언제나 소중한 추억으로 남는다." 이렇게 주어진 단어를 활용해 간단한 이야기를 만들면 창의력은 물론 문학적 사고력까지 키울 수 있다.

이번에는 윗글에서 사용된 사채, 협박, 신용이라는 단어를 사용해 짧은 글을 지어보자. "사채는 많은 사람들에게 긴급한 자금 문제를 해결해 줄 것처럼 보이지만, 그 뒤에는 엄청난 위험이 도사리고 있다. 특히 사채업자들은 높은 이자율과 협박으로 채무자를 압박한다. 이러한 협박은 단순한 금전적 압박을 넘어 가족과 친구에게까지 그 영향이 전가되는 경우가 많아, 피해자는 극심한 심리적 고통을 겪게 된다. 이런 상황에서 신용은 한순간에 무너질 수 있다. 사채로 인해 신용도가 하락하면, 이후 정식 금융기관에서 대출을 받기 어려워질 뿐만 아니라, 개인의 재정적 안정성에도 심각한 영향을 미친다. 결국, 사채는 단기적인 해결책이 아닌 장기적인 문제를 야기할 수 있음을 명심해야 한다." 이 정도로 글을 정리할 수 있을 것이다. 이것이 바로 단어를 통한 새로운 글짓기의 묘미다.

시그널 탐색력 UP!

1. 윗글에서 잘 모르는 단어 3개를 골라 정확한 의미를 파악해보자.
2. 의미를 파악한 단어 3개를 활용해 짧은 글을 써보자.
3. 글짓기 이후에 단어의 이해도는 어떻게 달라졌는가?

13월의 월급

　1년은 12달이지만 직장인에게는 특별한 월급이 있다. 13월의 월급이라는 '연말정산'이 그것이다. 국세청은 2024년 12월 15일부터 연말정산 결과를 미리 계산해 볼 수 있는 연말정산 미리 보기 서비스를 개통했다. 지난 연말 정산 결과와 올해 1~9월 신용카드 사용액을 토대로 내년 연말정산 예산 세액을 개략적으로 추정할 수 있다. 연봉, 부양가족의 변화 등에 따라 인적공제와 신용카드, 의료비 공제의 증감까지 미리 확인할 수 있다. 실수로 과도한 공제가 이뤄지지 않도록 유의사항을 알려준다. 연말까지 남은 기간의 저축과 지출계획도 조정해 절세혜택을 최대한 받을 수 있도록 팁도 함께 제공할 계획이다. 카카오톡 메시지를 통해 대상자별 공제요건과 필요한 증빙을 간편하게 확인할 수 있다.

　매년 연말이 가까워지면 직장인들은 연말정산 준비로 분주해진다. 연말정산이란 쉽게 말해 1년 동안 근로자가 납부한 근로소득세를 정산하는 절차이다. 매달 월급을 받을 때 회사에서 미리 세금을 조금씩 떼어두는데 한 해가 끝날 때 그동안 떼어놓은 세금이 정확한지 다시 계산해보는 것이다. 이 계산을 통해 세금을 더 내야 할지, 돌려받을 수 있을지 결정한다. 1년 동안의 수익과 지출을 한눈에 확인할 수 있다. 마치 1년 동안의 용돈 관리를 한 번에 정리하는 것과 비슷하다.

　연말이 되면 회사는 구성원들에게 연말정산 일정과 세부 안내문을 공지한다. 연말정산 간소화 자료 다운로드 방법과 제출기한을 전달하며, 최근 개정된 세법을 반영해 주요 세액 공제사항을 안내한다. 12월 말을 기준으로 연말정산 대상 구성원을 파악하며, 중도퇴사자나 신규입사자, 휴직자 등을 확인해 누락이나 중복을 방지한다. 회사는 구성원들의 1년 총 근로소득을 계산하고, 구성원들이 제출한 소득공제와 세액공제 신청서와 증빙서류를 검토한다. 이후 확정된 연간 소득과 공제 항목을 바탕으로 정확한 세금을 계산한다.

 매월 납부한 세금과 실제 납부해야 할 세금의 차이를 계산하고, 환급이나 추가 납부가 필요한 경우에는 회사가 이듬해 2월 급여에 반영해 정산한다. 회사가 국세청에 지급명세서를 제출하고, 1년간 낸 세금이 실제로 내야 할 세금보다 많은 경우에는 환급받을 수 있다. 예컨대 월급이 200만 원인 근로자가 연간 234,000원을 납부했으나 실제 근로소득세가 200,000원이면 34,000원을 돌려주는 방식이다. 반대로 1년간 낸 세금이 실제로 내야 할 세금보다 적은 경우에는 추가로 내야 한다. 부양가족 여부나 기부금, 교육비 등 개인 상황에 따라 세금은 조정된다. 부모와 자녀를 부양하는 근로자에게는 더 많은 세금 혜택을 제공한다.

 연말정산에서 더 많이 환급받거나 세금을 줄이기 위해서는 신용카드와 현금 영수증 사용금액을 늘리고 가능한 한 체크카드를 사용하도록 한다. 연금저축은 600만 원이 한도이며, 퇴직연금을 포함하면 900만 원까지 적용할 수 있다. 의료비는 전체 급여 3% 초과분에 대해 15% 세액을 공제한다. 6세 이하 자녀의 의료비는 모든 비용이 공제되며 본인과 배우자, 자녀의 교육비에 대해서도 공제된다. 무주택 근로자의 월세나 사회복지, 문화, 예술, 교육, 종교, 자선, 학술 등 대통령령으로 정한 기부금도 공제 대상이다. '고향사랑기부금'도 공제받을 수 있다. 자녀 수에 따라 공제가 달라지고 산후조리원 비용 등도 공제되기에 자신이 어떤 분야에서 혜택을 받을 수 있는지 꼼꼼하게 따져볼 필요가 있다.

 근로 소득자의 복잡한 연말정산 절차를 간편하게 지원하는 간소화 서비스도 운영된다. 다양한 공제 항목에 대한 증빙자료를 자동으로 수집하여 근로자가 손쉽게 공제를 받을 수 있도록 지원한다. 회사가 일괄 제공 근로자 명단을 11월 30일까지 홈텍스에 등록하고, 근로자는 1월 19일까지 홈택스나 손택스에서 일괄 제공에 동의한다. 이렇게 하면 근로자가 공제자료를 회사 시스템에 개별 업로드할 필요가 없다. 회사는 자료 수집에 소요되는 시간과 노력을 절감할 수 있어 매우 효율적이다.

어떻게 읽고, 어떻게 쓰고, 어떻게 생각할까?

육하원칙은 글의 체계 가운데서도 가장 대표적인 요소이다. '누가', '언제', '어디서', '무엇을', '왜', '어떻게'로 구분되는 육하원칙은 글을 기능하게 하는 가장 기본적인 원리이며, 상황 파악을 돕는 특징이 있다. 이러한 형식은 객관적인 사실을 전달하는 데 효과적이며, 상황을 체계적으로 이해하고 문제를 해결하는 데 많은 도움이 된다. 뉴스 기사나 보고서 작성, 기획안 수립 등 다양한 분야에서 활용된다. 간결하고 정확한 정보 전달을 장점으로 꼽을 수 있다.

육하원칙을 토대로 글을 읽으면 사건의 근본적인 원인과 목적을 파악할 수 있다. 단순한 사실 나열을 넘어 심층적 이해가 가능해지며 사건의 외형적, 내부적 상황을 체계적으로 분석할 수 있다. 대상과 사건에 대한 구체적인 정보를 포함하기에 중요한 정보를 빠트리지 않고 알아낼 수 있다. 윗글은 "1년은 12달이지만 직장인에게는 특별한 월급이 있다."로 시작하는데, 이 문장에서 '누가'는 직장인이다. '언제'는 매년 연말, '어디서'는 직장이다. '무엇을'에 해당하는 내용은 연말정산을 통한 세금 환급 또는 추가납부, '왜'는 1년 동안의 근로소득세를 정확히 계산하고 정산하기 위해

서이다. '어떻게'는 회사가 근로자의 1년간 총 근로소득에 대한 세금을 계산하고, 이미 납부한 세금과의 차이를 추산해 처리하는 시스템으로 찾아볼 수 있다.

글에서 육하원칙을 찾으려면 먼저 여섯 가지 질문에 대한 답변을 찾아 관련 정보를 수집해야 한다. 수집한 정보를 분석하고 각 질문에 맞게 정리한다. 정리된 정보를 논리적인 순서로 구조화하고 작성된 내용을 검토한다. 경우에 따라 수정 과정을 거치면 된다. 주어진 글 및 정보에서 육하원칙을 찾아보자. 글을 논리적으로 이해할 수 있을 것이다. 글을 읽을 때 육하원칙을 확인하는 습관을 들이면 글의 핵심내용을 빠르고 정확하게 파악하고 정리할 수 있다.

 ## 시그널 탐색력 UP!

1. 윗글에서 문장 하나를 골라 육하원칙을 찾아보자.

2. 육하원칙을 사용해 '연말정산'을 설명하는 문장을 만들어보자.

3. 육하원칙을 찾고 활용할 때 좋은 점을 정리해보자.

스마트 뱅킹으로 용돈 보냈어.
오호. 스마트한 금융생활을 하시는군요.

우리은행은 삼성전자와 함께 국내 최초로 스마트폰 근거리 무선통신 기능을 활용한 오프라인 간편 이체 서비스를 출시했다. 이는 스마트폰의 NFC 기능을 활용한 새로운 방식의 간편 이체 서비스다. 사용자끼리 스마트폰 뒷면을 서로 맞대면 별도의 계좌를 입력할 필요 없이 사전에 등록한 계좌로 이체할 수 있다. 계좌번호를 알려줄 필요가 없어 계좌번호가 외부로 노출되지 않고, 송금 착오의 위험도 없다. 개인 간의 이체를 안전하고 신속하게 할 수 있어 고객들에게 차별화된 경험을 제공할 전망이다. 스마트폰을 활용한 은행 비대면 채널 이용이 꾸준히 증가하는 추세인데, 앱 등 비대면 채널의 비중이 늘어나면 은행이 사업비를 절감하고 순이익을 늘리기에도 유리하다. 일반 소비자들도 영업점 창구에서 대기하는 시간 없이 원하는 서비스를 화면 터치 몇 번으로 이용할 수 있다. 어느 금융권 관계자는 이를 두고 '서로에게 득이 되는 상황'이라 말했다.

스마트 뱅킹이 늘어나는 이유는 간단하다. 전 세계적으로 스마트폰 사용자가 늘어나기 때문이다. 이는 모바일 뱅킹 서비스 확대로 이어지며, 언제 어디서나 금융거래를 할 수 있게 해주었다. 송금이나 계좌 조회가 몇 분 내에 가능하기에 사용자의 편리함은 두말할 것도 없다. 소비자의 수요에 맞춘 개별 맞춤 서비스를 제공하며, 이를 오프라인 은행 서비스와 비교하자면 그야말로 혁신적인 변화가 아닐 수 없다. 금융업체 간의 경쟁이 심화하면서 고객 친화적인 서비스를 제공하기 위한 노력도 늘어난다. 이는 사용자에게 더 나은 서비스를 제공하며, 단순한 거래 이외에 소비지출 관리나 자산관리 등 다양한 부가서비스를 함께 제공한다.

스마트 뱅킹을 통해 언제 어디서나 24시간 금융거래를 할 수 있게 되었으며, 고객은 은행 영업시간에 구애받지 않는다. 스마트폰만 있으면 다양한 은행 업무를 처리할 수 있고, 직접 은행을 방문할 필요가 없어 시간과 비용을 줄일 수 있다. 몇 번의 터치만으로 송금이나 결제 등의 금융업무를 신속하게 처리할 수 있는 시대가 온 것이다. 최신 보안기술을 적용해 사용자의 금융정보를 안전하게 보호하며, 생체 인식 및 2단계 인증 등의 보안 기능이 강화되어 안전한 거래를 보장한다. 여러 계좌를 한 곳에서 관리할 수 있으며 실시간 거래 내역, 예산 관리 등을 손쉽게 모니터할 수도 있다.

송금, 결제, 대출 신청 등 다양한 금융서비스를 모바일에서 간편하게 이용하며 고객지원 서비스도 제공되어 실시간 상담이 가능하다. 물론, 편한 만큼 단점도 있다. 모바일 뱅킹은 사용 시 해킹이나 피싱 등의 보안 위협이 존재한다. 공용 Wi-Fi를 사용할 경우 더욱 위험해질 수 있으므로 사용자 개개인이 보안에 주의하는 것이 좋다. 앱 내의 버그나 서버 문제로 인해 서비스 이용에 장애가 발생할 수도 있다. 개인정보가 유출될 경우 심각한 피해를 입을 수 있으며, 사용자는 자신의 정보 보호에 주의를 기울여야 한다. 또한 일부 모바일 뱅킹 서비스는 특정 거래에 대한 수수료를 부과할 수 있으며, 추가 비용이 발생할 수 있다.

베이비부머 세대(1946년생~1964년생)의 모바일 뱅킹 이용률은 80%를 넘어선다. 기본적인 금융서비스뿐 아니라 부가서비스와 이벤트 참여도도 매우 높다. 그렇다면 이보다 더 고령인 사람들은 어떨까? 정보 취약계층은 모바일 뱅킹의 저변 확대가 달갑지 않다. 디지털에 접근성과 활용능력의 차이로 불평등을 겪는 이른바 '디지털 격차'가 발생하기 때문이다. 이는 경제적, 사회적 배경에 따라 다르게 나타나는데 특히 장애인과 고령자, 저소득층에 큰 영향을 준다. 고령자들은 새로운 기술에 대한 숙련도가 떨어지고, 관련 앱 역시 그들의 필요를 충분히 반영하지 못하는 경우가 많다. 모바일 뱅킹

앱은 사용자 친화적이지 않은 경우가 많다. 복잡한 인증절차와 기능으로 인터넷이나 스마트폰을 사용할 수 없는 사람들은 중요한 금융 서비스로부터 소외될 가능성이 크다.

　스마트폰을 통한 은행 업무 서비스로 인해 최근 디지털 금융시장이 급격히 성장하고 있다. 카카오뱅크, 토스 등 인터넷 전문 은행들이 모바일 뱅킹의 성장을 이끌고 있으며, 이는 지속적으로 금융업계의 혁신을 촉진할 것이다.

 ## 어떻게 읽고, 어떻게 쓰고, 어떻게 생각할까?

글을 읽다가 이해가 안 가는 부분이 있다면, 반드시 표시를 하고 넘어가야 한다. 이 행위 자체가 문제 해결을 위한 첫걸음이기 때문이다. 모르는 부분을 넘겨짚거나 모른 체하고 넘긴다면 글의 전체적인 의미가 왜곡될 우려가 있다. 이는 그 글에서 파생된 모든 문제에 대한 불필요한 오해를 낳기도 한다. 특히 그것이 중요한 개념이나 글 전체를 관통하는 원리라면 더더욱 놓쳐서는 안 된다. 헷갈리거나 모르는 정보에 대해 스스로 질문하고 생각하는 과정은 비판적 사고능력을 키우는 밑거름이 된다.

이는 단순히 정보를 암기하는 차원이 아니다. 그 정보를 실제 상황에 어떻게 적용할 수 있을지 고민하게 만들고, 여기서 얻은 지식을 더욱 깊이 있게 이해하고 활용할 수 있게 돕는다. 이해가 되지 않는 부분을 스스로 찾아내고 그에 따른 해결책을 모색하는 과정은 자기주도 학습능력 또한 향상시킨다. 이는 미래의 관점에서 학습 효과를 극대화한다.

부분 표시 방법에는 대표적으로 '밑줄 긋기'가 있다. 일차원적인 방법 같지만 나중에 다시 돌아가서 확인할 수 있는 중요한 시각적 단서를 제공한다. 특정 페이지나 문장에 포스트잇을 붙여 해당 내용의 중요성을 표시할 수도 있다. 포스트잇에는 자신의 생각이나 질문을 적어두어도 좋고, 종이의 색깔로 중요도를 구분해도 좋다. 포스트잇이 좀 지저분해 보인다면 별도의 노트를 만들어 해당 내용을 요약하거나 질문을 적어두는 방법도 있다. 나중에 복습할 때 매우 유용하게 활용할 수 있다. 이런 식으로 읽은 내용을 다시 되짚어보고, 그에 대한 해답을 찾는 과정을 반복하는 것이 바람직하다.

물론 물질적인 표시만 있는 것은 아니다. '생각'도 하나의 표시가 될 수 있다. 생각에 있어 가장 좋은 표시 방법은 다름 아닌 '질문하기'다. 이 내용이 왜 중요한지, 이 문장이 말하고자 하는 바가 무엇인지 스스로에게 질문해보자. 내용을 보다 깊이 있게 이해할 수 있을 것이다. 저자와 대화하는 것처럼 읽어도 좋다. 예컨대 '이 부분을 왜 이렇게 썼을까?' 생각하면서 읽으면 더 많은 아이디어를 떠올릴 수 있을 것이다.

글의 내용을 시각적으로 상상해봐도 좋다. 글이 과학적 원리를 설명하고 있다면 그와 관련된 이미지를 떠올린 후, 핵심 키워드를 찾아 정리해보자. 내용을 온전히 '내 것'으로 만드는 경험을 할 수 있을 것이다.

🏫 시그널 탐색력 UP!

1. 제시된 방법 중 하나를 골라 이해가 되지 않는 부분에 표시해보자.
2. 그 방법을 선택한 이유를 설명해보자.
3. 모르는 부분을 그냥 지나쳤을 때 발생할 수 있는 문제점들을 정리해보자.

Chapter 5

01 청소년의 사회참여가 필요해요

2024년, 경기도교육청은 지역청소년교육의회 '정책제안 및 사회참여 활동 발표회'를 개최했다. 학생의원, 교육지원청 청소년 교육의회 업무 담당자, 경기도교육정책 자문위원, 학교 자치분과 위원 등 130여 명이 참여한 본 행사에서는 지역별로 특색있는 청소년 교육의회 활동사례를 영상과 보고서로 공유하고, 사회참여 활동 정책제안이 밀도 있게 오갔다. 참석자들은 지자체와 시의회가 협력한 공유학교 프로그램 연계, 정책 마켓 운영, 교육장과의 간담회 등 다양한 활동사례를 공유했다.

주요 사회참여 활동에는 '딥페이크 범죄예방 캠페인' 영상 제작과 '청소년 온라인 불법도박 예방 교육' 활동이 포함되었다. 더불어 청소년 대상 전통문화 음악프로그램 운영과 청소년 심리 및 정서 안정 지원, 다문화 학생 학교 적응 돕기, 청소년 무면허 킥보드 사고 방지 인증 체제 구축 과정 등이 제안되었다. 주요 정책 제안으로는 '청소년의 꿈과 미래를 위한 이동통신 모바일 진로상담 앱 개발'과 '환경 단체와 협업하는 학생 참여형 환경 교육'이 꼽혔다. 교육역량 정책과장은 "청소년이 지역 문제에 관심을 가지고 참여하는 경험은 공동체 역량을 키우는 좋은 기회가 될 것"이라며 소회를 밝혔다.

청소년기는 자아 정체성을 확립하고 도덕성을 형성하는 중요한 시기이다. 사회참여를 통해 청소년들은 스스로 가치관을 형성하고, 사회적 책임감을 배울 수 있다. 더불어 올바른 시민의식과 사회 구성원으로서의 역할 등을 깨닫게 된다. 정신적 건강을 증진하고, 일탈 행동을 예방하는 데도 도움이 된다. 사회참여는 학생들이 학교에서 배운 지식과 기술을 실제 상황에 적용할 기회를 제공한다. 이를 통해 학습한 내용을 보다 현실적으로 이해하고 응용력 또한 기를 수 있다. 이러한 참여는 지역사회 발전에 기여하며, 지역사회의 운영적 측면에서 중요한 역할을 한다.

이러한 사회참여는 다양한 형태로 이뤄지는데, 가장 먼저 청소년들이 모여 지역사회의 문제점을 논의하고 해결책을 모색할 수 있다. 가령 학교폭력 문제에 대해 토론하고, 예방 캠페인을 기획하는 등의 활동을 할 수 있다는 것이다. 리더십과 사회참여 능력을 향상시키기 위한 교육 프로그램에 참여하는 것도 얼마든 가능하다. 이는 청소년들이 직접 지역사회를 조사하고, 청소년에게 필요한 정책을 직접 제안하는 활동이다. 청소년 문화공간 부족 문제를 조사하고 청소년 센터 설립을 제안하는 활동 등을 할 수 있다. 자원봉사 시스템을 통한 다양한 봉사활동, 사회적 인식 개선을 위한 캠페인, 청소년 참정권 확대를 위한 서명운동, 청소년 인권보장을 위한 온라인 캠페인 등에도 참여 가능하다.

청소년의 사회참여 활동을 늘리기 위해서는 먼저 청소년들이 주도적으로 기획하고 운영할 수 있는 '참여 기회'를 활성화해야 한다. 그래야 토론회, 캠페인 등에서 자신의 의견을 피력하는 기회를 가질 수 있다. 처음 참여하는 청소년을 위한 교육 프로그램을 제공해 참여의 의미와 중요성을 이해시키는 것도 중요하다. 어떤 일이든 흥미를 느껴야 진정한 의미의 참여가 가능해지기 때문이다. 참여 기구와 관련된 정보는 학교에서 직접 설명하는 것이 좋으며, 단순히 게시판에 공지하는 수준이 아니라 직접적인 소통을 통해 청소년들이 자진해서 참여할 수 있는 분위기를 형성해야 한다.

시대가 시대인 만큼 SNS를 통해 청소년들의 의견을 수렴하고, 참여를 유도하는 이벤트나 캠페인을 정기적으로 진행해도 좋을 것이다. 청소년의 참여가 교육으로 연결되려면 교육정책과의 연계 역시 필요하다. 자유학기제와 같은 제도를 활용해 청소년들이 다양한 활동에 참여하도록 유도하는 것

도 방법이다. 청소년들이 사회 문제 해결에 적극적으로 참여하고 목소리를
낼 때, 더 나은 사회로의 도약을 꾀할 수 있을 것이다.

 ## 어떻게 읽고, 어떻게 쓰고, 어떻게 생각할까?

글은 생각을 체계적으로 정리하는 가장 기본적인 매체다. 글쓰기는 단순
한 의사소통의 수단을 넘어 개인의 사고와 감정을 표현하고 독자와의 연
결고리를 만드는 중요한 활동이다. 글을 통해 우리는 사고를 확장해 나갈
수 있으며, 글에 대한 질문을 던지고 답을 찾는 과정에서 새로운 관점을
발견하게 된다. 글의 목적을 파악하는 것이 그래서 중요하다.

글의 목적을 파악하기 위해서는 먼저 글쓴이가 누군지, 누구를 대상으로
썼는지 알아야 한다. 특히 '하지만'이나 '그러나'와 같은 전환하는 부사가
등장할 때는 더 주의 깊게 읽어야 한다. 이러한 표현은 필자의 의도가 바
뀌는 중요한 단서가 되기 때문이다. 글에서 반복적으로 사용되는 단어나
구문에 주목하는 것이 좋다. 광고나 기사, 항의문 등 글의 종류에 따라 자
주 사용되는 표현과 구조를 이해하면 목적 파악이 훨씬 수월해진다는 것
이다. 예컨대 광고문에서는 제품명이나 기능과 관련된 어휘가 많이 사용
되기에 그것들을 찾아내면 글의 목적을 금방 알 수 있다.

글을 읽기 전에 자신의 질문을 먼저 설정해두는 것도 좋다. '이 글이 전달
하고자 하는 메시지는 무엇인가?', '독자가 궁금해할 만한 정보는 무엇인
가?' 등의 질문을 가지고 글을 읽는다면 아무 생각 없이 읽을 때보다 목
적을 파악하기가 쉬워질 것이다.

윗글은 청소년의 사회활동에 대해 소개하고 있으며 청소년의 사회참여

활동, 청소년의 정책 제안 등을 설명한다. 특히 청소년기의 사회참여 활동이 가져다주는 효과와 그 형태에 대해서도 구체적으로 알려주고 있다. 더불어 청소년의 사회참여 활동 권장을 위해 할 수 있는 노력과 방법 등도 제시한다. "청소년기의 사회참여 활동이 개인의 성장뿐 아니라 공동체 발전에 기여할 수 있음을 알리는 것"이 이 글의 목적이라 할 수 있겠다. 윗글을 읽고 청소년 스스로 그 필요성을 알고 참여할 수 있다면 더 좋을 것이다. 이렇듯 글의 목적을 정확히 파악한 후 글을 다시 읽게 되면, 글에서 주는 메시지를 더 쉽고 명확하게 파악할 수 있다.

 ## 시그널 탐색력 UP!

1. 글을 읽기 전에 먼저 떠올릴 수 있는 질문들을 나열해보자.
2. 윗글의 목적을 크게 두 가지로 분류해보자.
3. 분류한 목적 중 하나를 골라 나만의 글쓰기를 시도해보자.

가짜 뉴스에 속지 마세요

2023년 소셜미디어와 인터넷에는 일론 머스크의 사망 소식이 떠돌았다. 그해 그와 관련된 허위 정보지수는 157,385건으로 세계 1위를 차지할 정도였다. 기술 및 미디어 분야에서 두드러진 활동을 펼쳤기 때문일까? 그와 관련된 조작 영상이나 허위정보는 1,500만여 명에게 퍼져 나갔다. 그가 빈곤 퇴치를 위해 양자 AI 프로젝트를 도입했다는 뉴스도 있었다. 이 주장은 조작된 영상을 통해 알려졌고, 얼마 지나지 않아 모든 것이 가짜로 판명되었다.

세계적인 축구선수 리오넬 메시와 네이마르도 가짜 뉴스의 표적이 된 유명인이다. 그들은 구단 이적과 관련된 가짜 뉴스의 단골손님이었고, 이러한 소문은 대중의 큰 관심을 모았다. 미국의 팝스타 리아나와 해리 윈저 왕자의 아내 메건 마클은 임신과 관련된 루머의 주인공이다. 리아나는 딥페이크 영상으로 셋째를 임신했다는 루머가 퍼졌으며, 매건 마클 역시 대리모를 통해 아이를 낳았다는 허위 주장에 시달렸다. 방탄소년단 지민에 관한 가짜 뉴스도 있었다. 그와 닮은 꼴로 성형수술을 받은 후 사망했다는 캐나다 배우 세인트 본 콜루치라는 인물은 사실 존재하지 않는 것으로 밝혀졌다. 있지도 않은 일을 만들어내는 가짜 뉴스는 현대 사회의 심각한 문제로 대두되고 있다.

가짜 뉴스란 말 그대로 허위 또는 오해의 소지가 다분한 뉴스를 뜻하며, 그 형태 또한 다양하다. 각각의 유형은 특정한 방식으로 정보를 왜곡하거나 잘못 전달한다. 가짜 뉴스의 유형으로는 풍자와 패러디가 있다. 해를 끼치기 위한 의도는 없지만, 사람들을 속일 가능성이 있는 콘텐츠이다. 정치인을 풍자하는 코미디 프로그램이나 기사 등은 사실상 유머를 목적으로 하나, 일부 사람들은 이를 실제 정보로 오해하기도 한다. 제목이나 시각적 자료가 사실을 뒷받침하지 못하거나, 클릭을 유도하기 위해 자극적인 제목을 사용하지만 실제 기사 내용과 전혀 관련이 없는 경우가 태반이다.

정보를 바꾸고 통계 자료를 왜곡해 특정 정책의 성패를 허위로 꾸미기도 한다. 진실된 내용이지만 잘못 공유되어 오해를 불러일으킬 수도 있다. 더러는 진짜 정보를 가짜 정보로 속이기도 한다. 이에 유네스코에서는 가짜 뉴스를 '악의 없이 유포되는 잘못된 정보(언론 오보)', '악의를 지닌 허위 정보', '사생활을 침해하는 정보'로 구분하기도 했다. 그렇다면, 가짜 뉴스가 이렇게 많이 퍼지는 이유는 무엇일까? 소셜미디어와 스마트폰의 보급은 개인이 뉴스를 소비하는 방식을 변화시켰다. 사용자는 자신이 선호하는 정보만을 선택적으로 소비하기에 편향된 정보에 노출될 가능성이 크다.

SNS에서 친구가 공유한 뉴스를 비판 없이 수용하면서 가짜 뉴스의 전파는 한층 수월해졌다. 다양한 출처의 정보가 뒤섞여 제공되면서 뉴스의 출처를 인식하지 못하거나 무시하게 된 것이다. 이는 뉴스의 맹목적인 소비를 부추긴다. 아는 사람을 통해 전달받은 정보는 그것이 설령 가짜 뉴스라고 해도 의심 없이 받아들이는 경향이 높다. 사람들은 자신의 신념을 강화하는 정보만을 선호하기에 기존의 생각과 반대되는 정보는 무시하거나 거부한다. 조회 수가 목적인 광고수익 모델은 앞으로도 자극적인 허위의 콘텐츠를 끊임없이 만들어 낼 것이다.

가짜 뉴스의 규제를 위해서는 관련 법률을 제정해 가짜 뉴스를 생산하고 유포하는 행위를 금해야 한다. SNS나 메신저 등 온라인 플랫폼에서 가짜 뉴스로 판명된 콘텐츠는 삭제하거나 임시 차단해 더는 퍼지지 않도록 규제해야 한다. 정보의 품질을 평가하고, 좋은 정보와 나쁜 정보를 분별할 수 있는 개개인의 능력도 필요하다.

글의 의도는 곧 글의 메시지다. 글쓴이가 전하고자 하는 메시지가 글에 담긴다. 아니, 담겨야 한다. 메시지가 없는 글은 그 자체로 가치를 지닌다고 보기 어렵다. 다시 말해, 글에서 메시지를 찾는 것은 독자의 몫이다. 의도 파악이 안 되면 전체적인 맥락을 이해할 수 없다. 글의 주제와 논점 등이 메시지에 모두 포함되어 있기 때문이다. 의도 파악이 안 된 상태에서 글을 계속 읽어내려갈 수도 있지만, 이는 단지 무언가를 읽고 있다는 행위에 지나지 않는다. '읽는 의미'가 상실된 '기계적 읽기'는 조금 거칠게 표현해서 시간 낭비다.

글의 의미가 파악되면 글쓴이의 주장과 논증을 평가하는 과정을 거치며 비판적 사고력을 기를 수 있다. 정보 자체를 단순히 수용하는 것이 아니라 그 정보를 자신의 사고와 연결해 새로운 통찰을 얻을 수 있다는 것이다. 글쓴이의 의도를 잘못 이해하면 글의 내용이 왜곡될 가능성이 크다. 메시지를 정확하게 파악하면 불필요한 오해를 막고, 더욱 유익한 '읽기'를 체험하게 된다.

글쓴이의 의도를 파악하려면 본문의 내용을 '대답'으로 간주하고 질문을 만들어보는 것이 좋다. 그러면 무엇 때문에 이 글을 썼는지, 해결해야 할 문제가 무엇인지 파악할 수 있다. 이때는 배경지식도 중요하다. 주제에 관한 배경지식이 있는 사람과 없는 사람의 차이는 매우 크다. 경기의 룰을 알고 시합에 참가하는 선수와 그렇지 못한 선수의 경기 결과는 불을 보듯 뻔하다. 배경지식은 특히 복잡한 주제를 다루고 있을 때 유용하다. 글쓴이가 제시한 핵심개념을 바탕으로 문장을 논리적으로 구조화할 수 있다.

윗글은 가짜 뉴스의 심각성과 확산하게 된 원인, 유형, 대응 방안을 말하고 있다. 가짜 뉴스에 대한 경각심을 불러일으키는 것이 첫 번째 목적이라고 볼 수 있는데, 가짜 뉴스가 현대 사회에 미치는 부정적인 영향을 강조하면서 글의 목적에 설득력을 더한다. 글의 구조 역시 체계적이다. 가짜뉴스의 사례와 유형, 확산 원인과 해결책 등의 체계적인 구조는 글쓴이가 해당 문제를 정확히 인지하고 또 직시하고 있음을 말해준다.

'가짜 뉴스'를 제외하고 윗글에서 가장 많이 반복되는 단어에는 '허위', '왜곡', '오해' 등이 있으며, 글의 결론 부분에서 저자가 제시하는 해결책이나 제안을 통해 글의 의도를 정확히 파악할 수 있다. 법적 규제, 플랫폼 자율 규제, 미디어 리터러시 교육을 기반으로 가짜 뉴스를 타파하고 개개인의 분별력을 길러야 한다는 것이 핵심 메시지인 것이다. 이렇듯 글쓴이의 의도 파악은 반드시 요구되는 독자의 역량이라고 볼 수 있다.

 ## 시그널 탐색력 UP!

1. 윗글에서 저자의 의도를 파악할 수 있는 문장 다섯 개를 찾아보자.
2. 다섯 개의 문장을 하나의 핵심 문장으로 요약해보자.
3. 저자의 의도를 파악했을 때와 그렇지 못했을 때의 차이점은 무엇인가?

03 레거시 미디어와 유튜브의 힘

2024년, 대한민국엔 《흑백요리사》 열풍이 불었다. 요리계급 전쟁을 주제로 기존 요리 서바이벌에선 볼 수 없었던 파격적인 미션들로 많은 시청자들의 눈길을 사로잡았으며, 넷플릭스가 한국에서 선보인 예능 가운데 처음으로 3주 연속 글로벌 비영어 부문 1위를 기록했다. 큰 화제성만큼 논란도 많았다. 우승자인 '나폴리 맛피아'의 팔목을 휘감은 문신이 방송에 그대로 노출되었으며, '요리하는 돌아이'의 비속어가 방송 중간중간에 툭툭 튀어나왔다. 유료방송, 지상파와 같은 레거시 미디어에서는 쉽게 볼 수 없는 장면이었다. 레거시 미디어로만 정보를 접하던 시대가 저물고, 선택의 폭이 넓어지면서 이런 일들이 발생하게 된 것이다.

레거시 미디어란 신문, 잡지, 텔레비전, 라디오 등 오랜 기간 신뢰를 쌓아온 전통적인 매체를 지칭한다. 이는 19세기에서 20세기에 걸쳐 급속히 발전했는데, 20세기 중반이 되면서 라디오와 텔레비전의 성장은 신문을 압도하며 대중 매체의 주류로 자리잡았다. 특히 텔레비전은 1950년대 이후 급속한 성장을 보이며 주요 정보전달 매체가 되었다. 레거시 미디어는 오랜 역사를 통해 쌓아온 신뢰성과 권위를 바탕으로 정확하고 객관적인 정보를 제공하기 위해 노력해 왔다. 다양한 주제와 이슈를 다루며, 특정 집단보다는 대중을 대상으로 하는 보편적인 콘텐츠를 제공한다. 전통적으로 일방향 소통방식이기에 독자나 시청자의 피드백을 즉각적으로 반영하기 어려운 구조다.

레거시 미디어는 전통적인 대중 매체를 의미하며, 주로 인쇄물이나 방송을 통해 정보를 전달한다. 이는 물리적인 형태로 존재하며 디지털 매체와 달리 오프라인에서 주로 소비된다. 일반적으로 소수의 큰 미디어 기업에 의해 운영되며, 정보의 생산과 유통이 중앙집중형 구조로 이루어져 있다. 또한 오랜 역사와 전통을 바탕으로 높은 신뢰성과 권위를 가지고 있으며, 많은 사람들이 레거시 미디어를 '신뢰할 만한 출처'로 인식한다. 단, 신문이나 잡지는 정기적으로 발행되고 방송 뉴스 역시 정해진 시간대에 방영되기 때문에 디지털 미디어에 비해 정보 전달 속도가 느릴 수 있다. 많은 레거시 미디어는 디지털 전환을 시도하고 있으며, 온라인 뉴스 포털이나 디지털 구독 서비스를 통해 새로운 독자층을 확보하고 있다. 다양한 형태의 콘텐츠를 생산해 동영상, 팟캐스트, 인터랙티브 콘텐츠 등으로 독자들과 소통하는 것이다.

다른 형식으로 떠오르는 '뉴미디어'에는 유튜브 외에도 OTT 서비스, 틱톡, 인스타그램, 트위터 등의 플랫폼이 있다. 뉴미디어는 쉽게 말해 누구나 쉽게 콘텐츠를 제작하고 배포할 수 있는 플랫폼을 뜻한다. 중앙집중형 구조가 아닌 분산형 구조이며, 댓글과 실시간 피드백을 통해 시청자와 활발한 상호작용을 할 수 있다. 실시간으로 콘텐츠를 수정하고 피드백을 반영할 수 있기에 매우 빠른 반응 속도를 자랑한다. 특정 관심사나 취향에 맞게 세분화한 콘텐츠를 제공해 다양한 시청자층을 공략한다. 소자본으로도 콘텐츠 제작이 가능하며, 스마트폰 등 간단한 장비만으로도 방송할 수 있다는 것이 가장 큰 이점이라고 볼 수 있다.

레거시 미디어와 유튜브는 상호보완적 관계에 있다. 레거시 미디어는 심층적 탐사보도와 사실 확인에서, 유튜브는 빠른 정보전달과 방대한 콘텐츠 제공에서 각각 강점을 가진다. 레거시 미디어가 전문적이고 체계적인 콘텐츠를 제작하고, 유튜브는 다양하고 창의적인 콘텐츠를 제공하고 있는 것이다. 이러한 상호보완적 관계를 통해 두 매체는 각자의 장점을 극대화하며 공존할 수 있다.

질문은 정보의 진위를 판단하고 관점을 폭넓게 가져갈 수 있는 일종의 '문'이다. 글쓴이의 의도와 주제를 파악하는 데 있어 질문만큼 좋은 방법은 없다. 특히 스스로 질문하는 과정에서 우리의 비판적 사고력은 크게 향상된다. 능동적인 독서를 위해서도 질문은 필수다. 질문은 곧 참여이자, 탐구의 기본자세다. 좋은 질문은 토론의 주제가 될 수 있으며, 다양한 의견이 오가는 중에 새로운 통찰을 얻게 된다.

각 장이나 꼭지별 질문 리스트를 만들고, 독서의 진도에 맞춰 추가 질문들을 조금씩 확보해 나가도 좋다. 질문 속에 이미 답이 나와 있는 경우도 많기에 질문은 단순히 '묻는' 차원에서 끝나지 않는다. 다른 독자와 토론하거나 피드백을 주고받는 등의 소통을 할 때도 그 시작은 질문으로 이루어지는 경우가 많다.

이처럼 질문은 다양한 관점으로 문제를 바라보게 하고, 질문에서 파생된 새로운 아이디어에서 답을 유추해 볼 수도 있다. 완벽한 독서를 위해서는 끊임없이 질문하고 그에 대한 답을 스스로 발견해 나가야 한다. 놓친 부분이나 도움이 될 만한 인사이트 또한 질문을 통해 찾을 수 있다.

윗글은 《흑백요리사》의 인기 요인과 논란의 이유 등을 다루며 레거시 미디어의 역할과 뉴미디어의 부상, 검증 과정의 필요성, 시청자들의 변화 추이에 대해 설명한다. 그렇다면 우리는 여기서 어떤 질문을 만들 수 있을까? 먼저, 《흑백요리사》가 화제의 중심에 서게 된 까닭을 물을 수 있다. 해당 프로그램이 왜 인기가 있는지, 왜 논란이 되었는지 등을 조명하면서 전체적인 핵심 메시지를 파악할 수 있다. 나아가 전통적 미디어가 디지털 시대에 어떻게 적응하고 있는지, 새로운 트렌드와 어떤 방식으로 상호보완 관계를 형성·유지하는지 살펴볼 수도 있다.

질문을 하나로 요약하자면, "레거시 미디어는 그간 지켜온 권위와 신뢰성을 어떻게 이어갈 수 있을까?" 정도로 정리할 수 있다. 뉴미디어의 출연자 검증, 뉴미디어의 출현에 따른 문제점과 변화 등과 관련된 질문은 추가적으로 던져도 좋을 것이다. 이렇듯 질문에 대한 답을 추론해 나가면서 글을 읽으면, 본문 내용에서 밝힌 정보 이상의 인사이트를 획득할 수 있다.

 시그널 탐색력 UP!

1. 제시된 질문 외에 새로운 질문을 더 만들어보자.

2. 만들어낸 질문을 통해 레거시 미디어와 뉴미디어의 차이를 발견해보자.

3. 질문에 대한 답을 찾는 과정에서 얻을 수 있는 것들은 무엇인가?

04 한미일 외교협력 유지 가능할까?

2024년 11월, 한미일 사무국이 출범했다. 외교부는 한미일 사무국을 한국, 미국, 일본 순서로 2년씩 돌아가며 설치하기로 했으며, 초대 사무국장은 외교부 북미국 심의관이 맡게 됐다고 밝혔다. 한미일 사무국은 세 국가가 함께 안보, 경제, 첨단기술, 인적 교류 등 다양한 분야의 협력 사업을 점검하고 조율한다. 쉽게 말해 세 국가의 협력을 제도화하고 지속적인 발전을 도모하고자 만든 정책이다. 사무국에는 각 나라의 고위 공무원이 배치된 운영이사회가 만들어지는데 미국의 부차관급, 우리나라의 심의관급, 일본의 외무성 부국장급이 이사로 지명돼 구성될 예정이다.

이 회의에서 3국 정상은 북한의 러시아 파병이 유엔 안전보장 이사회 결의 위반이라고 비판했다. 우크라이나 전쟁을 러시아의 일방적 침략 전쟁이라 규정하고 강력히 규탄한 것이다. 유엔 안보리 결의에 따른 한반도의 완전한 비핵화를 위한 공약도 재확인했다. 더불어 북한과 관련된 유엔 안보리 결의의 위반과 회피, 국제 비확산 체제를 약화하는 모든 시도에 대해 단호히 대응할 것을 확인했다.

일각에서는 바이든 대통령의 임기 마지막 정상회의에 의문을 품기도 한다. 새로운 대통령이 취임하게 되면 방향성이 달라질 수 있기 때문이다. 트럼프 집권 2기의 외교 안보 라인으로 대북·대중 강경파가 내정됐다. 한미 동행 약화나 미국과 중국의 갈등 수위 고조, 비핵화 포기 등이 예상되기도 한다. 한반도의 안전을 위한 변화가 불가피할 것으로 보이기에 우려의 목소리도 높다. 트럼프 대통령 2기가 시작되면 외교 안보에도 변화가 있으니 기존의 협력 체계가 큰 의미가 없다는 분석도 나왔다. 국제정세는 자국의 이익과 다양한 요소를 반영해 끊임없이 변화하기 때문이다.

2024년 국제정세는 여러 복합적인 요인으로 큰 변화를 겪었다. 미국과 중국의 전략적 경쟁이 계속되었으며, 서로의 영향력을 견제하기 위해 연대를 강화했다. 특히 G7과 NATO 정상회의에서는 중국의 강압적 정책에 대한 비판이 이어졌다. 중국 정부가 자국 기업에 불법적으로 보조금을 지원하고, 과잉생산으로 글로벌 시장을 왜곡하고 있다는 것이다. 러시아와 우크라이나 전쟁이 지속되는 가운데 중국이 러시아의 침공을 지원하고 있다는 비난의 목소리도 높았다. 중국과 러시아, 양 국가의 군사적 지원이 유럽 안보에 심각한 영향을 미치기 때문이다. 이 영향은 한국을 포함한 아시아 국가들에게까지 미친다.

하마스와 이스라엘 전쟁 같은 중동지역의 갈등도 이슬람권 전역으로 확산되고 있다. 이 갈등은 중동 내에서의 세력 균형 변화와 함께 글로벌 정치에도 영향을 미치고 있다. 국제 사회가 협력해 해결해 나가야 할 문제에 대해 연대가 약화한 것도 눈여겨볼 만하다. 기후 변화에 따른 협력도 마찬가지다. 주요 강대국들이 각자의 이해관계에 따라 기후 정책을 조정하기 때문이다. 화석 연료 사용에 대한 논의는 각국의 입장이 달라 합의조차 이루어지지 않고 있다.

한 나라의 힘만으로는 자립적으로 살아갈 수 없는 세상이 되었다. 기후 변화처럼 모든 국가가 함께 직면한 문제가 있기 때문이다. 이는 단일국가의 노력으로는 해결되지 않는다. 국제 사회가 협력해 온실가스 감축과 지속 가능한 대비책을 마련해야 한다. 앞서 코로나19 펜데믹과 같은 상황을 통해 우리는 국제 협력의 필요성을 실감했다. 전 세계로 확산된 바이러스 감염을 극복하기 위해서는 백신 배급과 정보 공유, 의료물자 지원 등 국가 간 협력이 필수임을 배웠기 때문이다.

국제 협력은 무역 장벽을 낮추기에 각국의 경제적 이익을 위해서라도 협력의 중요성을 잊어서는 안 된다. 과학기술 분야에서의 협력은 기술 발전을 가속화한다. 각국의 연구자들이 서로의 지식과 경험을 공유하고 있으며 특히 바이오, IT 등 고급 기술 분야에서 협력의 힘은 가공할 만하다. 개발도상국에 대한 지원 역시 국제 사회의 공동책임이다. 국제 개발 협력은 빈곤 문제를 해결하고 사회경제적 발전을 촉진하는 중요한 역할을 한다. 자연재해나 분쟁으로 인한 인도적 위기 상황에서는 국제 사회가 협력하여 긴급 구호 활동을 펼쳐야 한다. 생명과 직접적으로 연관된 일이기 때문이다.

  국가 간의 갈등과 전쟁을 예방하기 위해서는 외교적 노력이 필요하다. 다자간 회의나 중재를 통한 갈등 해결 노력은 평화 유지를 위한 중요한 수단이다. 결국 현대 사회는 경제, 환경, 문화 등 다양한 분야에서 상호 연결되어 있다. 이러한 '글로벌화'는 국가 간의 의존성을 증가시키며, 이는 공동의 문제를 해결하기 위한 협력과 노력이 반드시 뒤따라야 하는 이유이기도 하다.

# 어떻게 읽고, 어떻게 쓰고, 어떻게 생각할까?

글에는 글쓴이의 생각이 담겨 있다. 좀 더 구체적으로 표현하자면, 자신이 보여주고자 하는 세상이 담겨 있다. 글쓴이는 그런 부분을 강조하기 위해 여러 장치를 사용해 글을 쓴다. 글에 깃든 세상을 이해하기 위해서는 주장의 근거와 타당성을 먼저 찾아야 한다. 신뢰성을 평가하는 일종의 기준인 셈이다. 믿을 만한 근거가 있다면 설득력이 높아질 것이고 이렇다 할 근거가 없다면 글의 신뢰도가 떨어지는 것은 당연하다. 근거를 분석하고 찾아보는 과정에서 논리적 사고력을 기를 수 있는데, 주장-근거 피라

미드는 독해력을 높일 뿐만 아니라 정보를 단순히 수용하는 것을 넘어 적극적으로 평가하고 분석할 수 있게 돕는다.

결국 글을 읽을 때는 글쓴이의 주장을 찾아야 하는데, 논설문이 아닌 설명문의 경우 핵심내용을 안에 주장이 거의 다 들어가 있다. 만약 핵심내용에서 글쓴이의 주장을 발견하지 못한다면 내용을 뒷받침하는 예시나 다른 근거를 찾아본다. 그 근거와 뒷받침 내용이 타당한지 생각해보고, 사실적인 자료나 전문가의 의견 등이 명확하게 제시되어 있는지 확인한다. 개인의 주관적 경험이나 생각이 아닌 누구나 공감하고 인정할 수 있는 내용인지 검토하는 과정도 중요하다. 반대의 의견이나 다른 관점은 없는지 살펴봐도 좋다. 주장과 근거, 중심내용과 뒷받침 내용이 서로 논리적으로 연결되어 있는지 확인한다. 이러한 과정이 복잡해 보인다면 단순하게 맥락과 상황을 고려해 주장의 적절성을 판단해봐도 좋다.

윗글은 한미일 협력의 제도화, 국제 안보 등을 다루며 국제정세 변화와 국제 협력의 필요성에 대해 서술하고 있다. 예를 들어 '국제 협력의 필요성을 강조'하는 주장을 보자. 글쓴이는 기후 변화와 펜데믹 같은 글로벌 문제 해결을 위해 국제 협력이 필수적이라고 말하며, '기후변화는 단일 국가의 노력만으로 해결될 수 없다'는 근거를 제시한다. 국제 사회가 협력해 온실가스 감축과 지속 가능한 개발을 추진해야 한다고 강조한다. 팬데믹 상황에서 국가 간 협력이 필수적임을 주장하며 백신 배급, 정보 공유 등의 필요성을 강조하는 것이다. 이 주장은 믿을 만한다. 기후 변화와 팬데믹이 전 세계적으로 영향을 미쳤기 때문이다. 이를 해결하기 위해서는 국제 협력이 필수적이라는 점은 널리 인정하는 사실이다. 협력의 필요성, 문제점과 해결 방안이 논리적으로 연결되어 있고 글로벌 문제를 해결하기 위한 다양한 관점을 제시한다.

1. 윗글에서 글쓴이의 주장 하나를 골라 그에 대한 근거를 찾아보자.

2. 근거를 찾았다면, 그 근거에 대한 타당성을 찾아 정리해보자.

3. 글이 제시하는 주장과 근거의 타당성을 파악한 후 느낀 점을 정리해보자.

 **05** # 화성 탐사로 새로운 우주 열린다

일론 머스크의 우주기업 스페이스X의 달, 화성 탐사 우주선 스타십이 2024년 11월 여섯 번째 지구 궤도 시험 비행을 위해 발사됐다. 미국 남부 해변의 우주발사 시설 스타베이스의 발사 과정은 온라인으로 생중계됐다. 스페이스X는 미국의 항공우주 장비 제조와 생산을 담당하는 우주수송 회사이며, 2002년 일론 머스크에 의해 설립되었다. 우주 수송 비용을 획기적으로 절감하고 화성을 식민지화하는 것을 목표로 한다. 2008년 세계 최초로 민간 액체 추진 로켓을 지구 궤도에 도달시켰으며, 2010년에는 우주선을 발사해 궤도 비행 후 회수했다. 2012년에는 국제 우주 정거장에 우주선을 도킹했고, 2015년에는 로켓 1단 부스터를 역추진해 착륙시키는 데 성공했다.

스타십은 2023년 4월과 11월, 2024년 3월과 6월, 그리고 10월까지 총 5회에 걸쳐 지구 궤도를 시험 비행했다. 스타십 로켓의 1단 추진체를 발사대로 직접 회수하는 데 성공했으며, 2단 추진체도 목표 지점으로 돌아오게 했다. 이는 우주 발사체 전체를 재사용할 수 있는 기술로 비용과 기간을 크게 줄일 수 있는 혁신적인 성과다. 스페이스X는 스타십을 이용해 2026년 9월로 예정된 나사의 아르테미스 3호 유인 달 착륙 임무에 참여할 예정이다.

우주탐사는 지구 밖 우주 공간과 천체를 탐사하고 연구하는 활동이다. 달과 화성, 금성, 목성, 토성 등 태양계 행성들과 혜성을 탐사하며 궤도선, 착륙선, 로버 등 다양한 탐사 방식을 활용한다. 궤도선은 행성주위를 돌며 원격으로 관측하고, 착륙선은 행성 표면에 착륙하여 직접 탐사한다. 로버는 행성 표면을 이동하며 광범위한 지역을 탐사한다. 이때 대기와 표면 성분을 정밀하게 분석하는 질량분석기를 활용한다. 고해상도 이미지 촬영이 가능한 카메라, 지형 매핑 및 지하 구조를 탐사하는 레이더, 물질의 화학적 조성을 분석하는 분광계도 사용한다. NASA의 다빈치 미션의 첫 번째 목표는 2031년 금성 대기권 진입이다. 대기와 기후 시스템 분석, 지형 정보 수집, 과거 물 존재 여부 확인 등을 수행할 예정이다. 미국 국립과학원이 천왕성 탐사를 최우선 과제로 지정했으며, 2031년경 발사하여 13년 내 도착을 목표로 하고 있다.

그중에서도 특히 화성 탐사가 진척을 보이는 이유는 지구와 가장 비슷하기 때문이다. 생명체 존재 가능성과 미래 인류 주거 가능성을 탐구하기에 적합하고, 지구에서 가장 가깝기에 탐사 또한 비교적 용이하다. 화성의 현재 상태와 자연사를 연구하면 태양계의 형성과 진화에 대한 중요한 정보를 얻을 수 있다. 화성은 오래전부터 인류의 상상력을 자극해 왔으며, 이는 탐사 프로그램에 대한 지속적인 지지로 이어졌다. 이는 또한 우주 발전 기술을 촉진하는 도전적 과제로 여겨지기도 했다. 이러한 요인이 결합되어 다양한 국가와 기관에서 적극적으로 화성 탐사 미션을 추진하게 된 것이다.

화성의 신비를 풀고 생명체의 흔적을 찾기 위해 1962년부터 인류는 끊임없이 탐사선을 화성으로 보냈다. 2030년에서 2040년 사이에는 유인 탐사대를 보낼 계획을 가지고 있으며, 이를 위해 화성의 자원과 위험성 등을 파악하고 있다. 인류의 오랜 숙원인 만큼 꾸준한 준비와 노력이 필요할 것이다.

글을 읽을 때 구조를 먼저 파악하면 전체적인 내용 탐색이 수월해진다. 두괄식, 미괄식 등의 구조는 메시지의 전달 방식이라고도 볼 수 있다. 구조 파악을 통해 가독성을 올리고 필요한 정보를 빠르게 짚어낸다면 시간을 절약할 수 있다. 글의 전체적인 구조를 분석하기 위해서는 서론, 본론, 결론의 기본 구조를 먼저 확인해야 한다. 통상적으로 서론은 주제를, 본론은 주장이나 근거를, 결론은 내용을 정리하고 마무리한다. 각 단락의 첫 문장과 마지막 문장에 주목한다. 단락별로 주제를 파악하고 단락 간의 관계를 고려한다. 시간적, 공간적 구성과 연역적, 귀납적 구성을 확인한다. 두괄식, 미괄식, 중괄식, 양괄식, 병렬식 구조도 더불어 확인해본다.

윗글은 서론에서 스페이스X의 스타십 발사 소식을 다루고 있다. 스페이스X가 무엇인지 소개하고 스타십 프로젝트를 안내한다. 본론에서는 우주 탐사의 개요를 설명하면서 그중에서도 화성 탐사에 집중하는 이유를 알려준다. 더불어 화성과 지구와의 유사성, 화성 탐사의 과학적 가치, 역사와 목표에 대해서도 짚어본다. 결론에서는 화성 탐사의 도전문제를 정리하는데, 일반적인 내용에서 구체적 사례로 좁혀가는 구조임을 알 수 있다. 이러한 구조는 넓은 맥락에서 시작해 구체적인 주제로 좁혀가며 독자의 흥미를 끈다. 복잡하거나 생소한 주제를 다룰 때 주로 사용하는 방식이다. 특정 연구 주제로 좁혀가면서 연구의 중요성을 부각할 때 쓰이기도 한다. 주제에 대한 일반적인 배경정보를 제공한 후 특정 사례나 문제로 초점을 맞출 수 있다.

이와 반대로 구체적인 사례에서 시작해 주제를 넓혀가는 방식도 있다. 독자가 쉽게 이해하고 공감할 수 있는 내용을 구체적으로 제시하며 관심을 유도한다. 복잡하거나 추상적인 개념을 다룰 때 주로 사용하는 방법이다. 예컨대 과학적 원리를 설명할 때, 실제 실험사례를 먼저 제시하고 그 결과를 통해 원리를 설명하는 방식인 것이다. 특정 문제를 제시하고 그에 따른 패턴의 '경향성'을 탐구하는 데 유용하다. 특정 사례를 깊이 있게 분석한 후 그 분석 결과를 바탕으로 일반적인 결론이나 교훈을 도출하는 데 사용된다. 이는 연구보고서나 학술 논문에서 자주 나타나는 형식이다. 이처럼 글의 구조를 파악하면 글의 주제를 보다 깊이 있게 다룰 수 있게 된다.

 ## 시그널 탐색력 UP!

1. 우주탐사의 미래에 대한 나의 생각을 적어보자.

2. 윗글의 구조를 자유롭게 분석하여 정리해보자.

3. 글을 구조화하는 자신만의 방법이 있다면 소개해보자.

디지털 교과서와 맞춤형 교육

2025년 3월 영어, 수학, 정보 과목의 AI 교과서 활용이 부분적으로 적용됐다. 디지털 교과서 도입을 앞두고 교육계와 학부모 사이에 많은 혼란과 갈등이 있었으며 디바이스 수량, 성능, 인터넷 속도, 인력 배치 등 인프라에 대한 걱정도 많았다. 디지털 기반의 교육을 위해서는 정부의 디지털 인프라 확충이 시급했다. 교실 환경 조성과 무선망 구축이 제대로 이루어지지 않은 상태였기 때문이다. 현장 교사 70% 이상이 학교 디지털 기반 교육 혁신의 가장 큰 장애물로 디지털 기기 유지, 보수, 관리의 어려움을 꼽았다. 인공지능 디지털 교과서의 도입이 오히려 교사들이 교육에 집중할 수 없게 만들 수도 있다는 우려도 있었다.

디지털 세대의 기기 과몰입과 개인 맞춤형 교육에 대한 학부모들의 요구도 잇따랐다. AI 교과서 도입으로 학부모들은 자녀들의 '스마트 기기 의존도'를 걱정했다. 그렇지 않아도 게임이나 유튜브와 같은 디지털 콘텐츠 사용이 걱정되는데 교과서까지 디지털로 봐야 하냐는 것이다. 디지털 교과서 도입이 학생의 문해력과 학습 능력에 부정적인 영향을 미칠 것이라는 우려 때문이었다. 아직 디지털 교과서에 대한 정보가 부족해 많은 교사와 학부모가 이 정책에 대해 잘 알지 못하기에 디지털 교과서에 대한 사회적 공론화가 필요하다는 주장도 있다. 교육계는 이를 반영하 국어와 기술, 가정 과목에서는 인공지능 교과서 도입을 철회하고 사회와 과학 등의 과목에 대해서는 일정을 미루기로 했다.

그렇다면 다른 나라에서는 디지털을 활용한 교육을 어떻게 진행하고 있을까? 영국은 에듀테크 오픈 플랫폼인 '렌드에드'를 구축하고, 학교에서 필요한 교육용 소프트웨어를 무료로 사용할 수 있도록 했다. 맞춤형으로 에듀테크를 선택할 수 있게 하여 디지털 교육 환경을 개선하고자 하는 것이다. 독일은 모든 학교에 디지털 인프라를 구축하는 '디지털 팩트' 사업을 추진 중이다. 이 정책은 모든 학습자가 디지털 수단을 통해 학습기회를 얻는 것을 목표로 한다. 미국에서는 2017년부터 종이책을 디지털 교과서로 전환하는 정책을 추진했으며, 여러 주에서 디지털 교과서 정책이 시도되고 있다.

반대로 디지털 교육에서 전통교육으로 회귀하는 나라도 있다. 스웨덴은 초등학교 4학년 학생의 읽기 능력이 2016년에 비해 떨어졌다는 연구 결과를 발표하고, 디지털 기기의 과도한 사용이 학생들의 집중력과 학습 능력을 저하할 수도 있다고 판단했다. 이에 6세 이하 아동의 디지털 교육과정을 줄여나갈 방침이다. 디지털 기기의 사용이 학습에 긍정적인 영향을 미칠 수도 있지만, 전통적인 학습 방법인 종이책과 손글씨 교육도 여전히 중요하다. 아이들의 인지발달 저해나 선생님의 역할 축소의 문제점도 무시할 수 없다. 디지털 기기에 익숙한 학생들과 그렇지 못한 학생들 간의 격차에서 오는 문제도 발생한다.

종이 교과서는 화면에서 발생하는 시각적 자극이 없어 학생들의 집중력과 이해력을 올려준다. 눈의 피로를 줄이고, 신체적인 통증이나 불안감 등 심리적 문제를 예방하는 데도 도움이 된다. 이처럼 종이책의 사용을 통해 디지털 세대가 가질 수 있는 문제점을 보완할 수 있다면, 종이책 교육 역시 소홀히 여겨서는 안 될 일이다.

독자의 감정을 자극하거나 공감할 수 있는 요소를 결말 부분에 추가하면 인상적인 글을 완성할 수 있다. 글의 주요 주제를 다시 강조하거나 요약하면서 핵심 메시지를 명확히 이해하도록 도울 수 있다는 것이다. 더불어 이는 글의 목적을 분명히 한다. 결말에서 특정 행동을 촉구하는 메시지를 포함하면, 독자가 글을 읽은 후 실제로 행동으로 옮길 가능성이 커진다. 새로운 관점을 제시하거나 기존의 생각에 도전하는 내용을 추가하면 사고의 확장을 유도할 수도 있다. 강렬한 결말이나 여운이 남는 문장으로 글이 종결된다면 글을 다 읽은 후에도 해당 주제에 대한 아이디어가 끊임없이 떠오를 것이다. 이것이 바로 글이 지닌 힘이자 영향력이다.

글의 핵심내용을 간결하게 요약해 독자가 기억해야 할 포인트를 명확히 하는 것이 좋다. 앞으로의 전망이나 해결책을 제시해 독자가 주제에 대해 고민할 수 있게 만드는 것도 중요하다. 주제와 관련된 명언이나 실제 사례로 결말을 맺으면 글의 신뢰성을 높이고 독자의 공감을 끌어낼 수 있다. 이는 글의 주제를 강조하는 매우 효과적인 방법이다. 반전 요소를 추가해 독자의 기대를 뒤엎을 수도 있다. 논의된 문제에 대한 구체적인 해결책이나 행동방침을 제시해 독자가 실제로 할 수 있는 방향성을 제시하기도 한다. 명확한 마무리 문구는 글의 마침을 분명하게 하고, 독자가 스스로 글을 마무리짓도록 돕는다.

윗글은 디지털 교과서 도입에 대해 다루면서 디지털 교과서 도입에 대한 우려와 다른 나라의 교육 방법에 대해서도 짚어준다. 그 후 전통교육으로 회귀하는 사례를 알려주고 종이책 교육의 장점으로 마무리짓는다. 여기서 우리는 결론을 바꿔볼 수 있다. 가령 디지털 교과서에 대한 우려 속에서도 세대에 어울리는 교육으로 전환해야 한다는 '필요성'을 다룰 수도 있고, 디지털 교과서의 장점과 종이책 교육의 단점을 통해 더 나은 디지털 교육에 대한 논의를 끌어낼 수도 있다. 그렇게 되면 같은 글이지만 전혀 다른 메시지를 전달할 수 있게 된다.

이처럼 결론을 바꾸면 글의 전체적인 메시지와 인상이 바뀐다. 또한 결말을 바꾸려면 앞의 내용을 더 명확히 읽는 훈련이 되어야 한다. 앞의 내용을 모르면 결말을 어떻게 바꿔야 할지 감을 잡을 수가 없다.

 **시그널 탐색력 UP!**

1. 글쓴이가 전달하려는 결말의 핵심 메시지는 무엇인가?

2. 윗글과 다른 결말을 써 보고, 핵심 메시지를 요약해보자.

3. 두 결말을 비교하고, 어떤 점이 달라졌는지 분석해보자.

07

디지털 광고와 소비자 행동

디지털 마케팅 기업 '메조미디어'가 광고, 마케팅 시장의 현황과 전망을 담은 2025 트렌드 리포트를 발행했다. 이 보고서에는 눈여겨봐야 할 광고 트렌드가 소개되었는데, 그중 하나가 '생성형 AI를 통한 광고의 증가'다. 콘텐츠 제작부터 광고 기획, 창작까지 생성형 인공지능이 광고 생산에 적극적으로 활용된다는 것이다. 검색과 영상, 광고 분야에 인공지능을 적용해 더욱 개인화된 맞춤형 광고를 제공할 전망이다. 광고의 한계를 뛰어넘는 비주얼의 영상이 구현되면 소비자들에게 완전히 새로운 경험을 제공할 것이다.

짧고 강렬한 영상으로 사람들의 시선을 끄는 숏폼 커머스 광고도 대세다. 이 광고는 유튜브, 틱톡, 인스타그램 등 주요 플랫폼의 성장축으로 부상하고 있다. 유튜브에서 최근 쇼핑 기능을 쇼츠에 적용하고, 크리에이터를 확보하기 위한 다양한 정책을 마련해 경쟁력을 강화하고 있다. 네이버 역시 숏폼 플랫폼인 '클립'을 활용해 본격적으로 광고시장에 뛰어든다. OTT가 성장함에 따라 스포츠 콘텐츠 독점 중계와 이를 활용한 2차 콘텐츠 제작 등으로 구독자 이탈 방지에 힘쓴다. 또 기존 구독료에 광고요금제 도입, 신규 광고 상품 출시 등 광고사업에 적극적으로 참여하고 있다.

광고시장에서 가장 빠르게 성장할 것은 다름 아닌 리테일 미디어다. 유통 기업이 보유한 고객 데이터를 기반으로 정밀한 타겟팅하는 리테일 미디어 네트워크라고 볼 수 있다. 월마트는 TV 제조업체를 인수했고, 아마존은 자사 OTT 채널을 통해 광고수익 모델을 만들어 나가고 있다. 이러한 경향에 힘입어 광고업계에서는 모든 영역의 경계가 사라지고 있다. 미디어 간의 경계, 광고, 홍보의 구분이 애매해진 것이다. 콘텐츠가 섞이고 융합되면서 전혀 새로운 방식의 콘텐츠가 등장했다. 메타버스를 통해 현실과 비현실이 공존하는 생활형 가상 세계까지 등장하면서 광고의 판을 키우고 있다. TV나

신문 광고로만 국한되어 있던 것들이 온라인으로 퍼지면서 다양한 형태로 변형되었다.

잘 만든 광고 하나면 밈으로 확산되어 자체 홍보 효과를 누릴 수 있기에 광고계의 고민도 늘었다. 영상 콘텐츠로 사람들의 이목을 끄는 것에 혈안이 되어 있다. 수동적으로 광고를 받아들이던 사람들이 광고를 직접 만들어 소비하기 시작했기 때문이다. 공급자와 수요자가 직접 연결되는 블록체인 기술까지 접목된다면 앞으로 얼마나 더 많은 변화가 나타날지 귀추가 주목된다.

개인화된 광고, 추천 시스템, 소셜미디어의 영향력 등으로 소비자들은 더 쉽고 빠르게 제품이나 서비스를 발견하고 구매할 수 있게 되었다. 소셜미디어 캠페인이나 온라인광고를 통해 브랜드 메시지를 더 많은 사람들에게 효과적으로 전달할 수 있게 된 것이다. 디지털 광고는 온라인 상품 비교, 리뷰 확인, 소셜미디어를 통한 상품 공유 등으로 소비자의 구매 과정을 편리하게 만들어준다. 소비자들의 더 나은 선택을 돕고, 소비자와의 상호작용을 강화한다.

디지털 광고로 소비자들이 쉽게 광고를 누리고 있지만 생각해볼 문제도 있다. 개인화된 광고를 위해 기업들은 소비자의 데이터를 수집하고 활용한다. 소비자들은 자신의 개인정보가 어디에, 어떻게 사용되는지 주의 깊게 살펴야 하며 가능한 한 개인정보 설정을 안전하게 보호해야 한다. 맞춤형 광고는 소비자의 구매욕을 자극하기에 광고로 인한 충동적 욕구를 억제하고, 비판적으로 소비해야 한다. 끊임없는 광고 노출로 인한 피로감도 무시할 수 없다. 필요한 경우 광고 차단 도구를 사용하거나 디지털 기기 사용시간을 조절하는 것도 좋다. 또한, 디지털 광고는 아동이나 청소년에게 부적절한 내용을 포함할 수 있기에 이 부분도 염두에 두어야 할 것이다.

　디지털 광고는 시시각각 달라지고 있으며, 맞춤형으로 소비자를 유혹한다. 현명한 소비를 위해서는 부적절한 광고를 거르고, 비판적인 생각과 그에 따른 소비가 실천되어야 한다.

 ## 어떻게 읽고, 어떻게 쓰고, 어떻게 생각할까?

특정 대상이나 집단에 대한 '사전에 형성된 주관적인 가치판단'을 선입견이라고 한다. 이는 보통 경험이나 정보에 의해 생성되지만, 무지나 편향에 의해 만들어질 수도 있다. 선입견이 한 번 만들어지기 시작하면 되돌리기 어려우며, 이러한 생각이 고정되면 편견으로 발전할 수 있다. 그래서 우리는 글을 읽으며 내용이나 관점에 담긴 선입견을 구분할 줄 알아야 한다. 선입견은 대부분 불충분하고 부정확한 근거에 기초하기 때문에 이를 인식하고 구분하면 더욱 객관적이고 공정한 관점에서 글을 이해할 수 있다. 선입견을 버리면 의미 확장에 도움이 되며, 불필요한 의미 왜곡을 피할 수 있다. 고정관념을 극복하고 새로운 관점을 수용하는 데도 도움이 된다. 넓은 의미에서 선입견을 인식하고 극복하는 것은 개인적 성장과도 연결이 된다.

윗글은 디지털 광고와 마케팅 트렌드에 대해 설명하고 있다. 전반적으로는 디지털 광고의 발전과 변화에 긍정적인 관점을 보이고 있으며, 기술 발전에 대한 긍정적인 편향이 나타난다. 생성형 AI, 숏폼 콘텐츠, OTT 등 새로운 기술과 플랫폼의 도입 역시 긍정적인 측면에서 다루고 있다. 이러한 기술의 부정적인 면도 존재하지만, 그것에 대해서는 객관적으로 설명하지 않는다. 개인화에 대한 과도한 신뢰도 드러난다. 개인화된 광고가 소비자에게 더 나은 경험을 제공한다는 전제가 깔려 있지만, 이는 사실이 아닐 수 있다. 디지털 광고가 브랜드 인지도 향상과 소비자 행동 변화에 큰 영향을 미친다고 강조하고 있다. 대체로 그렇지만 모두가 그런 것은 아니기에 이 또한 함부로 단정할 수는 없다.

광고로 인한 소비자의 구매 결정 과정을 간략하게 설명하고 있는데, 광고에 현혹되어 무턱대고 물건을 구입하는 사람은 사실 극소수에 불과하다. 대부분 다른 매체를 통해 비교하거나 꼼꼼하게 따져본다는 것이다. 새로운 기술의 도입이 자연스럽게 광고시장의 변화를 이끌 것이라는 관점에서는 기술 결정론적 시각도 찾아볼 수 있다. 새로운 기술의 도입이 무조건 광고시장의 변화를 이끌지는 않는다. 두 가지가 서로 어떻게 반응할지는 알 수 없으며, 그 효과와 결과 역시 좀 더 살펴볼 필요가 있다.

이처럼 글에 나타난 선입견을 살펴보면 글이 새롭게 읽힌다. 글쓴이가 가진 편협한 시각과 선입견을 덜어낼 수 있기 때문이다. 이러한 방식의 독서는 비판적 읽기의 첫걸음이라고도 볼 수 있다.

 ## 시그널 탐색력 UP!

1. 윗글에서 가장 두드러지는 선입견을 찾아보자.
2. 그 선입견에 어떤 문제들이 있는지 살펴보자.
3. 선입견을 가지고 글을 읽으면 어떤 일이 발생할까?

강의실 206호
미디어의
경영 철학과
전략이 뭐야?
포용성과 다양성,
형평성이 중요해졌어.

2018년, 제90회 아카데미 시상식에서 프랜시스 맥도먼드가 여우주연상을 수상했다. 그는 시상식에 참석한 모든 여성 후보자들에게 일어서 달라고 요청했다. 그리고는 "우리는 모두 이야기와 프로젝트를 갖고 있다"고 말하며 영화 산업의 다양성을 촉구했다. 수상 소감의 마지막에는 '인클루전 라이더(Inclusion Rider)'라는 표현을 하며, 할리우드의 포용성과 다양성 부족 문제를 정면으로 제기했다. 이는 여성이나 유색인종, 성 소수자, 장애인 등을 영화 제작 과정에서 포함하는 계약 조항이다. 오디션과 캐스팅 과정에서의 여러 편견에 맞선 발언이었다. 영화야말로 현실의 다양성을 반영해야 한다는 강력한 주장이었다.

유명 배우들과 많은 제작자들이 그의 말에 동의했으며, 발언 이후 워너미디어는 자사가 제작하는 모든 영화와 텔레비전 프로그램에 '인클루전 라이더' 정책을 적용하겠다고 선언했다. 2020년 개봉작 《저스트 머시》에는 주연인 마이클 B. 조던 말고도 다양한 인종이 캐스팅되었다. 백인 남성 위주로 진행되던 영화 제작 관행에 변화가 생기기 시작한 것이다. 배우들은 출연계약 시 자연스럽게 인클루전 라이더를 요구하게 되었고, 다양성과 포용성이 영화 제작의 중요한 요소로 인식되기 시작했다.

미디어 산업에서 'DEI'는 최근 중요한 경영철학이자 전략으로 대두되고 있다. DEI는 다양성(Diversity), 형평성(Equity), 포용성(Inclusion)의 약자다. 다양성은 조직 내에서 다양한 배경과 특성을 가진 사람을 인정하고 포용하는 것을 뜻하며 인종과 민족, 국적, 성별, 성적 정체성과 신체적 장애, 문화적 배경, 경험에서 다양성을 추구한다. 조직은 이를 통해 다양한 관점과 경험, 기술, 가치관을 확보할 수 있으며 이는 혁신과 창의성 증진으로 이어진다. 형평성은 모든 구성원에게 공정한 기회와 경쟁을 보장하는 것을 뜻하며, 조직 내의 절차와 자원 배분의 정당성을 보장한다. 개인의 필요성에 초점을 맞춘 공정한 처우를 하며, 모든 사람을 동등하게 대하는 평등과는 조금 다른 개념이다. 이는 각 구성원의 고유한 상황과 요구를 고려하여 실질적인 기회균등을 이루고자 하는 것이다. 포용성은 각 구성원에게 의사결정 과정에 참여할 수 있는 기회를 보장하며, 모든 구성원이 신뢰받고 최선을 다하는 기업 문화를 구축한다. 다양한 배경을 가진 구성원들이 소속감을 느끼고, 자신의 능력을 최대한 발휘할 수 있게 지원한다. 포용성은 다양한 구성원의 채용을 넘어 그들이 조직 내에서 진정으로 가치 있는 존재로 인정받을 수 있도록 하는 것이 목표다.

DEI가 왜 중요할까? 다양한 배경을 가진 사람들이 모인 팀은 새로운 아이디어와 관점을 제시할 가능성이 크다. 다양한 인종과 성별의 경영진을 보유한 조직 역시 평균 이상의 수익성을 달성할 확률이 그렇지 않은 조직에 비해 25% 높다. 다양한 경험과 시각이 문제 해결 과정에서 더 많은 해결책을 만들어 내기 때문이다. 직원들이 편안하게 내는 의견과 아이디어는 혁신적인 제품과 서비스 개발로 이어질 수 있다. 미디어에서의 DEI는 사회적 갈등 해소에 기여한다. 다양한 배경을 가진 언론인들이 뉴스를 생산하면 폭넓고 균형 잡힌 시각을 제공할 수 있기 때문이다. 서로 다른 관점을 이해하는 독자들이 늘어나면 대화의 기회도 자연스레 많아질 것이다.

DEI는 이제 단순한 트렌드가 아닌 미디어 산업의 지속 가능한 발전과 사회적 책임을 다하기 위한 필수요소로 자리잡고 있다.

과장은 일반적으로 어떤 사실이나 상황을 실제보다 더 크게 부풀리는 것을 의미한다. 특정 사건이나 성과에 소위 MSG를 첨가하는 것이다. 왜곡은 사실이나 진실을 변형하거나 잘못된 방식으로 표현하는 것을 의미한다. 그 때문에 정보의 정확성을 해치고, 잘못된 인식을 초래하기도 한다. 과장과 왜곡은 독자에게 잘못된 정보를 전달할 수 있으며, 개인이나 집단의 의견 형성에 부정적인 영향을 미칠 수 있다. 글의 내용을 정확히 파악하고, 올바른 정보를 골라내는 능력이 필요한 까닭이다.

과장과 왜곡을 구분하기 위해서는 정보의 출처가 신뢰할 수 있는 기관, 또는 전문가인지 확인하는 절차를 거쳐야 한다. 출처가 불분명하거나 익명인 경우, 그 정보의 신뢰성이 낮아질 수 있다. 해당 주제에 대한 전문가의 의견이나 연구 결과를 참고하여 정보의 정확성을 검증하고, 신뢰할 만한 또 다른 출처에서 동일한 정보를 확인하는 것이 좋다. 글이 어떤 의도로 작성되었는지 파악하면서, 특정 문구와 표현을 살펴보면 도움이 된다. 윗글에서도 군데군데 과장과 왜곡이 보인다. "이는 여성이나 유색인종, 성 소수자, 장애인 등을 영화 제작 과정에서 포함하는 계약 조항이다."라는 문장은 사실이지만, 인클루전 라이더의 기원과 맥락에 대한 설명이 부족하다. 실제로 인클루전 라이더는 2016년 스테이시 스미스 교수가 처음 제안한 개념으로, 프랜시스 맥도먼드가 수상 소감에서 언급하기 전에도 존재했음을 강조할 필요가 있다. "백인 남성 위주로 진행되던 영화 제작 관행에 변화가 생기기 시작한 것이다."라는 문장은 다소 일반화된 주장이다. 변화가 일어나고 있다는 것은 사실일 수 있지만, 그 변화의 구체적인

예나 통계적 데이터 없이 단순히 변화하고 있다고 말하는 것은 일견 과장
된 표현으로 해석될 수 있다.

"DEI는 이제 단순한 트렌드가 아니다"라고 주장하는 부분은 사실이지만,
DEI가 왜 필수적인지에 대한 구체적인 논거 없이 단순히 중요성만을 강
조하고 있다. 이렇게 되면 의미 왜곡을 완전하게 피할 수 있다는 보장이
없다. DEI의 중요성을 뒷받침할 수 있는 실질적인 사례나 연구 결과를 추
가하는 것이 필요해 보인다. 정보전달에 있어 정확하고 구체적인 설명은
필수다.

 ## 시그널 탐색력 UP!

1. 윗글에서 과장된 표현을 찾아보자.
2. 윗글에서 왜곡될 수 있는 문장을 찾아보자.
3. 과장과 왜곡을 덜어내지 않는다면 어떤 문제점이 발생할까?

09 디지털 콘텐츠 제작과 자기표현

2024년, 만 15세에서 만 59세 남녀 10명 가운데 8명은 짧은 길이의 영상인 숏폼을 시청한 경험이 있는 것으로 나타났다. 소비자 데이터 플랫폼 기업인 오픈서베이는 2023년에 비해 14%가 증가한 수치라고 밝혔다. 가장 많이 이용한 채널은 유튜브였고 인스타그램, 틱톡이 뒤를 이었다. 주로 시청하는 영상은 유머와 개그뿐 아니라 맛집, 예능, 반려동물로 다양했다. 2021년 서울 시립청소년 미디어센터의 조사에 따르면 미디어는 10대에게 놀이와 문화뿐 아니라 교육과 성장, 관계를 맺어가는 공간이었으며 그들이 가장 선호하는 콘텐츠는 '게임'과 '일상'이 가장 많았다. 남자 청소년은 게임과 토크, 스포츠를 선호했고 여자는 뷰티, 일상, 연예인, 드라마나 웹툰을 선호했다.

청소년 스스로 미디어 콘텐츠를 제작한 경험이 있다는 응답도 60%나 됐다. 제작한 미디어를 업로드한 경험이 있다는 응답도 73%를 웃돌았으며, 제작한 미디어 콘텐츠 중에는 영상이 가장 많았고 사진이나 디자인, 음악이 뒤를 이었다. 미디어 콘텐츠를 업로드한 이유로는 '나의 의견과 생각을 표현하고 타인의 공감과 응원을 받고 싶었다'는 의견이 가장 많았다. '진학 및 진로를 위한 포트폴리오를 남기고 싶었다'거나 '내 존재 자체를 알리고 홍보하고 싶었다'는 의견도 있었다. 새로운 사람들과의 관계 형성, 그냥 아무 의미 없이 업로드한 경우도 있었다.

미디어 콘텐츠 제작의 어려움에 대해서는 기술적 부족함을 가장 먼저 꼽았다. 제작비나 예산 등에서 어려움을 느끼는 이들도 적지 않았다. 특히 자신이 표현하고자 하는 것들을 제대로 전달할 수 있을까 하는 두려움과 저작권, 초상권 등 법적인 문제에 대해 아는 바가 없어 고충을 겪은 이들도 있었다. 미디어 사용 시 유해 광고 노출이나 가짜 뉴스 선동도 문제라면 문제였다. 개인정보 유출, 사이버폭력도 빼놓을 수 없다. 미디어 리터러시 교육이 필요하다는 응답도 80%나 됐다. 이를 통해 많은 청소년들이 영상을 제작하고 있으며 영상 제작을 통해 자기표현과 진로 개발을 도모하고 있음을 알 수 있다.

개인의 디지털 콘텐츠 제작 경험은 많은 이점을 지니며 특히 콘텐츠 마케터로서 역량을 넓힐 기회가 풍부해진다. 개인 맞춤 콘텐츠를 제작해본 경험은 기업의 목표와 비전에 맞는 콘텐츠 전략을 수립하고 효과적인 미디어를 제작하는 데 큰 도움이 된다. 다양한 디지털 도구를 활용해보면서 창의성을 발휘할 수 있으며 디지털 문서나 사진, 비디오 그래픽 등을 구성하는 방법을 익힐 수도 있다. 그뿐만 아니라 제작 과정에서 발생하는 다양한 문제를 해결하는 경험은 비판적 사고와 함께 문제 해결 능력을 길러준다. 다른 창작자와 협업하거나 피드백을 주고받으며 네트워크를 확장할 수 있다는 이점도 생긴다. 지리적 한계를 넘어 전 세계의 청중에게 콘텐츠를 제공할 수 있고, 일정 수준의 인기를 얻으면 광고나 스폰서십을 통해 수익도 창출할 수 있다.

디지털 콘텐츠 제작은 현대사회에서 개개인의 자신을 표현하는 강력한 도구이자 힘이다. 목표를 설정하고 이를 달성하는 경험은 자기관리 능력을 키우고 지속적인 동기부여를 한다. 이는 온라인 플랫폼의 순기능일 것이다. SNS 글쓰기를 통해 독자의 관심을 끌 창의적인 표현방법을 개발하다 보면 개인의 고유한 스토리텔링 방식을 발견할지도 모를 일이다. 온라인 동영상 플랫폼 제작은 개인의 관점과 경험을 시각적으로 전달하는 매개체다. 단순한 자기표현을 넘어 개인의 창의성과 커뮤니케이션 능력을 극대화하는 것이다.

한 가지 주제에 대한 글을 읽고 관련 키워드를 찾으면 지식을 확장할 수 있다. 주제에 대한 다양하고 폭넓은 접근이 가능해지는 것이다. 먼저, 관련 키워드를 검색하면서 여러 출처를 통해 정보를 얻을 수 있고 이는 복잡한 문제를 다각도로 분석하게 해준다. 빠르게 변화하는 디지털 환경에서 최신 트렌드와 기술을 익히게 도와주며, 개인의 경쟁력에 있어 큰 이점으로 작용한다. 관련 키워드를 통해 새로운 아이디어와 주제를 발견할 수도 있다. 특정 키워드에 대한 검색 결과는 독창적이고 창의적인 생각을 불러오며, 해당 주제에 좀 더 정통할 수 있는 지식의 기반을 마련해준다.

윗글의 관련 키워드를 청소년 미디어 이용 실태와 연결할 수 있다. "한국언론진흥재단의 〈2022 10대 청소년 미디어 이용 조사〉 결과에 따르면, 청소년의 인터넷 이용시간은 하루 평균 약 8시간으로 2019년에 비해 1.8배 증가했다. 이는 청소년의 일상에서 온·오프라인의 구분이 없어지고 있음을 보여준다." 이 검색 결과를 자신의 상황에 대입하고 비교해봐도 좋다. 나아가 청소년이 사용하는 SNS의 활용 비율도 함께 확인해보자.

"청소년들이 가장 많이 이용하는 SNS는 인스타그램(81.6%)이며, 2위는 페이스북(46.1%)이다." 이는 2019년의 조사 결과와는 완전히 뒤바뀐 결과다. 우리는 여기서 왜 이런 현상이 나타났는지 살펴볼 필요가 있다. 예컨대 페이스북의 인기가 사그라들고 인스타그램이 부상한 것은 '시각적 콘텐츠를 선호하는 경향'과 '유튜브 쇼츠와 인스타그램 릴스, 틱톡 등 짧은 영상 콘텐츠의 인기'가 맞물린 결과라는 것이다.

일상과 취미의 공유가 비교적 쉬운 플랫폼을 선호하는 경향성도 찾아볼 수 있다. 그리고 이를 메타버스 플랫폼 이용 실태와 연결해서 생각해볼 수 있다. "청소년의 메타버스 플랫폼 이용률은 52.1%다. 특히 초등학생 (74.4%)의 이용률이 높았다. 주로 사용하는 메타버스 플랫폼은 로블록스와 마인크래프트였다." 이것이 2022년의 결과라면, 2025년에는 사용빈도와 주요 플랫폼이 또 어떻게 달라졌는지 조사해볼 수 있다.

이렇게 관련 키워드를 정보 검색과 연결해 보면 비교 분석이 가능하고, 주제에 대한 훨씬 다양한 정보를 얻을 수 있다.

시그널 탐색력 UP!

1. 윗글을 읽고 키워드 다섯 개를 적어보자.

2. 키워드 중 하나를 골라 정보 검색을 통해 과거와 현재를 비교해보자.

3. 키워드 추출과 정보 검색이 주는 이점은 무엇인가?

인플루언서가 광고해서
믿을 수 있어.

요즘은 인플루언서의
영향력이 정말
큰 것 같아.

　280만 팔로워를 가진 중국의 유명 인플루언서가 돈을 아끼겠다는 이유로 돼지 사료를 먹는 영상을 찍어 논란이 일었다. 그는 19,000원에 구입한 돼지 사료를 소개하면서 오트밀 같은 향이 난다고 소개했다. 돼지 사료에 포함된 콩, 땅콩, 참깨, 옥수수, 비타민 등이 고단백 저지방의 천연식품이라며 포장 음식보다 건강에 좋을 수 있다고 주장했다. 시식 과정에서 너무 짜고 시다며 고통스러워하는 모습도 보이면서도, 일주일간 돼지 사료와 물만으로 건강을 유지할 계획이라 말했다. 이 영상은 빠르게 확산되어 순식간에 630만 조회 수를 기록했고, 아이들이 따라 하면 어쩌려고 위험한 영상을 올리냐는 댓글이 빗발쳐 영상은 바로 삭제됐다. 이렇듯 조회 수를 높이기 위한 인플루언서들의 자극적인 행동은 끊이지 않고 있다.

　제품을 직접 사용해보지 않고 소개하거나 과장된 광고를 하는 인플루언서도 많다. 그런 사람들은 대부분 가짜 팔로워(유령 계정)를 보유하고 있다. 마케팅 분석회사 '하이프오디터'에 따르면 184만 개의 인스타그램 계정 중 절반 이상이 팔로워 수를 부풀리기 위해 가짜 계정을 구매한 것으로 나타났다. 그들은 본연의 역할보다 돈벌이에 치중한다고 지적받기도 한다. 소셜미디어 플랫폼에서 많은 팔로워를 보유하고 있는 사람을 흔히 인플루언서라고 부른다. 이는 '영향력 있는 사람'이라는 뜻으로 사회적으로나 대중에게 영향력을 행사하는 '개인'이다. 주로 인스타그램이나 유튜브, 틱톡 등에서 활동하며 특정 분야에서의 전문성을 바탕으로 팔로워와 소통한다. 개인의 의견이나 라이프 스타일, 경험 등을 공유하며 브랜드와 서비스의 인지도를 높이는 역할을 한다.

　이들은 일반적인 유명 인사와는 그 결이 좀 다르다. 일반 소비자와 비슷한 위치에서 신뢰를 구축하며, 그들의 의견은 소비자의 구매 결정에 큰 영향을 미친다. 많은 기업들이 인플루언서를 활용한 마케팅에 주목하는 까닭이다. 인플루언서의 영향력이 이처럼 커진 이유는 인플루언서를 중심으로 비슷한 관심사를 가진 사람들끼리 디지털 커뮤니티를 형성하기 때문이다. 이는 사람들의 소속감과 연결 욕구를 충족시킨다. 팔로워들은 인플루언서의 콘텐츠에 실시간으로 반응할 수 있어 쌍방향 소통이 가능하다. 때로는 그들의 생활 자체를 추종하는 팬덤 문화가 형성되어, 그들의 추천이 직접적인 구매로 이어지기도 한다.

소비자들에게 많은 영향을 끼쳐서인지, 그들의 사회적 책임에 대한 인식이 나날이 높아지고 있다. 시장조사 전문기업인 '트렌드 모니터'에 따르면 인플루언서가 사회적 영향력에 책임을 져야 하느냐는 질문에 84.2%가 '그렇다'고 답했다. "인플루언서의 영향력이 연예인만큼 크기에 책임감을 요구하는 것이 당연하다"고 답한 10~20대도 많았다. "인플루언서가 사회적 논란을 일으켰다면 은퇴 등으로 책임을 져야 한다"는 사람도 74.5%나 됐다. 그들을 공인으로 인식하고 더 강한 사회적 책임을 요구해야 한다는 목소리가 나오는 상황이다.

진정성 있는 콘텐츠를 만들기 위해서는 먼저 브랜드의 가치와 자신이 추구하는 가치가 서로 일치하는지 확인해야 한다. 개인적인 경험이나 일화를 공유해 청중과 진솔한 관계를 구축할 필요도 있다. 전문 지식과 경험을 바탕으로 유용한 정보를 제공해 구독자들에게 도움이 되는 콘텐츠를 만들어야 한다. 후원해 준 브랜드와의 파트너십을 명확히 공개하고, 콘텐츠의 진정성을 드러내는 것도 중요하다. 영향력이 큰 만큼 사회적 책임도 크다는 것을 스스로 인식하고, 사회적 이슈에 대해 책임감 있는 태도를 보여야 할 것이다.

글을 읽을 때 스스로 질문하는 과정은 능동적인 읽기를 가능하게 해준다. 텍스트의 핵심내용을 스스로 파악하고 분석할 때, 비로소 정보에 대해 비판적으로 생각할 수 있다는 것이다. 질문을 통해 자신의 언어로 정보를 재구성하면서, 이를 경험과 연결한다면 가장 완성도 높은 독서를 체험할 수 있다. 나아가 주제에 접근하는 방식이 다양해지며, 거기서 새로운 연관성을 발견할 수도 있다. 스스로 만든 질문은 내적 호기심을 자극하고, 학습에 대한 흥미와 몰입도를 높인다. 이는 곧 자기 주도 학습과도 깊은 연관이 있다.

글에 대한 질문을 만들 때는 앞서 공부한 육하원칙을 사용하면 좋다. 사실적, 해석적, 비판적, 창의적 질문 등 질문의 성격은 다양하므로 각각의 질문을 만들어봐도 도움이 된다. 핵심 키워드를 중심으로 질문을 구성하고, 본문에서 명확히 드러내지 않은 부분을 추가한다. 미래에 대한 전망, 확산 가능성에 대한 질문도 좋다. 본문 내용을 재확인해 답변하고, 배경지식을 활용해 답을 적는다. 논리적이고 명확한 구조로 답변하고, 필요하다면 추가 자료나 사례를 인용해도 좋다. 답은 객관적이어야 하며, 뚜렷한 근거가 있어야 한다. 전문가의 의견이나 연구 사례 등을 간결하게 인용해도 좋다.

윗글을 통해 어떤 질문을 만들고 답할 수 있을까? 가장 먼저 인플루언서의 사회적 책임에 대한 대중의 인식을 물어볼 수 있다. 인플루언서 마케팅에 관련된 주요한 문제점을 묻고 답해도 된다. 진정성 있는 콘텐츠를 만들고 사회적 책임을 다하기 위한 방법을 물어볼 수도 있다. 가령 자신이 "인플루언서의 사회적 책임에 대한 대중의 인식은 어떠한가?"라는 질문을 만들었다면 글의 내용을 토대로 이렇게 답변할 수 있을 것이다. "트렌드 모니터의 조사 결과, 인플루언서가 사회적 영향력에 책임을 져야 한다고 응답한 사람은 84.2%로 집계되었다. 특히 10~20대는 인플루언서의 영향력이 연예인만큼 크다고 여기며, 이러한 책임감을 요구하는 것이 당연하다고 답했다. 인플루언서가 사회적 논란을 일으켰다면 은퇴 등으로 책임을 져야 한다고 답한 이들 역시 74.5%나 되었다."라고 답할 수 있다. 이렇듯 글을 읽으면서 스스로 주제에 관한 질문을 던지고, 그에 따른 답을 해보는 것은 다차원의 독서를 가능하게 한다. 폭넓은 독서 경험은 그만큼의 지혜를 가져다 줄 것이다.

 ## 시그널 탐색력 UP!

1. 윗글을 읽고 질문 3가지를 만들어보자.
2. 각 질문에 따른 답을 달아보자.
3. 질문과 답이 오가는 독서에는 어떤 이점들이 있을까?

이번 제품은 진짜 대박이에요.
자, 이렇게….

Chapter 6

Link 다른 지식과 연결하라

미디어

THE NOBEL PRIZE
IN LITERATURE 2024

Interview with
Han Kang

한국인 최초의
노벨문학상 수상,
정말 엄청나!

이제 진짜
텍스트힙의 시대가
온 것 같아.

요즘 힙스터들은 만년필과 잉크를 수집한다. 그리고 그 만년필로 자신이 좋아하는 명언과 글귀를 동호인들과 함께 필사한다. 작품의 내용과 분위기에 어울리는 잉크를 엄선해 정성을 들여 따라 쓴다. 각종 SNS에서는 필사한 문구를 인증하며 만년필과 잉크의 정보를 공유한다. 각종 숏폼과 소셜 미디어 영상에 익숙한 세대의 또 다른 모습이다. 이것이 소위 '텍스트힙'이다. '텍스트(문장의 한 덩어리)'와 '멋지다', '개성 있다'라는 뜻의 '힙'을 결합한 말로, '독서를 즐기는 사람이 멋지다고 생각하는 현상'을 일컫는다. 이들은 SNS에 자신의 독서경험과 기록을 공유한다. 단순히 책 표지를 찍어 올리거나 책을 쌓아둔 이미지를 올리는 경우도 있다. 과시하기 위한 책 모양의 인테리어 소품이나 모형 책도 잘 팔린다. 헌책방에는 책을 사려는 사람보다 인증샷을 찍으려는 사람들이 더 많다. 자극적이고 원초적인 콘텐츠가 워낙 많다 보니 오히려 독서와 책의 가치가 돋보인다는 것이다. 과시용이든 뭐든 외면받아온 책에 열광하는 현상 자체가 반가울 따름이다.

이런 텍스트힙에 불을 붙이는 계기가 생겼다. 한강 작가가 노벨문학상을 수상하게 된 것이다. 이는 한국인 최초의 수상이며, 아시아 여성으로서도 최초다. 이로써 한강은 국내 최초이자 아시아 여성 작가 최초로 세계 3대 문학상에 해당하는 스웨덴의 노벨 문학상, 부커상 등 2개의 문학상을 수상하게 되었다.《작별하지 않는다》등을 스웨덴어로 번역한 앤더슨 칼슨 교수는 "그는 사건과 심리적 발달에 대한 뛰어난 관찰력을 갖고 있으며, 이를 매우 분명하고 간결한 언어로 응축할 수 있는 역량을 가졌다"고 평가했다. 소설 대부분이 비극을 다루지만 그 방식이 개방적이고, 거부감이 들지 않는다는 것이다.

한양대 유성호 교수는 "기술적 재현 능력 이외에 인간 스스로 사유하고 질문을 던지며 정체성을 고백하고 증언하는 자의식을 드러낸다는 점에서 문학이 가치롭다”고 강조했다. 그러면서 문학계의 국제적 호재라 밝혔다. 문학이 케이팝에 버금가는 한류를 만들어갈 것인지에 대한 관심도 늘어나고 있다. 이 놀라운 성과에 힘입어 텍스트힙은 젊은 세대 사이에서 더욱 탄력을 받았다. 한강의 수상 소식은 한국문학에 대한 관심을 높였으며, 그의 작품을 읽고자 하는 사람들로 출판계가 다시 활기를 띨 정도다.《채식주의자》나《소년이 온다》등 유명작뿐 아니라 5.18 광주 민주화운동과 제주 4.3 사건을 다룬 다른 작가들의 책 판매량도 급증했다.

한강 작가의 책을 읽는 독서 모임도 활발하게 생겨나고 있다. 국내 최대 독서 모임인 ‘트레바리’에는 13개의 새로운 클럽이 신설되었는데, 이 중 4개 클럽은 이미 정원이 찬 상태다. 백화점에서도 독서 관련 강좌와 이벤트를 기획하고 있고, 관련 문구류의 판매가 늘어나며 더 많은 이들이 필사에 참여하고 있다. 텍스트힙과 함께 글쓰기에 대한 관심이 증가한 탓이다. 텍스트힙 문화는 유행을 넘어 독서에 대한 관심을 높이는 계기가 되고 있다. 아날로그 감성을 되찾고 독서를 통해 자신을 표현할 수 있는 새로운 방식이 제안되고 있는 것이다.

텍스트힙을 실제 독서율 상승으로 연결하기 위해서는 무엇이 필요할까? 먼저 학교와 도서관에서 독서의 중요성을 강조하는 프로그램을 늘려야 한다. 텍스트힙을 통해 책에 대한 흥미를 느낀 사람들이 실제 독서를 할 수 있게끔 도와줘야 한다는 것이다. SNS에서 책 읽기 챌린지 등의 이벤트를 만들어 참여를 독려하는 것도 좋다. 참가자들이 정해진 기간 내에 책을 읽고 소감을 공유하도록 유도하는 것이다. 이렇게 하면 자연스럽게 독서문화를 확산할 수 있다. 인플루언서와 함께 독서 관련 콘텐츠를 제작하거나 팔로워들에게 독서의 즐거움을 알리는 캠페인을 진행할 수도 있다.

출판사들은 텍스트힙 세대가 선호하는 주제와 형식으로 책을 출간하고, 문화와 연계된 마케팅 전략을 펼쳐보는 것도 좋다. 정부나 교육기관 역시 이러한 문화 현상을 지원하는 정책을 마련해 독서환경을 개선하고 참여를 촉진해야 한다. 각종 문화행사나 축제에 독서를 주제로 한 프로그램을 포함시켜 책과 가까워질 기회를 제공해도 좋을 것이다. 한강과 텍스트힙으로 인해 그야말로 책의 시대가 돌아온 듯하다. 이런 흐름이 단순한 유행으로 끝나지 않는다면, 비로소 책은 '힙'의 옷을 입게 될 것이다.

 **어떻게 읽고, 어떻게 쓰고, 어떻게 생각할까?**

각 문단의 핵심어를 찾아 적는 것은 좋은 글쓰기의 시작이다. 핵심어를 파악하면 글의 주요 내용을 간결하게 요약할 수 있고, 중요한 정보를 빠르게 캐낼 수 있다. 전체적인 논지를 따라가는 것이 어렵다면 핵심어를 먼저 찾아보자. 핵심어만 잘 찾아도 글의 논리적 구조를 파악하기가 수월하고, 각 문단의 관계와 연결성을 이해하는 데도 도움이 된다.

핵심어를 정리하는 방법은 간단하다. 먼저 각 문단을 주의 깊게 읽고, 문단의 주제와 주요 아이디어를 찾는다. 가장 중요한 단어와 구문을 따로 표시해두고, 글의 전체적인 맥락을 이해할 때 함께 살펴본다. 문장에서 반복되는 말이나 불필요한 정보를 삭제해 핵심어가 중복되지 않도록 한다. 추출한 핵심어를 바탕으로 짧은 문장을 완성한다. 이때 각 문단의 주제가 잘 드러나는지 점검한다. 핵심어를 주제별로 그룹화하거나 번호를 매겨 정리하면 전체 글의 구조를 더 잘 이해할 수 있다.

윗글에서 각 문단의 핵심어를 찾아보자. 첫 번째 문단에서는 젊은 세대가 만년필과 잉크를 수집하고, 필사 동호회에서 사람들과 함께 필사하는 장면이 나온다. 읽은 책을 인증하고 독서를 '멋'으로 생각하는 현상에 대해 부가적으로 설명한다. 여기서 우리는 비주류였던 독서가 새로운 도약을 다시금 꿈꾸고 있다는 걸 알 수 있다. 이 문단의 핵심어는 '텍스트힙 문화'가 될 것이다. 두 번째 문단에서는 한강 작가의 노벨상 수상에 대해 다룬다. 노벨상 수상의 가치와 작품의 특징, 노벨상 수상의 의미에 대해 설명한다. '한강의 노벨상 수상'을 핵심어로 꼽을 수 있다. 세 번째 문단에서는 텍스트힙이 한강의 노벨상 수상으로 인해 어떤 영향을 받았는지 다루기에 '노벨상 수상의 의미'를 핵심어로 정할 수 있겠다. 다음 문단에서는 텍스트힙을 실제 독서로 이을 방법에 대해 알려주고 있고, 여기서는 '독서율 상승 방안'을 핵심어로 꼽을 수 있다. 이로써 큰 틀에서는 '한강 작가의 수상과 텍스트힙의 결합을 통한 독서 붐'으로 해석할 수 있다.

이렇듯 문단에서 가장 중요한 핵심어를 찾아 적어보면 글의 흐름이 보인다. 텍스트힙—한강의 노벨상 수상—노벨상 수상의 의미—독서율 상승 방안으로 핵심어를 연결하고 정리할 수 있다. 이 과정을 거치면 글이 일목요연하게 정리되고 흐름 역시 한눈에 파악할 수 있다.

시그널 탐색력 UP!

1. 각 문단의 핵심어를 나만의 방식으로 표현해보자.

2. 핵심어를 토대로 각 문단의 내용을 새롭게 작성해보자.

3. 글의 전체적인 맥락에서 핵심어가 갖는 의미는 무엇일까?

02 국제 영화제, 한국 영화에 주목하다

코로나19 팬데믹 이후 3년 만에 정상 개최된 칸 국제영화제에서 높아진 한국 영화의 위상을 재확인할 수 있었다. 경쟁 부문 후보에 오른 총 22개의 작품 중 박찬욱 감독의 《헤어질 결심》과 고레에다 히로카즈 감독의 《브로커》가 초청받았다. 한국 영화의 밤도 열렸다. 이는 한국 영화의 홍보를 위해 영화진흥위원회가 개최한 초청행사다. 한국 영화의 밤에도 500여 명이 넘는 세계 영화인이 방문했으며, 도미닉 부토나 프랑스 국립영화영상센터장이 무대에서 축하 인사를 했다. 각종 국제영화제에서 수상한 한국 작품들 덕에 한국 영화에 대한 세계인의 관심이 뜨겁다.

세계적으로 인정받는 영화제에는 세 가지가 있다. 1946년에 시작된 칸 영화제는 매년 프랑스 칸에서 개최되는 세계에서 가장 유명한 영화제다. 각국의 감독과 배우들이 참여하며 최고의 작품을 선정해 그랑프리인 황금종려상을 수여한다. 상업영화뿐 아니라 예술영화, 독립영화 등 다양한 성격의 작품을 다룬다. 이곳에서 수상한 작품은 세계적으로 큰 주목을 받으며, 대부분 상업적 성공으로 이어진다. 유명 배우와 감독들이 레드카펫을 밟으며 화려한 패션을 선보이는 장면은 매년 큰 화제를 낳기도 한다. 칸 영화제는 영화 산업의 비즈니스 기회를 제공해 제작자와 배급사 간의 네트워킹이 활발하게 이뤄지게 한다.

1932년에 시작된 베니스 영화제는 이탈리아 베니스에서 매년 열리는 세계에서 가장 오래된 영화제로, 국제 영화제 중 가장 권위 있는 행사로 여겨진다. 오랜 전통과 역사를 가진 만큼 많은 유명 감독과 배우들이 이곳에서 첫선을 보인다. 최고의 작품에게 주어지는 황금사자상은 칸의 황금종려상과 함께 가장 권위 있는 상으로 인정받고 있다. 베니스는 예술영화를 중시하며, 독창적인 작품과 실험적인 형식을 가진 영화를 선보이는 경향이 있다. 영화 상영 이외에도 다양한 문화행사와 포럼이 열려 예술가와 관객 간의 소통을 촉진한다.

선댄스 영화제는 매년 1월 미국 유타주에서 열리는 독립영화와 다큐멘터리 영화를 위한 국제영화제로 창의적인 작품을 발굴하고 지원하는 데 중점을 둔다. 많은 신인 감독들이 이곳에서 자신의 작품을 소개하고 이후 성공 가도를 달리는 경우가 많다. 스티븐 소더버그의 《섹스, 거짓말 그리고 비디오테이프》가 칸에서 그랑프리를 수상하며 선덴스 영화제의 위상을 높였다. 선댄스는 다양한 프로그램을 통해 예술가와 감독을 지원한다. VR과 혁신적인 미디어 프로젝트를 포함한 뉴 프런티어 부문도 운영한다. 자원봉사자들의 참여로 운영되며 지역사회와의 연계를 중요시한다. 관객과의 소통을 위해 온라인 플랫폼도 적극적으로 활용하고 있다. 이런 영화제들은 새로운 작품을 발견하고, 감독과 관객 간의 소통을 촉진하는 중요한 플랫폼으로 기능하고 있다.

이러한 영화제에서 한국 영화들이 수상의 기쁨을 누렸다. 칸 영화제에서는 2007년 전도연이 《밀양》으로 여우주연상을 수상했다. 봉준호 감독의 《기생충》은 2019년 한국 역사상 최초로 황금종려상을 수상했다. 베니스 영화제에서는 2012년 김기덕 감독의 《피에타》가 최고상인 황금사자상을 수상했고, 베를린 영화제에서는 2016년 김민희가 《밤의 해변에서 혼자》로 여우주연상을 수상했다. 장르도 다양하다. 《밀양》은 남편을 잃은 여성의 삶을 다뤘고, 《올드보이》는 15년간 감금된 주인공의 복수를 다루는 스릴러다. 《장화, 홍련》은 두 자매의 복수극을 그린 공포영화다. 이렇게 굵직한 영화제에서 꾸준히 인정받는 것은 매우 의미 있는 일이다.

국제영화제 수상작들은 사회적, 정치적 이슈를 다루는 경우가 많다. 이창

동 감독은 《오아시스》를 통해 사회에서 소외당한 인간의 고독을 탐구하며, 인간 존재의 복잡성과 감정을 깊이 있게 다뤘다. 이는 독창성과 실험성을 아우르며 관객에게 새로운 경험을 제공하고, 예술적 표현의 범위를 확장한다. 작품성으로 문화적 경계를 허물게 되는 것이다.

 ## 어떻게 읽고, 어떻게 쓰고, 어떻게 생각할까?

글을 읽을 때도, 글을 쓸 때도 핵심어는 중요하게 기능한다. 앞서 말한 것처럼 '체계적인 정리'에 있어 핵심어만큼 중요한 요소는 없다. 글의 품질에 대해서는 저마다 기준이 다르겠지만, 기본적으로 군더더기가 없는 글일수록 품질이 좋다. 군더더기가 많고 핵심어가 없으면 논리적인 오류를 피해갈 수 없다. 이러한 오류는 의미 왜곡과 오해를 유발한다. 예컨대 나는 'A'에 대해서 얘기한 것인데, 독자는 'B'에 대한 얘기로 해석할 수 있다는 것이다. 이는 의미의 확장과는 다른 '엄연한 오류'다. 언어는 경제성에 기반한다. 핵심어가 없다면 다른 많은 언어가 낭비될 것이다.

핵심어를 연결할 때는 접속사를 사용하면 된다. 접속사는 문장과 문장을 자연스럽게 연결해주고, 글의 흐름을 원활하게 해주며 내용 간의 관계를 명확하게 해준다. 추가적인 정보를 전달할 때는 '또한', '더욱이' 등의 부가 접속사가 필요하다. 반대되는 내용을 나타낼 때는 '하지만', '그럼에도 불구하고' 등을 사용할 수 있다. 원인과 결과를 설명한다면 '따라서', '때문에' 등을 사용할 수 있고, 단계나 순서를 나타낼 때는 '첫째', '둘째' 등으로 정리한다. 글의 주제를 좀 더 명확히 하기 위해서는 핵심어를 '강조'하는 것도 중요하다.

윗글은 한국 영화의 국제적 위상에 대해 다루고 있다. 칸 영화제 등 세계에서 가장 권위 있는 영화 축제에서의 성과를 소개하고 한국 영화의 밤을 설명한다. 칸, 베니스, 선댄스 등 세계 3대 영화제를 비교하고 국제 영화제에서 보여준 한국 영화의 저력을 설명하고 있다. 핵심어를 넣어 윗글을 정리하면 "팬데믹 이후 3년 만에 정상 개최된 칸 국제영화제에서 한국 영화의 위상이 크게 높아진 것을 확인할 수 있었다. 한국 영화는 칸, 베니스, 선댄스 등 세계적으로 인정받는 영화제에서 여러 차례 큰 상을 수상하며 그 위상을 꾸준히 드높여 왔다." 정도로 정리할 수 있다.

글에는 기본적으로 핵심어가 포함되어 있지만, 경우에 따라 핵심어가 없거나 모호한 경우도 많다. 그럴 때는 핵심 메시지에서 핵심어를 끄집어내는 연습을 해야 한다.

 ## 시그널 탐색력 UP!

1. 각 문단의 핵심어를 찾아 문장을 연결해보자.
2. 문장 연결에 사용한 접속사를 다른 접속사로 바꿔보자.
3. 접속사가 없다면 문장에 어떤 오류가 발생할까?

03 상업영화와 예술영화

  2021년, 아카데미 시상식에서 한국 배우 윤여정이 여우조연상을 수상하며 큰 주목을 받았다. 한국 배우가 아카데미 연기상을 수상한 것은 처음 있는 일이었다. 《미나리》는 여우조연상 외에도 작품상, 감독상, 각본상, 남우주연상, 음악상 등 총 6개 부문의 후보에 올랐다. 《미나리》는 한국계 미국인 감독 정이삭의 자전적 이야기를 바탕으로 한 영화로 아칸소주에 이민 온 한 가장의 이야기를 그린다. 윤여정은 이민자 딸 부부의 아이들을 돌보러 온 할머니 순자역을 맡아 열연했다. 《미나리》는 이민자의 꿈과 고난을 다루며 많은 미국인들이 공유하는 경험을 반영했다. 이는 관객들에게 깊은 감동을 주었고 미국 사회의 정체성을 탐구하는 데 기여했다.

  영화는 사회적 현상과 문제를 반영하는 중요한 예술 매체다. 사회의 복잡한 문제들을 조명하고 대중에게 전달하는 역할을 한다. 이러한 영화들은 종종 사회의 숨겨진 진실을 드러내며, 그 문제에 대해 생각하고 논의하는 계기를 제공한다. 영화 《도가니》가 장애인 시설의 인권 문제를 다루어 사회적 관심을 불러일으킨 것처럼 말이다. 영화가 우리에게 주는 메시지는 감정적인 경험을 넘어 사회 구조와 문제에 대해 깊이 통감하게 해준다.

  이렇게 다양한 주제를 다루는 영화는 상업영화뿐 아니라 독립영화로 제작되기도 한다. 상업영화는 대중성을 염두에 두고 제작되는데, 주로 흥행과 수익을 극대화하는 것을 목표로 한다. 이런 영화는 대형 스튜디오의 지원을 받아 많은 예산으로 제작되며, 보통 수백억 원 이상의 예산을 필요로 한다. 대규모 마케팅을 통해 관객 유치에 힘쓰며, 다양한 채널을 활용해서 전 세계에 배급한다. 그래서 수천 개의 극장에서 동시 상영되는 경우가 많다. 상업영화는 대중의 취향에 맞춰 제작되기에 감독이 자신의 창작 의도를 완전히 반영하기 어려운 경우가 많다. 특정 장르나 테마에 집중해 보다 전형적인 스토리 구조를 따르는 경향이 있다.

독립영화는 예술영화라고 불리기도 한다. 감독과 작가의 개인적인 비전을 바탕으로 제작되며, 시장의 수요보다 예술적 표현을 우선시한다. 이들은 종종 사회적, 정치적 이슈를 탐구하거나 실험적인 서사를 다루기도 한다. 독립영화는 일반적으로 적은 예산으로 제작된다. 자금은 감독의 개인 저축이나 크라우드펀딩 등을 통해 조달하는데, 이러한 제한된 예산은 창의적인 촬영 기법이나 독특한 소재로 극복한다. 독립영화는 상업영화에 비해 많은 예술적 자유를 누린다. 그래서 대중의 요구나 시장 트렌드에 구애받지 않고, 자신만의 이야기를 깊이 있게 다룰 수 있다. 이로 인해 독립영화에서는 종종 실험적이고 개인적인 주제를 만나볼 수 있다. 이는 영화 애호가들 사이에서 큰 호응을 얻는 까닭이기도 하다.

이 두 영화의 큰 차이는 아무래도 상영의 스케일일 것이다. 상업영화는 대형 영화관에서 대대적으로 상영된다. 마케팅과 홍보에 많은 자원을 투자하고, 그에 힘입어 최대한 많은 관객에게 노출된다. 유명한 배우들의 인터뷰와 다양한 광고 캠페인을 통해 흥행을 부추기기도 한다. 독립영화는 상영이 제한적이고, 영화제를 통해 상영되는 경우가 많다. 최근에는 온라인 스트리밍 플랫폼을 통해 부쩍 많이 배급되고 있다. 이는 독립영화가 더 넓은 관객층에 도달하는 기회를 제공한다.

상업영화와 독립영화는 각각의 고유한 매력과 가치를 가지고 있으며, 관객에게 다양한 경험을 제공한다. 두 영화의 유형 모두 영화 산업에서 중요한 역할을 하며, 각자의 취향에 따라 선택할 수 있는 폭넓은 옵션을 제공한다.

글을 읽고 내용을 표로 정리해보자. 표는 두 가지 이상의 정보를 비교하고 대조하는 데 매우 효과적이다. 각 항목의 유사점과 차이점을 한눈에 파악할 수 있고, 글의 구조를 명확하게 구분할 수 있다. 표에는 글쓴이의 의도가 군더더기 없이 드러나며, 아무리 긴 글이라도 핵심 내용만 콕 집어낼 수 있다. 쉽게 말해 필요한 정보를 빠르게 찾을 수 있다는 것이다. 내용 습득에 있어서는 문장 전체를 읽는 것보다 빠를 수밖에 없다.

표는 시각적으로 정보를 배열해 독자가 더 쉽게 이해하고 기억하도록 도와준다. 복잡한 정보를 체계적으로 정리하면, 관련 데이터나 개념을 한눈에 볼 수 있다. 표를 통해 다양한 요소를 객관적으로 비교 분석할 수 있으며, 이는 특정 주제에 대한 깊이 있는 이해를 제공한다. 특정 항목을 강조해 중요한 정보나 차별점을 드러낼 수도 있다.

글을 읽고 표로 정리하려면 먼저 일정한 기준을 세우는 것이 좋다. 핵심 메시지를 중심으로 글의 주제나 아이디어, 핵심논쟁을 표로 정리할 수도 있고 때에 따라서는 구조적으로 분류할 수도 있다. 주제, 논리적 흐름, 유형, 개념 설명, 사례, 통계, 데이터, 결론, 시사점을 나눠 표로 정리하는 것도 가능하다. 윗글을 읽고 주요 내용을 표로 정리해보자.

구분	특징
주요 주제	① 영화 《미나리》의 아카데미 수상 및 후보 지명 ② 영화의 사회적 기능과 역할 ③ 상업영화와 독립영화의 특징 비교

중심 아이디어	① 《미나리》는 한국계 이민자 가족의 이야기로 아카데미에서 큰 주목을 받음 ② 영화는 사회 현상을 반영하고 변화를 이끄는 중요한 매체임 ③ 상업영화와 독립영화는 각각 다른 특성과 가치를 지님
핵심 논점	① 윤여정의 아카데미 여우조연상 수상은 한국 영화계의 역사적 사건임 ② 영화는 사회문제를 조명하고 대중의 인식을 변화시키는 역할을 함 ③ 영화 산업은 경제적, 문화적으로 긍정적인 영향을 미침 ④ 상업영화와 독립영화는 제작 목적, 예산, 배급 방식 등에 차이가 있음

 ## 시그널 탐색력 UP!

1. 윗글에서 표로 나타낼 수 있는 부분을 더 찾아보자.

2. 상업영화와 독립영화의 차이를 표로 만들어보자.

3. 문장과 표의 가장 두드러지는 차이점은 무엇일까?

04 웹툰과 웹소설이 최고야

"종이책은 아니지만 웹툰이나 웹소설은 우리도 읽어요. 그것도 독서 아닌 가요? 왜 똑같은 글인데 그걸 문제삼는지 이해가 안 돼요." 웹툰과 웹소설 의 인기가 만만치 않다. 스마트폰으로 언제 어디서나 읽을 수 있기에 무료 한 시간을 보내는 수단으로 활용된다. 10대 이용자의 79.1%가 이러한 이유 로 웹소설을 읽는다고 응답했다. 웹툰은 이제 청소년들의 문화가 되었다. 친구들과 함께 공유하며 자발적으로 창의성을 자극한다. 세대를 아우르며 인기를 얻자 영화나 드라마로 제작하는 일도 늘어나는 추세다.

웹툰이 영상으로 제작되면 일단 상업성이 확보된다. 이미 스토리의 완성 도가 검증되었고, 원작의 팬층을 확보할 수 있어 흥행 가능성이 커지기 때 문이다. 원작의 스토리를 바탕으로 시나리오를 빠르게 작성할 수 있고, 시 시각각 변화하는 대중의 니즈를 십분 반영할 수도 있다. 원작자는 드라마 작가와의 협업을 통해 완성도를 높일 수 있고, 원작을 각색하거나 편집하여 다양한 해석을 내놓을 수도 있다. 인기 있는 배우까지 출연한다면 금상첨 화다. 웹툰의 세계 무대로 진출해 인기를 얻게 되면 국제적 관심을 한몸에 받을 수도 있다.

그렇다면 웹툰과 웹소설이 흥행하는 이유는 무엇일까? 웹툰 시장에서 우 리나라의 영향력은 상당하다. 한국 웹툰은 주로 세로 스크롤 방식을 사용 한다. 스마트폰과 태블릿 같은 모바일 디바이스에서 읽기 편하도록 최적화 된 형태이다. 네이버와 카카오가 웹툰의 표준화를 선도하고 있어 한국식 세 로 읽기 방식이 웹툰의 세계 표준이 되고 있다. 네이버나 카카오 페이지 같 은 디지털 플랫폼을 통해 주로 연재되며, 전체적인 사용자 인터페이스와 포 맷이 디지털 환경에 최적화되어 있다. 언제 어디서든 쉽게 접근할 수 있다 는 강점도 돋보인다. 웹툰은 일상적인 주제부터 사회문제까지 다양한 장르를 포괄한다. 여러 나라의 언어로 번역되어 전 세계에서 소비되고 있다. 웹툰과 음악의 협업이 새로운 트렌드로 자리잡고 있으며, 이는 콘텐츠의 다양성을 높인다.

웹소설 또한 스마트폰을 통해 언제 어디서나 쉽게 읽을 수 있어 시간과 장소의 구애를 받지 않는다. 짧은 시간에 가볍게 즐길 수 있어 심심할 때 읽기 좋다. 로맨스와 판타지 장르가 특히 인기가 많으며, 독자의 취향에 맞는 다양한 장르를 제공한다. 실시간으로 독자의 반응을 확인하고 이를 작품에 반영할 수 있어 독자와 작가의 소통이 긴밀하다. 일러스트나 캐리커처를 활용해 캐릭터의 이미지를 강화하고 독자의 이해를 돕는다. 매회 기승전결을 갖추고 독자의 호기심을 유발하는 방식으로 독자를 지속적으로 끌어들인다. 소비하는 세대의 취향과 문화에 맞춘 콘텐츠를 끊임없이 제공한다는 점도 인기 비결 중 하나다.

한국의 주요문화 콘텐츠 산업으로 자리잡고 있는 웹툰과 웹소설이 지속적으로 사랑받기 위해서는 어떠한 노력이 필요할까? 먼저 까다로운 소비 시장에서 흥미로운 스토리텔링을 통해 관심을 유지하도록 노력해야 한다. 등장인물의 심리와 행동을 세밀하게 묘사해 독자가 캐릭터에 몰입할 수 있게 하는 것도 좋다. 복선과 반전, 클라이맥스 등을 적절히 배치해 긴장감을 늦추지 말아야 한다. 연재 형식에 맞춰 기승전결을 유연하게 조절하고, 전체적인 이야기의 흐름을 논리적으로 이어가는 작업 프로세스도 필요하다. 등장인물의 행동이나 사건 전개에 대한 설득력도 빼놓을 수 없다.

이러한 요소들을 결합해 완성도 높은 작품을 만들어낼 때 웹툰과 웹소설은 오래도록 독자들의 사랑을 받을 수 있을 것이다.

어떻게 읽고, 어떻게 쓰고, 어떻게 생각할까?

글을 읽은 후의 내용 정리는 독서의 차원을 넘어 나만의 온전한 지식을 갖게 한다. 정리를 하면서 핵심 메시지를 더 구체적으로 이해하고, 이를 자신의 관점으로 재구성할 수도 있다. 그렇게 되면 머리로만 알고 있는 지식을 실제 삶에 적용할 수도 있다. 글을 정리하는 과정은 '깨닫고, 다시 읽고, 다시 깨닫는 과정'을 통해 우리를 성장시킨다. 정리를 위해 여러 번 읽으면서 놓친 부분까지 흡수할 수 있다.

정리 방법은 그리 어렵지 않다. 글을 처음부터 끝까지 정독하고, 중요한 부분을 자신만의 방식으로 표시한다. 각 문단에서 중요한 키워드를 뽑아 두어도 좋다. 반복해서 읽으며 글쓴이의 의도와 자신의 생각을 비교하고, 거기서 도출된 생각을 그대로 적기만 하면 된다. 긴 글보다는 단문으로 요약해 작성하는 것이 좋다.

윗글에서는 웹툰과 웹소설의 인기 비결에 대해 다룬다. 웹툰과 웹소설의 특징을 각각 알아보고, 지속적으로 인기를 얻기 위한 노력 등도 제시하고 있다. 이러한 핵심 내용을 중심으로 되짚어보자. 먼저, 웹툰과 웹소설을 즐겨 읽긴 하지만 그 과정이 왜 즐거운지 진지하게 고려하지 않았을 가능성이 크다. 그저 재미있어서, 심심해서 읽었을 수도 있지만 그보다 좀 더 구체적인 이유와 원인을 생각한다면 웹툰과 웹소설이 자신의 생활에 미치는 영향과 개선점을 진단해볼 수 있다. 지나치게 집착하거나 빠져들지 않고, 스스로 조절할 힘을 만들 수 있다는 것이다.

웹툰과 웹소설은 접근성이 뛰어나고, 스트레스 해소 목적으로 활용하기에 좋다. 시간을 보내는 수단이거나 그저 청소년의 '문화'이기에 자연스럽게 빠져들기도 한다. 영화나 드라마로 확장되어 제공되는 경우도 많아 거기서 발생하는 화제성 때문에 접근하는 사람들도 적지 않다. 이처럼 인기 비결과 내가 소비하는 이유를 비교하며 정리해보면 자신의 상황에 조금 더 객관적으로 접근할 수 있다. 글의 내용을 이해하는 것도 중요하지만, 독서를 통해 자신의 부족한 부분을 개선하고 삶의 변화를 꾀하는 것이 더욱 중요하다.

독서를 발전의 밑거름으로 삼기 위해서는 정리가 필요하다. 지식이 지혜가 되고, 그 지혜를 삶에 적용하기 위해서는 내용을 정리하며 의미를 되새기는 과정이 반드시 요구된다.

 ## 시그널 탐색력 UP!

1. 윗글을 다시 읽고, 내용을 정리해보자.
2. 정리한 내용을 바탕으로 글쓴이와 나의 생각을 비교해보자.
3. 독서의 과정 중 '내용 정리'의 역할은 무엇일까?

 05 창의적인 글, 인공지능이 더 잘 쓴다

대학생들의 리포트 작성 방식이 달라지고 있다. 챗GPT의 답변을 필수로 포함한 에세이를 제출하게 한다. 챗GPT 사용법을 훈련시키기 위해 이를 활용하지 않으면 점수를 깎는다는 조항도 넣었다. 단순히 글을 쓰는 과정을 보는 것이 아니라 글을 쓰는 과정에서 생각하는 힘을 보겠다는 계산이다. 똑같은 내용을 인공지능이 써줄 수는 있어도 그것을 퇴고하는 것은 개인의 몫이다. 이를 어떤 내용으로, 어떻게 구성할 것인지도 개인이 조정할 수 있다. 인공지능으로 인해 논문의 통계분석이나 번역, 요약 등이 쉬워지는 만큼 과제도 다른 방식으로 변화할 것이다. 여컨대 주어진 분석을 보고 자신의 생각을 덧붙이거나 인공지능이 정리한 문제의 해결책을 찾는 식으로 말이다.

챗GPT의 활용에 있어서는 긍정적인 분위기지만, 우려의 목소리도 높다. 2023년 성균대학교 학생을 대상으로 조사한 결과도 이와 비슷했다. 인공지능을 과제나 활동에 활용했느냐는 질문에 코드작성 및 프로그래밍, 에세이 등 글 작성과 요약에 사용했다는 답변이 60% 이상이었다. 브레인스토밍이나 아이디어 생성, 전공 심화학습 및 시험공부에 활용했다는 답변도 34%가 넘었다. 챗GPT 등 생성형 인공지능으로 학습 효율이 좋아졌느냐는 질문에도 86% 이상이 긍정적인 답변을 내놓았다. 그러나 챗GPT의 답변에 대해 사실 확인을 거치느냐는 질문에는 오직 18% 정도만 확인한다고 답했다.

대화형 인공지능인 챗GPT는 2022년 11월 30일 첫선을 보였다. 이 모델은 자연스러운 언어처리 기술을 사용해 사용자와 대화를 나누거나 정보를 제공하는 등의 역할을 수행한다. 출시 5일 만에 100만 명 이상의 사용자가 생겼으며, 2023년 1월에는 그 수가 1억 명 이상으로 늘어 가장 빠르게 성장한 기술 앱으로 기록되었다. 챗GPT는 광범위한 주제에 대해 상세한 답변을 제공한다. 2021년 이전의 데이터로 학습되어 최신정보가 부족하고, 인간적인 감정을 처리하거나 이해하기 어렵다는 한계가 있었지만 큰 문제가 되지는 않았다. 훈련 데이터의 편견을 깨지 못하고 편향된 사고를 키울 수 있음에도 빠르게 사용되어 온 것은 새로운 접근 방식 덕이었다.

사람들은 대화형 인공지능을 통해 직접적인 답변을 손쉽게 얻을 수 있었고 논문, 기사 작성 등 다양한 분야에서 인공지능의 힘을 빌렸다. 창작 방식이 급변하게 된 것이다. 번역 기술을 통해 다문화가정이나 외국인들의 의사소통을 돕고 사회 통합에 기여한 것도 사실이다. 인공지능을 활용한 새로운 비즈니스 모델은 끊임없이 등장하고 있으며, 전자책 제작이나 판매 등 수익 창출의 도구로도 활용되고 있다. 학생들의 과제물 작성에 인공지능이 활용되면서 교육방식과 평가 시스템에 대한 고민도 깊다. 국내 대학생들은 이미 챗GPT를 과제와 보고서, 자기소개서 작성에 활용하는 것으로 나타났다. 이에 인공지능 대필에 대한 규제가 마련되지 않았다는 지적이 나오고 있다. 영어 수업 작문 과제를 챗GPT에게 맡긴다거나 자기소개서를 작성하는 일은 비일비재하다.

챗GPT가 내놓은 내용을 살짝 고쳐 제출했더니 좋은 성적을 받았다는 후기도 많다. 이것이 과연 표절인지, 표절이라면 누구의 글을 표절한 것인지에 대한 기준도 아직 명확하지 않다. 이러한 상황에서 챗GPT로 글쓰기 능력을 40% 이상 향상할 수 있다는 결과도 나왔다. 글쓰기 기술이 부족한 사람에게 유용하게 활용될 수 있다는 것이다. 그렇다면 챗GPT가 인간보다 창의적인 글을 더 잘 쓸까? 캘리포니아의 인공지능 연구팀은 "판단하기에는 아직 조금 이르지만 가까운 미래에는 어떻게 될지 모른다"는 의미심장한 답을 남겼다.

인공지능은 나날이 정교해지고 있으며, 앞으로도 인간의 창작 방식에 지대한 영향을 미칠 것으로 사료된다.

어떻게 읽고, 어떻게 쓰고, 어떻게 생각할까?

익숙한 주제는 쉽게 받아들일 수 있지만, 낯선 주제는 이해에 따른 많은 시간과 노력이 필요하다. 배경지식이 그래서 중요하다. 예를 들어 중국이라는 나라를 소개하는 글을 읽는다고 하자. 중국 여행을 몇 번 가본 사람과 그렇지 않은 사람의 이해의 폭이 같을 수 있을까? 아마 달라도 한참 다를 것이다. 중국을 오가며 현지의 음식과 문화, 언어 등을 접했다면 아무래도 중국에 대한 배경지식이 그렇지 않은 사람보다는 많을 것이기 때문이다.

배경지식은 글의 문맥을 보다 잘 이해하게 만든다. 자신의 경험과 연결된 배경지식은 독서의 즐거움을 높이는 중요한 원인이 된다. 배경지식과 글의 내용을 비교하기 위해서는 우선 글의 제목과 목차를 통해 글의 주제를 파악해야 한다. 내용을 예측하고 이를 통해 자신에게 어떤 배경지식이 필요한지 생각해본다. 글쓴이의 주장을 자신의 생각과 비교하여 타당성을 평가하고, 사실 확인을 통해 글쓴이의 주장을 비판적으로 분석하는 것이 바람직하다. 읽은 내용을 자신의 언어로 요약해봐도 좋다. 내용이 부실해 보인다면 자신의 배경지식을 덧붙이거나 설명과 예시 추가할 수도 있다. 만약 글의 내용과 자신의 생각이 다를 경우, 그 차이를 정리하는 동시에 논리적인 근거를 마련해야 한다.

윗글은 챗GPT의 활용과 교육 변화에 대해 설명하면서 리포트 작성의 필수요소가 된 챗GPT와 인공지능에 대해 다룬다. 대학생들의 인공지능 사용 현황과 사실 확인, 신뢰성에 대해서도 알려준다. 인공지능과 인간의 창의성을 비교하며 앞으로의 변화 방향성을 보여준다. 이 중에서 자신이 알고 있는 내용을 간추려보자. 챗GPT를 사용해본 적이 있다면 내용에 대해 동의할 수 있는 부분이 많아질 것이다. 과제에 챗GPT를 활용하며 느꼈던 점과 글의 내용을 비교해보면, 동의할 수 있는 부분도 있을 것이고 그렇지 않은 부분도 있을 것이다. 여기서는 의문을 품는 것에 그치지 않고 해당 부분에 대한 자료를 찾아보는 과정이 포함되어야만 한다. 수동적인 독서와 능동적인 독서의 차이가 여기서 생긴다.

배경지식이 풍부할수록 비교하고 판단할 것들이 많아진다. 그런즉 우리는 책이나 매체를 통해 가능한 한 많은 정보를 습득하고 경험해 보아야 한다. 자신의 생각을 정리하고 표현하는 새로운 학습의 관점이 생길 것이다.

 ## 시그널 탐색력 UP!

1. 챗GPT에 대해 내가 알고 있는 배경지식을 모두 적어보자.
2. 글의 내용과 나의 배경지식이 얼마나 큰 차이를 보이는지 살펴보자.
3. 차이가 나는 부분에 대해 조사한 후 옳고 그름을 따져보자.

문해력이 떨어진 것 같은데
어쩌면 좋지?

리터러시 환경이 중요해.
부모가 먼저 많이 읽고
많이 쓰는 게 바람직해.

103동

디지털 시대에 정보를 수용하고 소비하는 능력의 중요성을 모르는 사람은 아마 없을 것이다. 그만큼 정보를 창의적으로 생산, 활용하고 문제를 해결할 수 있는 능력이 중요해졌다. 우리는 이를 '디지털 리터러시'라 부른다. 우리나라 청소년이 미디어를 읽고 쓰는 디지털 리터러시 능력은 어떨까? 2022년 한국 교육학술정보원의 조사에 따르면 초중학생의 디지털 리터러시 점수는 해가 거듭될수록 향상하고 있다. 2022년 평균 점수는 초등학생 17.67점, 중학생 17.13점이다. 이는 2021년(초등학생 17.43점, 중학생 16.66점)과 코로나19 이전인 2019년(초등학생 16.47점, 중학생 14.65점)에 비해 높아진 수치다. 우수 수준의 학생 비율이 증가하고 미흡 수준의 학생 비율이 감소하는 경향도 확인되었다. 또한 디지털 리터러시 점수는 고학년, 여학생, 대도시의 학생이 저학년, 남학생, 중소도시의 학생보다 높은 경향을 보였다. 이는 교육 환경과 디지털 기기 접근성의 차이가 학생들의 디지털 리터러시 수준에 영향을 미친다는 것을 시사한다. 초중등 교사들은 디지털 리터러시 교육을 위한 다양한 지원이 필요하다고 응답했다. 특히 교과서 및 교육 자료의 개발과 무료 보급에 대한 필요성이 강조되었다.

반면, OECD의 국제학업성취도평가(PISA)에서는 한국 청소년의 디지털 정보 문해력이 최하위 수준인 것으로 나타났다. 만 15세 학생들의 정보 신뢰성 판단력은 회원국 평균에 한참 못 미쳤으며, 정보 편향성을 식별하는 교육을 받은 비율도 평균 이하로 나타났다. 이는 한국 청소년들이 디지털 정보를 비판적으로 평가하고 다루는 능력이 부족하다는 것을 보여준다. 한국 청소년의 디지털 리터러시 능력은 전반적으로 향상되고 있지만, 여전히 정보 평가 능력은 부족한 상황이다. 따라서 체계적이고 표준화된 디지털 미디어 리터러시 교육이 필요하다. 이를 통해 청소년들이 디지털 사회에서 효과적으로 소통하고 문제를 해결할 수 있는 역량을 키워나가야 한다.

이러한 역량을 키우기 위해서는 특히 환경이 중요하다. 부모는 자녀의 디지털 미디어 사용에 대해 직접적으로 영향을 미칠 수 있는 인물이다. 부모가 자녀의 디지털 이용에 대해 적극적으로 중재하고 소통할 때, 자녀의 미디어 리터러시는 눈에 띄게 향상될 것이다. 부모가 일정 수준의 미디어 리터러시를 갖추고 있어야만 자녀에게 올바른 정보를 제공하고, 필요한 규범을 설정할 수 있다. 가족 간의 소통도 매우 중요한 요소다. 부모와 함께 디지털 콘텐츠를 시청하고 토론하는 과정에서 자녀들은 건강한 미디어 사용 습관을 익히게 된다. 부모의 태도는 자녀가 디지털 미디어를 단순한 오락이 아닌 유용한 도구로 인식하도록 돕는다.

다시 말해, 부모가 디지털 리터러시에 대한 교육을 받지 않으면 자녀는 정보의 '옳고 그름'을 판단하는 데 어려움을 겪을 수 있다는 것이다. 부모가 자연스럽게 '읽기'와 '쓰기'를 하는 환경을 만드는 '패밀리 리터러시'가 그래서 중요하다. 이러한 환경을 만들기 위해서는 매일 정해진 시간에 가족이 함께 책을 읽는 것이 좋다. 다양한 장르의 책과 잡지, 만화 등을 함께 읽거나 유튜브 같은 디지털 콘텐츠를 함께 시청하고 그에 대한 의견을 나누어도 된다. 디지털 미디어를 비판적으로 분석하는 데 많은 도움이 될 것이다. 가족 단체 대화방에 정보를 공유하고 의견을 나누는 것도 방법이다.

이렇게 자연스럽게 대화와 활동을 통해 리터러시 능력을 향상해 나간다면 가족의 관계까지 돈독해질 것이다.

어떻게 읽고, 어떻게 쓰고, 어떻게 생각할까?

소설을 읽는 중에 주인공과 하나가 되어 모험을 떠나는 것 같은 기분을 한 번쯤 느껴본 적 있을 것이다. 소설이 흥미로운 이유는 소설 속 주인공의 상황에 완전히 몰입할 수 있기 때문이다. 이를 흔히 '감정 이입'이라고 한다. 비문학에서는 그런 경험을 하기 힘들지만, 글의 내용을 자신의 상황에 빗대 여러 가지 검증을 해보는 것은 충분히 가능하다.

윗글은 디지털 리터러시의 진단과 나아갈 방향에 대해 다루고 있다. 학생들의 디지털 리터러시 점수가 높아지긴 했지만, 여전히 편향성이 드러났다. 특히 정보의 신뢰성에 대한 판단력과 정보의 편향성을 식별하는 교육 비율이 평균을 크게 밑돌았다. '사실'과 '의견'을 구분하지 못하는 가장 큰 이유는 다름 아닌 디지털 리터러시 교육의 부재다. 이런 상황에서 디지털 리터러시 능력을 키우기 위한 '패밀리 리터러시'의 중요도는 더욱 높아질 수밖에 없다.

글을 읽은 후 자신의 디지털 리터러시에 대해 궁금해질 것이다. 내가 정보에 대한 얼마큼의 신뢰성을 갖고 있으며, 정보의 편향성은 얼마나 되는지 고민해볼 수 있다. 나아가 사실과 의견을 구분하기 위해 어떤 노력을 하는지 생각해볼 수도 있다. 더불어 우리 가족이 리터러시를 높이기 위해 무엇을 하고 있는지 살펴보는 것도 좋다. 노력이 필요하다면 언제, 어디서, 어떤 방식으로 활동에 참여할지 점검해 봐야 한다. 소설뿐만 아니라 다양한 글에 몰입하고, 또 자신의 상황을 대입해볼 수 있다.

글의 내용을 요약하는 것도 중요하지만, 내 상황과 빗대어 생각해보는 사고 활동 역시 중요하다. 글을 쓰면서, 또는 글을 읽으면서 자신의 상황과 비교하자. 그 과정을 거치는 것만으로도 지식 이상의 무언가를 얻는 셈이다. 글의 내용을 바탕으로 자신의 상황을 점검하고 개선하고자 하는 의지를 가질 때, 유의미한 독서가 이루어질 것이다.

 시그널 탐색력 UP!

1. 나의 디지털 리터러시 현황을 점검해보자.

2. 잘못된 습관이나 버릇을 적어보고, 그에 대한 해결책을 마련해보자.

3. 글의 내용에 나의 상황을 빗대면 어떤 이로움이 있을까?

오늘 약속 없으면
나랑 놀까?
나 이따 토론 동호회
가야 해. 주말에 보자.

2019년 '트렌드 모니터'의 조사에 따르면 정기적으로 참여하고 있는 모임에는 고등학교 동창회가 가장 많았고 대학교, 초등학교가 그 뒤를 이었다. 최근 이러한 동창 모임이 눈에 띄게 줄었는데, '먹고살기 바빠서'라고 답하는 사람이 가장 많았고, '취향이나 관심사로 만나는 관계'가 더 중요하다고 생각하는 사람도 많았다. 이해관계가 없으면 더 이상 만나지 않는다고 밝힌 사람들도 있었다. 동창회는 추억팔이 그 이상도, 이하도 아니라는 것이다.

사람들은 더 이상 관계에 얽매이지 않는다. 기존의 인간관계보다 그저 가볍게 만날 수 있는 편한 관계를 더 소중히 여긴다. 30대의 경우에는 취미와 관심사가 같은 불특정 다수와의 모임을 선호했다. 취향과 관심사를 삶의 중요한 가치로 생각하는 사람들이 늘어난 것이다. 다양한 종류의 모임에 참여하고 싶은 욕구도 비교적 컸으며 참여해보고 싶은 동호회는 여행, 운동, 외국어, 봉사활동, 독서 모임 순으로 나타났다.

인간관계 중심의 모임에서 개인적 관심과 취향을 채우는 모임으로 추세가 변하고 있다. 취향과 관심이 같은 불특정 다수의 '모임 앱' 이용이 늘어난 것도 그 때문이다. 20~30대 젊은 세대(20대 58.8%, 30대 62%, 40대 48.8%, 50대 45.6%)가 앱을 이용한 만남에 동의했다. 더불어 대부분의 사람들이 비슷한 취향과 관심사를 가진 이들을 만나기 위해 시간과 비용을 기꺼이 투자할 수 있다고 밝혔다.

인공지능의 발전으로 인간관계에서도 변화가 생길 것으로 보인다. 인공지능은 대화형 인터페이스를 통해 정서적 지지를 제공한다. 이는 외로움과 우울감을 완화하는 데 도움을 주며, 인간관계를 맺기 힘들어하는 사람의 자존감을 높여줄 것이다. 대화 기억 장치를 통해 필요한 정보를 꾸준히 제공하며, 친구 관계에 대한 두려움 없이 편안하게 자신의 감정을 표현하고 소통할 수 있다. 데이터 분석과 패턴 인식에 능할지는 몰라도 인간의 감정과 복잡한 사회적 상호작용을 이해하는 데는 여전히 한계가 있다. 인공지능의 조언이나 해결책이 인간의 정서적 욕구를 충족시키지 못할 수 있기 때문이다.

인공지능과의 소통이 늘면서 사람 간의 직접적인 소통이 줄어들고 있다. 이는 인간관계의 질을 저하시키는데, 특히 젊은 세대에서 이러한 경향이 두드러진다. 인간관계에 대한 경험이 줄고, 소통의 부재가 찾아오면 때에 따라 소외감을 느낄 수도 있다. 이러한 사회 분위기를 해결하는 데에는 동호회가 제격이다. 인공지능이 인간관계에 어려움을 느끼는 사람에게 도움을 줄 수는 있지만 사회적 상호작용을 대체할 수는 없기 때문이다. 인공지능이 인간의 감정을 이해하고 적절히 반응한다고 해도 정서적 교감은 인간관계에서만 이루어진다. 결국 새로운 형태의 커뮤니티 형성이 필요하다는 것인데, 이 역할을 동호회에서 함께 채워나갈 수 있을 것이다.

동호회는 정서적 지원과 소속감을 심어주고 개인의 정신 건강에 긍정적인 영향을 준다. 여러 배경과 직업을 가진 사람들과의 만남을 통해 서로의 전문성과 경험을 공유하다 보면 성장해 나가는 데 많은 도움이 될 것이다.

 # 어떻게 읽고, 어떻게 쓰고, 어떻게 생각할까?

글을 읽기 전과 읽고 난 후에 아무런 변화가 없다면 제대로 읽지 않은 것일 수도 있다. 글은 정서적인 부분과 심리적인 부분을 건드리고, 동기와 의지를 자극하기 때문이다. 생각의 변화도 기대해 볼 수 있다. 글을 읽고 난 후 달라진 자신의 생각을 솔직하게 적어보면서 자아를 발전시켜 나갈 수도 있다. 이는 무형의 개념을 유형화하는 작업이라고 볼 수도 있다. 물론, 여기서 '달라진다'는 것은 좋은 의미에서의 '변화'이다.

글을 읽으며 중요한 부분의 내용을 정리하고, 깨달은 점과 이를 행동으로 옮길 방법을 적는다. 느낀 점과 부족한 점, 개선할 점을 정리해도 좋다. 독서 후 변화된 생각과 느낌은 일기 형식으로 기록해봐도 도움이 된다.

윗글을 읽고 생각이 어떻게 달라질 수 있는지 고민해보자. 먼저, 지금껏 학교에서 사귄 친구가 가장 중요하다고 여겼던 생각이 달라질 수 있다. SNS 활동을 통해 알게 된 사람들로부터 위안을 받거나 공감을 얻은 경험이 있다면 더더욱 그럴 것이다. 앞으로 나의 인간관계가 재편되어야 한다면 무엇을 중심으로 인간관계를 넓힐지 생각해보는 것도 좋다. 모임 앱을 통해 동호회 활동을 한다면 어떤 동호회에 가입할지 고민해보는 것도 자신에게 던지는 좋은 질문일 수 있다. 가까이 지내면서 함께 생활하던 친구도 분명 중요하지만, 취향과 관심사에 따라 친구 관계를 확장할 수 있다는 새로운 '알림'이 될 수도 있을 것이다.

인공지능이 정서적 지지와 대화상대의 역할을 할 수 있지만, 동시에 인간관계의 직접적인 소통을 감소시킬 수 있음을 또한 느낄 수 있다. '동호회와 인간관계의 변화'라는 글의 내용을 통해 앞으로 어떻게 인간관계를 맺어 나갈지 생각하고 정리해보는 좋은 기회가 될 것이다. 이처럼 글을 읽고 자신의 달라진 생각을 정리해보면 글을 통해 성장한 자신을 만날 수 있다. 글은 미처 깨닫지 못하고 있던 자기 고유의 시각을 발견하는 계기가 된다.

글을 읽고 난 후 천천히 되새기며 자신의 글을 쓰다 보면 새로운 통찰을 얻게 될 것이다.

 ## 시그널 탐색력 UP!

1. 글이 어떻게 사람의 생각을 변화시킬 수 있는지 살펴보자.
2. 윗글의 내용과 나의 삶을 비교해보자.
3. 인공지능이 인간을 완벽하게 대체할 수 없는 이유 3가지를 써보자.

08

AI 격차 반드시 따라잡는다

챗GPT 사용이 보편화되면서 개인 간의 인공지능 격차가 벌어지고 있다. 한국갤럽조사연구소에 따르면 2023년 상반기 챗GPT를 가장 활발하게 이용한 집단은 20대 16%, 30대 12%였으며, 60대 이상은 1% 미만에 그쳤다. 성별로도 이용률에 차이를 보였는데 10대를 제외한 모든 연령대에서 여성의 이용 경험이 낮게 나타났다. 또한 월소득이 높을수록 이용 경험이 많았다. 직업군에 따라서도 사용률이 달라졌는데 학생이나 사무, 관리직 종사자의 사용률이 가장 높았다. '트렌드 모니터'의 조사 결과 52.6%가 스스로 정보 이해 및 활용과정에 뒤처진다는 생각을 해본 경험이 있다고 밝혔다. 또 전체 응답자의 77.6%가 챗GPT가 활성화된 시대에는 개인의 정보 활용능력에 따라 격차가 매우 벌어질 것이라고 예상했다.

이는 디지털 디바이드(정보화 격차)를 일으킨다. 정보 보유층과 정보 빈곤층이 분리되는 이 현상은 21세기 정보화 사회의 핵심적인 사회 불평등 요인으로 발전할 것이다. 이 불평등은 경제적 격차로 이어질 가능성이 크다. 인공지능과 관련된 능력을 가진 사람과 그렇지 않은 사람의 직업 및 소득 격차가 커질 거라는 얘기다. 예컨대 프롬프트 엔지니어링 능력을 갖춘 사람들은 억대 연봉을 받을 수 있는 반면, 인공지능 활용능력이 부족한 사람은 취업 기회 자체가 제한될 수도 있다. 인공지능 기술 발달은 일자리의 양극화를 만들어낼 수밖에 없으며, 생산성의 향상이 고소득층에 집중될 경우 소득 불평등이 심화할 수밖에 없다.

이를 해결하기 위해서는 인공지능 기술과 관련된 지식을 꾸준히 습득하고 업데이트해야 하며, 전문성을 가진 '고부가 가치' 일자리로 전환하기 위해 노력해야 한다. 인공지능을 효과적으로 활용하고 협업할 수 있는 능력을 키우는 것도 필요하다. 인공지능 도구와 시스템을 이해하고 활용하는 능력이 무엇보다 중요한 까닭이다. 인공지능의 윤리적 사용에 대해 이해하고, 책임감 있는 의사결정을 내릴 수 있어야 한다. 창의성과 감성 지능, 복잡한 문제 해결 능력 등 인공지능이 대체하기 어려운 능력을 개발하기 위한 노력도 필수다. 다양한 분야의 지식을 융합해 새로운 아이디어를 창출하는 능력은 여전히 인간 고유의 것이다.

예술과 음악, 문학 등 창의적 활동에 정기적으로 참여하고 브레인스토밍이나 마인드 맵핑을 통해 창의적 사고기법을 연습해도 좋다. 감성 지능을 향상시키기 위해 자신과 타인의 감정을 인식하고 이해하는 능력도 필요하다. 이를 위해 다양한 사람들과 소통하고 경험을 공유하면서 공감 능력을 키울 수 있다. 요즘은 감정조절을 위한 요가나 명상도 인기가 많다. 다양하고 복잡한 문제를 분석하고 해결하는 연습을 통해 비판적 사고력과 추론력을 키우기도 한다. 팀 프로젝트에 참여하는 것도 좋다. 다양한 관점에서 문제를 바라보는 능력을 기를 수 있다.

인공지능이 대체하기 어려운 인간관계 네트워크를 구축하기 위해서는 다양한 배경을 가진 사람들과 의미 있는 관계를 형성해야 한다. 정기적인 네트워킹 이벤트에 참여해 인맥을 확장하고 온·오프라인에서 지속적으로 관계를 유지하고 발전시킨다. 빠르게 변화하는 기술환경에 적응할 수 있는 유연성과 적응력을 키우고 새로운 기술과 도구를 학습하고 활용한다. 무엇보다 변화에 대한 긍정적인 태도를 가지고 새로운 도전을 두려워하지 않는 자세가 중요하다.

시대의 흐름에 맞춰 가기 위해 노력하는 사람과 그렇지 않은 사람들 간의 격차는 더 벌어질 것이다. 인공지능의 사용 여부가 우리의 미래를 결정한다면, 이에 대한 더 많은 공부와 이해가 필요하다.

한 번 읽고 글의 모든 내용을 다 파악하기는 어렵다. 그래서 내용에 대한 추가적인 공부가 반드시 뒤따라야 한다. 글의 심층적인 의미 분석, 맥락 파악에 많은 도움이 될 것이다. 반복 학습과 추가 연구는 독해력도 키워 준다. 새로운 관점과 새로운 정보를 통해 지식을 확장하고, 몰랐던 개념이나 주제에 대해서도 더욱 깊이 있는 깨달음을 얻을 수 있다. 처음 읽을 때 놓친 중요한 정보나 세부 사항을 보완하는 것만으로도 사실 많은 의미를 지닌다.

주제와 관련된 논문, 통계, 기사 등을 찾아보는 것도 좋은 공부다. 도서관을 활용해 자료를 확보해도 좋고 읽은 내용을 토대로 독후감을 써봐도 좋다. 각자의 독후감을 주제로 친구들과 함께 토론할 수 있다면 사실 '독서의 완성'이라고 봐도 무방하다.

윗글을 읽고 추가적으로 공부할 것들을 생각해보자. 우선 다양한 산업에서 인공지능이 어떻게 활용되고 있는지, 또 앞으로 어떻게 발전할 것인지 예측해볼 수 있다. 프롬프트 엔지니어링에 대해 관심을 갖고, 작성 기법과 최적화 방법을 학습해봐도 좋다. 인공지능 사용에 따른 윤리적 문제와 해결 방안을 연구해보는 것도 많은 도움이 될 것이다. 인공지능이 사회와 경제에 미치는 영향을 분석하고, 디지털 리터러시 향상에 대해 지속적으로 고민해야 한다.

요즘은 온라인 학습 플랫폼을 통해서도 인공지능 관련 기술을 습득할 수 있다. 데이터 분석과 시각화 도구 사용법을 익히고, 인공지능을 인간의 협업 모델로 만드는 방법을 공부해도 좋다. 어떤 기업에서 창의성과 감성

지능을 개발하고 있는지 찾아보고, 문제 해결 능력을 향상할 수 있는 전략과 효과적인 네트워킹 관계 구축 방법에 대해서도 추가로 찾아본다. 불확실성에 대비하는 마인드셋을 개발하고, 빠르게 변화하는 환경에 따른 학습 및 적응전략을 수립할 수도 있을 것이다. 인공지능 정책과 관련 법률을 찾아보면서 각국의 정책 동향을 파악하는 것도 새로운 재미이지 않을까 싶다.

이렇듯 추가적으로 공부할 수 있는 것들은 넘쳐난다. 거인의 어깨 위에서 더 넓은 세상을 보려면 힘들어도 참고 올라가야 한다.

 ## 시그널 탐색력 UP!

1. 윗글을 읽고 추가적인 공부가 필요한 부분을 찾아 표시해보자.

2. 자료를 찾고 내용을 추가해 새로운 글을 완성해보자.

3. 추가 공부가 필요한 이유 3가지를 적어보자.

09 관찰 예능 전성시대

2024년, 《사상검증구역: 더 커뮤니티》라는 프로그램이 예능의 새로운 가능성을 보여줬다. 이 프로그램은 서로 다른 가치관을 가진 12명의 출연자가 9일간 합숙하며 리더를 선발하고 상금을 나누는 서바이벌 프로그램이다. 출연자의 가치관을 정치, 계급, 젠더, 개방성 등 네 개 영역으로 나눠 활용했다. 익명과 실명의 공론장을 구현했다는 점도 독특하다. 일반적인 서바이벌 게임에서 우승 상금을 획득하기 위해 인간의 본성을 그대로 드러내는 것과 달리, 가면 아래에 숨겨진 자신의 진짜 모습을 숨기기 위해 노력한다. 사전 테스트에 의해 규정되어 있던 각자의 성향이 합숙 기간 동안 변해가는 과정도 인상적이었다. 공동체 전체는 탈락자를 만들지 않기 위해 노력하고, 이주민을 위해 가장 큰 금액을 사용한다. 자신의 욕심보다는 대외적인 이미지에 신경을 쓰고 자신의 가치관을 숨긴다. 그렇게 우리 사회의 공동체 모습을 엿보는 듯한 재미를 선사했다. 《대학전쟁》이라는 예능도 색달랐다. 전국 상위 1%의 명문대생들이 연산력, 추리력, 암기력 등으로 미션을 수행하는 서바이벌 예능이다. 3억 원의 상금을 위해 일반인 100명이 신체 능력으로 승부를 가리는 《피지컬: 100》이라는 예능도 인기몰이를 했다.

이렇게 타인의 삶을 관찰하면서 그 안에서 자신의 모습을 들여다보는 관찰 예능이 전성기를 맞이하고 있다. 연애, 육아, 부부 등 다양한 테마로 연예인뿐 아니라 일반인의 삶을 가감 없이 보여준다. 일반인 출연 예능은 연출된 드라마나 연예인 예능에 비해 완성도는 다소 떨어질 수 있지만 그만큼 몰입감이 높다. 정해지지 않은 다양한 캐릭터를 만날 수 있다는 장점도 있다. 지극히 사적인 일상을 다루면서 이혼과 재혼, 미성년 부모, 자녀의 행동장애 등 민감한 부분까지 자극적으로 보여준다.

이러한 예능이 인기를 끌면서 다른 방식과 콘셉트의 기획물이 끊임없이 재생산되고 있다. 관찰 예능은 인위적인 캐릭터 설정이 없다. 자연스러운 일상을 화면에 담기 위해 제작진들은 최소한으로 개입한다. 시청자들은 출연자들의 일상을 보며 동질감과 대리만족을 얻는다. 이러한 프로그램은 핵가족화되고 개인주의화 되는 현사회의 소외감을 잠시나마 없애주기도 한다. 특히 1인 가구가 느끼는 정서적 결핍을 채워주는 창구로 그 역할을 톡톡히 해내고 있다. 시청자들이 자신과 비슷한 상황에 있는 사람을 보며 위로받고 공감할 수 있기 때문이다. 또 가족의 소중함, 가족 간의 소통 등 다지는 계기로 작용하기도 한다.

방송국에서 기획한 리얼 예능만 인기를 얻는 것은 아니다. 관찰 예능은 예능 콘텐츠의 새로운 트렌드로 자리잡으며 영역을 꾸준히 확장하고 있다. 또 TV에서만 볼 수 있었던 양질의 영상들을 이제는 유튜브 콘텐츠로 만나 볼 수 있다. 시청자들에게 더 많은 비하인드 영상과 추가 콘텐츠를 제공할 수 있어 각광을 받고 있다. 언제 어디서나 원하는 시간에 시청이 가능하다는 것은 가장 큰 장점일 것이다. 짧게 편집된 클립 영상으로 시청자의 편의를 높이고, 광고 수익과 구독자 확보를 통해 개인에게 새로운 수익 창출의 장을 마련해주기도 한다. 이는 크리에이터의 활동 영역이 확대되면서 더욱 더 공고하게 자리를 잡을 전망이다.

앞으로 브이로그나 관찰 예능은 지금보다 훨씬 다양해질 것이다. 각종 기술과 미디어가 융합하여 꾸준히 발전해 나갈 전망이다. 가장 평범한 것이 가장 특별한 것임을 나타내는 관찰 브이로그는 관음주의적 욕구와 자아표현 욕구를 충족하며, 많은 이들의 사랑을 받을 것이다.

 ## 어떻게 읽고, 어떻게 쓰고, 어떻게 생각할까?

우리는 표현에 인색하다. 자신의 생각이나 감정을 타인에게 표출하기를 극도로 꺼린다. 글에 있어서도 마찬가지다. 꼭 무슨 정답이 있는 것처럼 쓰고, 읽는다. 사실 글에는 정답이 없다. 메시지가 분명하고 문장이 유려한 모든 글이 좋은 글이다. 그보다 더 좋은 글이 있다. 바로, 솔직한 글이다. 윗글의 내용처럼 관찰 예능에 사람들이 열광하는 이유도 바로 '리얼'함에 있다. 이는 문학에서도 통한다. 시도, 소설도 정해진 형식이나 규격에서 벗어날 때 비로소 문학적 가치를 인정받는다.

독자의 관심을 끌 수 있게 첫 문장은 강렬할수록 좋다. 질문 형식으로 시작해 독자가 궁금증을 느끼게 하는 방법도 있다. 글에 감정을 담으면 읽는 사람이 공감하고 몰입하기가 수월하다. 이때 비유나 은유를 활용하면 글이 더욱 풍성해진다. 또한 이런 표현은 독자의 상상력을 자극하는데, 거기에 대화를 넣어 생동감을 더해도 좋다. 이야기의 중간에 예상치 못한 반전을 넣어도 읽는 재미를 더할 수 있다. 글이 너무 무겁다면 유머를 추가해 글을 조금 가볍게 만들어도 된다. 가능한 한 짧고 간결한 문장을 사용하고, 읽기 쉽게 리듬감을 넣어 지루하지 않게 만드는 것도 중요하다. 작가가 다른 게 아니다. 이렇게 다 쓰고 나서 다시 읽어보며 자신의 생각을 가다듬을 수 있다면, 그것이 바로 작가다.

윗글은 관찰 예능과 브이로그의 현상과 인기에 대해 다루면서, 관찰 예능의 인기 비결과 브이로그로의 확장 가능성을 제시한다. 관찰 예능과 브이로그가 단순한 오락을 넘어 인간관계와 사회적 연결을 재조명하는 중요한 역할을 하고 있음을 시사한다. 그것에 대한 나의 생각을 솔직하게 적어보자. 주로 보는 관찰 예능은 무엇이며, 어떤 점이 매력적이었고, 어떤 점을 보완했으면 하는지 생각해보자.

생각과 글이 만나면 하나의 관점이 된다. 멋을 부리기 위해 거짓된 말로 꾸밀 수도 있지만 그런 글을 보면 어딘가 엉성하고 어색한 느낌이 든다. "가장 아름다운 것은 가장 자연스러운 것"이라는 말이 있다. 자신의 머릿속에 떠오르는 심상이나 현상이 있다면, 자유롭게 적어보자. 그 행위가 자신만의 가치관을 형성해줄 것이다. 글은 기록하는 행위 자체를 훨씬 뛰어넘는다. 인공지능이 판치는 현대사회에서 인간 고유의 사고와 생각은 더욱 귀해질 것이다.

 ## 시그널 탐색력 UP!

1. 관찰 예능의 특징 3가지를 적어보자.
2. 일반인들이 관찰 예능에 열광하는 이유는 무엇일까?
3. '좋은 글'은 어떤 글인지 나의 생각을 얘기해보자.

10 다시, 인간성이다

　그야말로 인공지능의 세상이다. 오랜 시간에 걸쳐 인공지능이 우리 생활에 영향을 주긴 했지만, 챗GPT의 등장과 함께 최근 몇 년간은 그 열풍이 무섭게 몰아치고 있다. 이미 여러 나라에서 인공지능 기술이 국민의 일상에 깊숙이 통합되도록 다양한 프로젝트를 추진하고 있다. 에너지 관리나 농업, 서비스 산업 등에서 인공지능을 활용해 효율성을 높이고 노동의 질을 개선하는 방안을 끊임없이 모색 중이다.

　인공지능이 모든 산업에서 빠르게 힘을 발휘하면서 인공지능에 대한 의존도가 높아졌다. 기업들은 인공지능을 활용해 데이터 분석과 고객 서비스, 마케팅 등의 업무를 자동화하고 있다. 인공지능이 고객 행동을 분석해 마케팅 전략을 최적화하고, 이는 기업의 의사결정 속도를 크게 향상한다. 개인 사용자들은 스마트폰의 음성 비서와 추천 알고리즘, 자율주행 자동차 등 다양한 인공지능 기반 서비스를 일상에서 사용하고 있다. 학생들은 인공지능 기반의 학습 도구를 사용해 학습을 보조받는다.

　인공지능이 많은 분야에서 영향력을 발휘하면서 생각지도 못했던 문제 역시 발생하고 있다. 인공지능 시스템에 대한 의존도가 커지면서 인간의 문제 해결 능력이 저하되는 '인지적 역설'이 발생하는 것이다. 예컨대 생성형 인공지능을 사용할 때, 혁신 성과는 증가하지만 문제 해결 성과는 오히려 감소한다. 인공지능에 과하게 의존하게 될 경우, 인간의 창의성과 기술력이 약화할 수 있음을 보여준다. 인공지능과 디지털 기기의 사용이 증가하면서 주의력이 분산되고 깊이 있는 사고가 어려워지는 현상도 나타나고 있다. 학생들은 인공지능 시스템의 작동 방식을 충분히 이해하지 못하고, 인공지능의 결과물에 대한 맹목적인 신뢰가 생기면서 개인의 다양성과 비판적 사고가 저해된다. 인공지능이 제공하는 편리함에 의존하게 되면 개인의 전문성과 자존감 역시 감소할 수 있다. 네비게이션을 과도하게 사용하면 공간 탐색능력이 저하되는 것처럼 인공지능 도구에 의존하면 자기기술 발전에 지장이 생긴다.

인공지능 사용이 증가하면서 개인정보 유출 및 프라이버시 침해와 같은 위협 요소도 커졌다. 사용자의 데이터가 인공지능 학습에 활용되면서 개인정보가 노출될 위험성이 덩달아 높아진 것이다. 인공지능이 발달할수록 더 중요한 것이 인간의 본성과 윤리다. 인공지능은 논리적이고 효율적인 결정을 내릴 수 있지만, 인간적 가치를 고려하는 능력은 매우 제한적이다. 인문학은 인간의 가치와 윤리에 대한 이해를 높여주며, 인공지능이 간과할 수 있는 인간 중심적인 접근 방식을 촉진한다. 인공지능 기술의 발전은 질병 치료와 진단에 도움을 줄 수 있지만, 환자의 심리적 가치와 요구를 고려하지 못할 수 있다. 인문학은 이러한 인간적 사고와 판단력을 강화하여 인공지능 사용 시 발생할 수 있는 문제에 대처할 수 있게 돕는다.

인공지능 시대에는 기술과 인간의 상호작용이 더욱 중요해진다. 인문학은 이러한 상호작용을 매끄럽게 만들며, 기술이 사회적으로 통제되고 인간 중심적으로 활용될 필요성을 강조한다. 이는 기술발전이 단순한 효용성을 넘어 삶의 질을 향상시키는 방향으로 나아가도록 한다. 인문학은 사회적, 문화적 요소를 고려해 다양한 시각을 제시하고 인공지능이 내포할 수 있는 편견이나 차별을 인식하는 데 도움을 준다. 인공지능 기술이 교육에 도입되면서 개인 맞춤형 학습이 가능해졌지만, 인문학적 교육은 단순한 정보전달 이상의 가치를 제공한다.

인문학적 교육은 학생들의 인간성을 발전시키고 창의성을 유도하며, 윤리와 문화에 대한 깊은 이해를 제공한다. 인공지능 시대에 인간성은 단순한 선택이 아니다. 인공지능이 우리의 일상생활과 업무 환경을 변화시키는 가운데 인문학은 이러한 변화 속에서 인간의 가치와 윤리를 강조하고 기술과 조화를 꾀하는 중요한 역할을 할 것이다.

어떻게 읽고, 어떻게 쓰고, 어떻게 생각할까?

글을 읽은 후, 자신의 생각을 글로 썼다면 이제는 그 글을 고쳐 써봐야 한다. 퇴고는 글의 구조와 내용을 재검토하면서 전체적인 완성도를 높인다. 초고를 작성한 후에는 종종 비문이나 어색한 표현이 남아있을 수 있다. 이런 부분을 수정해 글의 완성도를 높이는 것이 바로 퇴고의 과정이다. 기본적으로 글을 고쳐 쓰는 첫 과정에서는 문법과 맞춤법의 오류를 찾아 수정한다. 그래야 글의 신뢰성을 높일 수 있다. 글의 주제와 논리의 일관성을 갖추는 데도 퇴고가 필요하다. 처음 쓴 글은 주제에서 벗어나거나 논리적 비약이 있을 수 있다. 퇴고를 통해 이러한 문제점을 발견하고 수정할 수 있다. 시간을 두고 다시 읽어보면 자신의 글을 조금 더 객관적으로 바라볼 수 있다. 불필요한 부분이나 개선할 점을 쉽게 발견할 수 있다는 것이다. 퇴고는 단순한 수정의 과정이 아니다. 더 나은 표현과 아이디어를 선택하는 재창작의 과정이다. 다양한 선택지를 고려하면서 가장 적합한 표현을 찾는 것은 창의성을 자극하고 글의 수준을 한 단계 끌어올린다.

글을 고쳐 쓸 때는 시간을 두고 다시 읽어보는 것이 가장 좋다. 글이 처음 보는 것처럼 느껴질 때, 익숙함 속에서는 찾기 어려운 오류를 발견할 수 있기 때문이다. 맞춤법과 논리적 흐름, 문법, 주술 관계, 중복 표현 등도 점검하는 것이 좋다. 논리적 흐름이 매끄러운지 살펴보고, 중의적 표현이나 지시어 사용에 유의하여 고쳐 쓴다. 문장을 간결하게 만들고 복잡한 구조나 어려운 단어는 사용하지 않는다. 가능한 한 직접적이고 명료한 표현으로 독자가 쉽게 이해할 수 있도록 한다.

윗글에서도 고칠 부분이 보인다. "그야말로 인공지능의 세상이다. 오랜 시간에 걸쳐 인공지능이 우리 생활에 영향을 주긴 했지만, 챗GPT의 등장과 함께 최근 몇 년간은 그 열풍이 무섭게 몰아치고 있다."라는 첫 문장에서 "오랜 시간에 걸쳐"를 "오랫동안"으로 수정해도 좋을 것이다. "챗GPT" 앞에 "OpenAI"를 넣어 정보의 신뢰성을 높일 수도 있겠다. 이 밖에도 문장 구조를 다듬어 가독성을 개선할 수도 있다.

글은 쓰고 읽는 것에 그쳐서는 안 된다. 시간을 두고 정성껏 다듬을 때, 퇴고의 진정한 의미를 알게 될 것이다.

 ## 시그널 탐색력 UP!

1. 최근 몇 년간 인공지능이 우리 삶에 어떻게 스며들었는지 살펴보자.
2. 글쓴이가 기술보다 인간성을 더 강조하는 까닭은 무엇일까?
3. 윗글에 대한 나의 생각을 써보고, 퇴고한 글과 비교하며 읽어보자.

에필로그

다시, 생각의 힘

생각조차 귀찮은 하루하루다. 궁금한 것이 있으면 생성형 인공지능에 질문만 넣어도 재깍 답이 나온다. 커서가 몇 번 움직이는 동안 인간의 생각보다 빠르게 답을 내놓는 걸 보면 이런 생각마저 든다.

'내가 굳이 생각할 필요가 있을까?'

나보다 더 좋은 작문 실력으로 답을 써주니 글쓰기는 더더욱 싫다. AI가 만들어준 답을 복사해서 붙여넣고 게임이나 쇼츠로 눈을 돌린다. 해야 할 일은 모두 미루고 강렬한 도파민에 빠져 그것이 행복이라 착각한다. 누구라도 특정할 것도 없이 대부분의 사람들이 그렇게 살아가고 있다.

'그런데, 정말 그렇게 살아도 괜찮을까?'

'인공지능이 알려주는 대로 만족하며 살아도 될까?'

이제 곧 '인공지능을 다루는 능력'이 인간의 가장 강력한 무기가 될 것이다. 그렇다면 우리는 그것을 잘 활용해야 한다. 이는 인간이 부릴 수 있는 가장 첨예한 기술이다. 인공지능이 만들어낸 결과물에 의존하는 것이 아니라 그 속에서 자신만의 독특한 인사이트와 생각을 찾아내는 사람이 살아남을 수 있다는 얘기다.

그렇다면 다시, 생각의 힘이다. 텍스트를 읽고, 생각하고, 쓰는 연습이 필요하다. 생각하는 힘, 질문하는 힘, 그리고 스스로 정보를 정리하고 자신의 언어로 표현하는 힘은 우리 인간만이 할 수 있다. 인공지능은 데이터를 분석해 패턴을 찾고 예측할 뿐, 호기심을 가질 수 없다. 생각할 거리에서 새로운 가능성을 찾기 위해 우리는 다시 기본으로 돌아가야 한다.

이제껏 우리는 세상을 읽으며 생각하는 방법을 배우고, 그 안에서 내 생각을 정리하는 방법을 배웠다. 책을 덮으며 이 연습을 끝내는 것이 아니라 다시 시작했으면 좋겠다. 삶에서 만나는 새로운 상황에서 스스로 생각하고 질문하고 답하며 '나만의 시그널'을 찾아보았으면 한다. 그 시그널이 여러분을 성장시킬 것이다.

책을 읽기가 쉽지 않았을 것이다. 그럼에도 끝까지, 아니 몇 챕터라도 성심껏 읽어준 여러분에게 큰 박수를 보낸다. 이미 여러분은 자신만의 미래를 살아갈 시그널을 찾기 시작했다. 용기를 내서 끝까지 정진하길 바란다. 세상 모든 '넥스트'들을 조용히 응원하겠다.

중등 필독 신문 3

1판 1쇄 인쇄 2025년 9월 1일
1판 1쇄 발행 2025년 9월 8일

지은이 이현옥, 이현주
발행인 김형준

총괄 김아롬
책임편집 박시현
디자인 홍정순
기획관리 허양기
온라인 홍보 허한아
마케팅 진선재

발행처 체인지업북스
출판등록 2021년 1월 5일 제2021-000003호
주소 경기도 고양시 덕양구 원흥동 705, 306호
전화 02-6956-8977
팩스 02-6499-8977
이메일 change-up20@naver.com
블로그 blog.naver.com/changeupbooks

© 이현옥, 이현주, 2025

ISBN 979-11-91378-80-1 (43370)

체인지업북스는 내 삶을 변화시키는 책을 펴냅니다.